书山有路勤为径,优质资源伴你行
注册世纪波学院会员,享精品图书增值服务

Easy Selling专业销售方法论系列丛书

大客户营销增长策略

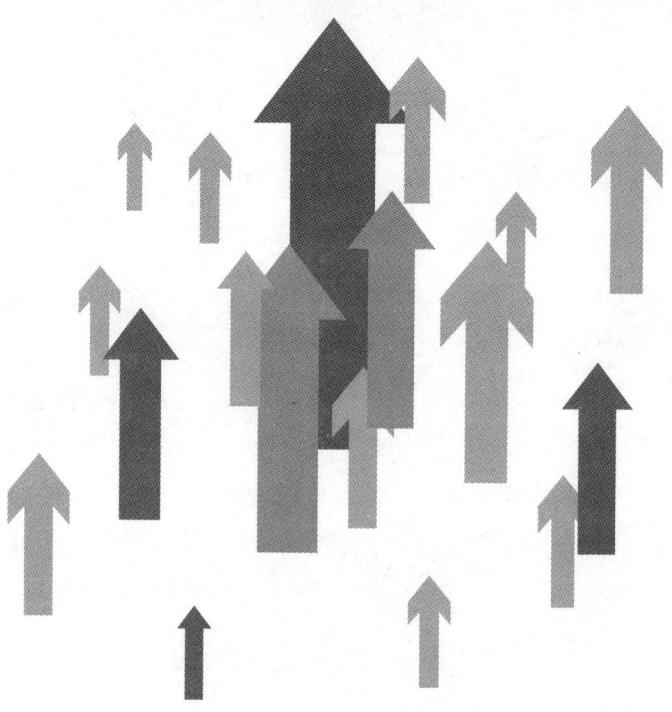

易斌·著

破解业绩增长瓶颈，
释放可持续增长潜能

电子工业出版社
Publishing House of Electronics Industry
北京·BEIJING

未经许可，不得以任何方式复制或抄袭本书之部分或全部内容。
版权所有，侵权必究。

图书在版编目（CIP）数据

大客户营销增长策略：破解业绩增长瓶颈，释放可持续增长潜能 / 易斌著 . —北京：电子工业出版社，2023.2
ISBN 978-7-121-44934-5

Ⅰ . ①大… Ⅱ . ①易… Ⅲ . ①企业管理—营销管理 Ⅳ . ① F274

中国国家版本馆 CIP 数据核字（2023）第 016066 号

责任编辑：吴亚芬　　特约编辑：王璐
印　　刷：三河市龙林印务有限公司
装　　订：三河市龙林印务有限公司
出版发行：电子工业出版社
　　　　　北京市海淀区万寿路173信箱　邮编100036
开　　本：720×1000　1/16　印张：18.5　字数：300千字
版　　次：2023年2月第1版
印　　次：2023年8月第4次印刷
定　　价：78.00元

凡所购买电子工业出版社图书有缺损问题，请向购买书店调换。若书店售缺，请与本社发行部联系，联系及邮购电话：（010）88254888，88258888。
质量投诉请发邮件至zlts@phei.com.cn，盗版侵权举报请发邮件至dbqq@phei.com.cn。
本书咨询联系方式：（010）88254199，sjb@phei.com.cn。

前言
让专业销售成为一种信仰

我写书的冲动很久之前就有了,而且从一开始我就给自己规划了一个庞大的写作任务:要写销售流程主题的书,要写销售管理主题的书,要写企业营销数字化转型主题的书,等等。而这一本,有些特别,它基于众多销售从业者和销售型企业遇到的共性的业务挑战,汇集了Easy Selling销售赋能中心在长达10年的销售赋能培训和销售业绩改进咨询服务中为大家提供的最佳解题思路与方法。恰如这本书的副标题"破解业绩增长瓶颈,释放可持续增长潜能"所体现的意思,销售人员或销售管理者不仅可以在这本书的每篇文章中获得启发与共鸣,而且可以找到困扰自己多年的业务问题的解决办法,甚至就像被打通了任督二脉一般,从此"武功精进",成长为高效能的销售精英或管理高手,进而促进企业销售业绩的快速和可持续提升。

这本书共5部分,分别是"营销理念篇""销售方法篇""营销策略篇""管理方法篇""人才选育篇";书中共有55篇讲述大客户营销实践思想的专业文章。我在想,一年有54周,读者差不多可以每周读一篇。至于阅读的顺序,是从头到尾按顺序读,还是根据自己的喜好先选最要紧的文章开读更好呢?答案是"由你做主"。因为这本书中的每篇文章都短小精悍,自成一体,读者无须像看长篇小说一般从头到尾地读。其实一周一篇的阅读节奏挺好,读完后还可以好好回味一番,再联系自己的工作实践复盘一番。如果还能据此制订出一到两条行动改善计划,那就是把这本书的价值发挥到极致了。

"营销理念篇"收纳了10篇文章,直指销售从业者常有的内心魔障。我经常说,凡事都要"持正念、用正法、走正道、图正果",而"正念"是一切的缘起。有些人害怕从事销售工作，有些人不愿意出门见客户，有些人总是埋怨自己公司的产品不给力，还有些人慢慢变成了"四方木"，推一下才会动一下。归根结底，还是缺失了正确的营销理念。"营销理念篇"中的这10篇文章所传递的思想与方法，可以帮到很多人和很多团队，使他们的内心从此再无魔障，能以正能量立于天地之间，开心快乐地面对客户和挑战。

"销售方法篇"收纳了11篇文章，透过坊间耳熟能详的销售技巧，揭示其背后的实战价值与实用逻辑。使用销售技巧的最高境界就是让人看不到使用技巧的痕迹，仿佛摘叶为刀、踏雪无痕。很多人上了销售技巧的课程，却用不好这些技巧，原因有二：一是对销售技巧心存偏见，认为技巧多半是用来引人入套的，因而在使用技巧时难以坦然面对；二是对销售技巧只知其形不知其神，就像你得到一把屠龙宝刀，但如果你没有学习宝刀背后的武林秘籍，终究还是无所大用。本篇恰恰是对以上两类原因的正面回应和正确引导，希望大家用好"正法"，事半功倍。

"营销策略篇"收纳了9篇文章，是超脱于面对面销售技巧的更高级的"武器"。要打胜仗，要长期打胜仗，光靠销售技巧是不够的，还需要有正确的营销策略与战略规划做支持。一名销售人员，如果觉得面对面见客户就是销售工作的全部，那一定会导致高成本低效能的产出；一位销售团队管理者，如果自我沉醉于帮助销售人员搞定了几家客户、拿下了几个订单，那也一定会有角色错位和不胜任管理工作的表现。人们常说，凡事预则立，不预则废。这里的"预"就是指"策略"。对于大客户销售工作，光有匹夫之勇是不行的，既要强调执行速度，更要善于制定策略，谋定而后动。

"管理方法篇"收纳了15篇文章，是全书的高潮和重点所在。虽然这本书的受众面覆盖了从事销售工作的芸芸众生，但我更希望企业销售团队的管理者能够用心品鉴。如果管理者的头脑是清醒的，策略是智慧的，规划是有远见卓识的，那将是企业之幸、员工之幸。但是，从调研数据中发现，80%的销售团队管理者都处于不能胜任的状态，甚至停留在过去做销售高手的角色认知上。我常常问一些销售团队管理者："3年后，你希望成为一个怎样的管理者？你希望你的团队发展成怎样的团队？"我得到的回应更多的是模糊的，甚至有些迷茫。我想，如果他们有进步意愿，也愿意付出努力，只要他们能熟练运用本篇所阐述的销售管理思想与方法，就一定可以学会"既能低头走路，也会抬头看路"，成为有勇有谋、智勇双全的卓越管理者。

"人才选育篇"收纳了10篇文章。纵有长枪大炮，决定现代战争胜负的仍然是"人"而不是"物"。人对了，事就对了。人不对，看似胜券在握的事情也会以失败告终。销售工作与其他企业职能部门的工作差异很大，对销售人员开展培训赋能工作也是困难重重。而且销售工作历来都是用数据说话，以结果论英雄。培训工作到底能不能促进业绩的提升？如何才能更好地促进业绩提升？这是所有的销售团队管理者和负责企业销售人才培养工作的专业人士必须深度了解和掌握的。在同质化竞争与常态化竞争时代，销售能力的有效提升和销售成功经验的快速复制，是企业内生的，也是最可倚重的核心竞争力。

综观当今社会上主流的思想理论与方法论体系，大都来自欧美国家，属于"舶来品"。必须承认，这些国际权威的销售方法论在结构化、系统化层面确实做得不错，但要真正用于实践，还需要和本土的文化与价值观相结合，需要使用者们有独立的思考与灵活的学以致用，并将中西智慧相结合、理论与实践相结合，以目标为导向、以解决问题为导向。希望这本书及我后续将陆续出版的以销售为主题的系列专业图书，能够形成一个有独立思想和价值主张的、已反复被成功实践验证的、具有中国特色的专业销售方法论体系。

"让专业销售成为一种信仰"。无论你是一名普通销售人员，还是一位团队管理者，抑或是企业的营销VP或总经理，都需要重视专业销售方法体系对企业发展的不可或缺性，而且要从"信仰"的高度去学习和践行，矢志不渝。这本书，就是我们建立信仰的开始。

易 斌

目 录

营销理念篇   001

成功销售的3条从业信念   002
有了敬畏心，业绩滚滚来   007
我的梦想，我的选择   012
如果你觉得做销售太难，那试试这颗解药吧   018
对待大客户就要"三心二意"   023
成为销售顾问之前，先成为合格的产品解说员   028
愿以"五百次回眸"换你一张订单   032
越能放下，越能提起   037
销售人员如何设定个人品牌标签   042
如何成为有影响力的自媒体   047

销售方法篇   053

销售技巧是用来诱导客户的还是引导客户的   054
销售人员的自我修养（1）：与客户"日久生情"   059
销售人员的自我修养（2）：服务明星也能成为好销售   064
销售人员的自我修养（3）：成为专业的行业顾问   069

你的拜访如何让客户刮目相看　　074
如何让客户拜访活动不再"见光死"　　079
解密客户拜访开启后的"黄金10分钟"　　083
客户需求探询的"黄金四问"　　088
如果首次交流客户就让你报价，如何应对　　093
产品推销方法与FABEE的妙用　　097
谈判桌前必须面对的"灵魂拷问"　　102

营销策略篇　　109

"铁三角"模式（1）：论大客户销售中的"协同致胜"　　110
"铁三角"模式（2）：大客户销售中的"统一语言"　　116
"铁三角"模式（3）：大客户销售中的"绩效激励"　　122
搞错竞争对手是销售人员最大的失误　　127
如何快速赢得客户的初始信任　　131
见机行事 vs 见客行事　　136
B2B营销模式必须"两条腿走路"　　141
急功近利的市场营销活动要不得　　146
我们不是销售人员，只是价值的搬运工　　151

管理方法篇　　157

绩效考核不应止于考核结果　　158
让销售绩效辅导面谈多些仪式感　　162
团队会议究竟能干什么　　167
不懂开会就不是好的管理者　　171

如何保质保量地招募销售人才	176
甄选销售人才的3个标尺	181
销售人员是不是学历越高越好	187
从女排精神看销售团队管理心法	192
你公司的CRM系统用得怎么样	197
销售总监最要紧的"三力模型"	202
销售业绩目标必须做"三年规划"	207
路在何方,还是"光杆司令"的销售管理者们	212
可复制的执行力(1):从"头"开始	217
可复制的执行力(2):细节决定成败	221
可复制的执行力(3):道术结合	226

人才选育篇　　　　　　　　　　　　　　　　231

从人性角度看成人学习效能的提升	232
用以致学谋胜任、学以致用图发展	237
从"开胃甜点"到"满汉全席"的进化	242
销售培训不是灵丹妙药,企业需要对症下药	247
销售人员不缺培训,缺的是训练	254
"逢培必考"真的好吗	259
做好销售工作,如同写好散文	264
对华为的"三化"理论做个必要补充	269
大客户销售人员学习路径规划	274
销售团队管理者专业胜任力图谱	280

营销理念篇

成功销售的3条从业信念

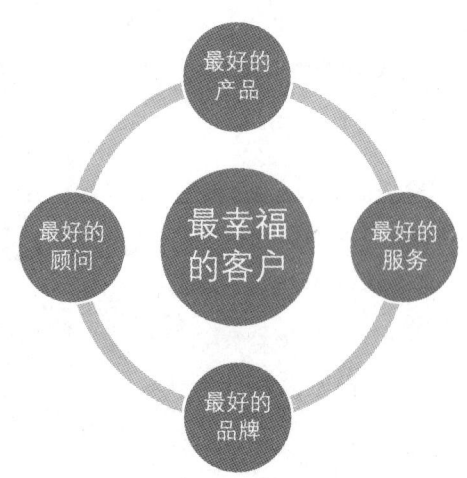

销售工作是所有职业类别中最具挑战性、最具成就感的特殊岗位。有的人说，销售工作不是"人"做的，是"神"才能做的；也有的人觉得销售工作没什么技术含量可言，还把"坑蒙拐骗"的标签强行贴在销售人员身上。有的人热爱做销售，而且越做越喜欢，乐在其中，觉得这是人生中最值得体验和坚持的事业；也有的人害怕做销售，觉得要"用自己的热脸皮去贴别人的冷屁股"，始终张不开嘴，迈不开腿，放不下面子。

但不管怎样，如果你准备成为或已经成为一名销售工作者，有3条从业信念必须明确和坚持。只有这样，你的销售事业才会顺心顺意，才能不断向成功的顶峰攀登。

这3条信念分别如下。

- 我相信我的产品解决方案是最好的。
- 我相信我是最棒的销售顾问。
- 我相信向我购买的客户是世界上最幸福的客户。

怎么样？你是不是觉得这3条从业信念有些励志，甚至有些"阿Q精神"？

为什么成功的销售从业者都要秉持这3条从业信念呢？

在Easy Selling销售赋能中心的调研观察中，我们发现：绝大多数业绩不佳的销售人员都有一个共同特征，即经常抱怨自己公司的产品没有竞争力，难以满足客户的个性化需求。因此，他们在销售过程中，总是表现得底气不足，信心缺失，甚至觉得即使把产品成功推销出去了，也有一定的"蒙骗客户"成分。他们会想：如果销售的是这个世界上最完美无瑕的产品方案该有多好呀！

与之相对的是，成功的销售人员能更加理性和客观地看待这个问题。他们的看法是：这个世界上本来就没有完美的解决方案。而且，所谓的"完美"只是相对的概念。如果真的有完美的解决方案，那一定是"最佳的产品品质加上最低的产品价格"，那这就是彻底的"卖方市场"了。这样的产品解决方案就像"皇帝的女儿不愁嫁"一样，不需要销售人员推销就能占领市场。

因此，完全可以下一个结论：不管你的产品方案有多么朴实无华，总会有人卖，也总会有人买，只不过是销售数量有多有少而已；不管你的产品解决方案功能有多完美，技术有多先进，也不能确保所有的客户都会买，更不可能改变"好评和差评共存"的事实。最核心的一点不在产品本身，而在于销售人员如何开展销售工作，以及采用怎样的心态和信念去开展销售工作。

也许会有销售人员问我：明明知道自己的产品方案不完美，怎么能在客户面前说"我相信我的产品解决方案是最好的"？

接下来，就和大家谈一谈，面对可能还不够完美的产品解决方案，销售人员如何正确认知既有产品的价值，并通过自身卓有成效的努力，与客户达成合作，并让客户成为"世界上最幸福的客户"。

首先，你要相信：我销售的不是简单的产品或多产品组合，而是基于客户需求的整体解决方案；在这个解决方案中，不仅包括产品本身的价值，还包括我的服务价值、品牌价值，销售顾问可以贡献的专业引导价值，以及我长期陪伴客户成长的价值。

"产品价值=产品价格"。每家公司都有基于产品价值的定价考量，那就是基于整体解决方案的综合定价，而不只是对产品本身进行的单一定价。例如，苹果手机之所以能制定高价，绝对不是简单地基于其硬件配置参数来定价的，而是基于加上其一流的品牌、完善的生态、卓越的售后服务价值而进行综合定价的。

因此，作为销售人员的你，应该坚信，你所销售的产品价格与产品品质永远都会趋向最佳的适配。销售人员的责任和本分，就是全面和有针对性地向客户彰显产品解决方案的价值。产品解决方案有10分的价值，你就要传递出10分，这是恪尽职守。如果你只传递出了5分，那就是暴殄天物，是不称职的表现。

很多销售人员会天真地认为："客户应该是懂我们的产品解决方案的，我们无须花费时间向客户介绍产品解决方案的价值，而应该把精力花在和客户搞好关系，或者和竞争对手拼价格方面。"这样的认知显然是错误的，也会严重偏离销售工作的根本价值。事实上，你销售的产品解决方案越复杂，标准化程度越低，定制化程度越高，客户对产品价值的认知程度就会越低。而且，即使客户方有一两个"专家级"的人物，也不代表采购决策链上的所有人都具有"专家"的水准。因此，在客户端做好产品价值的充分彰显，才是销售工作的重中之重。

其次，要找到正确的客户，用正确的方式进行销售。因为没有一款产品可以适合所有人的需求。产品独有的目标客户群体定位，决定了你的销售目标与行动方向。苹果手机有自己的客户定位，小米手机也有自己的客户定位。产品品质不同，体验感不同，价位也会不同，目标客户群体也会相应地有差异。

不同群体对产品的关注点不同。预算充裕的人买东西很少关注价格，预算一般的人更看重产品的性价比，预算紧张的人更关注产品的实用性及可承受的预算。愿意花钱买一部两千元价位手机的人，不会奢望获得上万元价位手机的使用体验。如果你一定要拿着上万元价位的手机向一个预算只有两千元的人进行销售，只会弄巧成拙，还会被对方抱怨你的价格定得太高，或者对你的产品挑三拣四。

不要因为有少数客户不接受你的产品就怨声载道。在这个世界上，还有更多的目标客户在期待着你的产品与你的用心服务。所以，不是你的产品不好，只是你找错了目标客户对象。只有和正确的人做正确的事情，才能确保正确的结果。

最后，要让你的客户成为世界上最幸福的客户。这绝对不是夸夸其谈，而是对客户认真和负责任的表态。对客户来说，幸福是什么？幸福就是和你在一起，能体会到开心和快乐，无论贫穷或富贵。

人们经常说："要全力推动客户和我们成交，因为只有这样，对方才能成为世界上最幸福的客户。"如果你不能促进客户与你成交，那无疑就是把客户推向了"不幸"的深渊，因为客户会因此无法享受你的高品质服务。如果不想让客户"不幸"，你就要全力与客户"成交"。

如何让客户体会到与你合作的幸福感？

当然，你绝对不能够欺骗客户，向客户说假话或胡乱承诺；也不能对客户不负责，把产品卖出去后就撒手不管，不闻不问；更不能和客户只谈生意，不谈友情。你和客户在长期交往过程中积累下来的"革命友情"，正是让客户感到幸福的关键所在。如果你致力于打造自己的个人品牌，成为业内响当当的有口皆碑的精英人士，就能让客户觉得和你做生意，是一件无限荣光和很有面子的事情。

也许你会问："我现在还做不到以上承诺，那如何保证客户的幸福度呢？"你做不到，不代表你的竞争对手就能做到；而且你现在做不到，不代表你将来也做不到。如果你一定要纠结于"做不到"这件事情，那么产品做不到的地方，你就用自己最好的个性化服务和最无微不至的客户关怀来让客户满意。只要双方建立了合作关系，你就有希望不断地改进技术和服务水平，不断地引领客户的发展和进步。但如果连合作关系都建立不了，一切希望都会化为泡影。

结语

  成功的人,一定付出了太多不为人知的努力;失败的人,也必有太多不为人知的懒惰。本文所提及的3条从业信念正是销售人员赖以成功的根本保证。秉持和践行好这3条从业信念,销售人员的心中自此再无"魔障",并有所收获。

- 工作和生活会更加坦荡。
- 前进的步伐更加坚定有力。
- 不再自我否定和消沉。
- 拥有无限的正能量与工作活力。

  把这3条从业信念写在你的笔记本封面上,每天都大声吟诵3遍。

  不要担心客户会笑话你,因为客户也同样期待销售人员拥有这三大成功信念。

有了敬畏心，业绩滚滚来

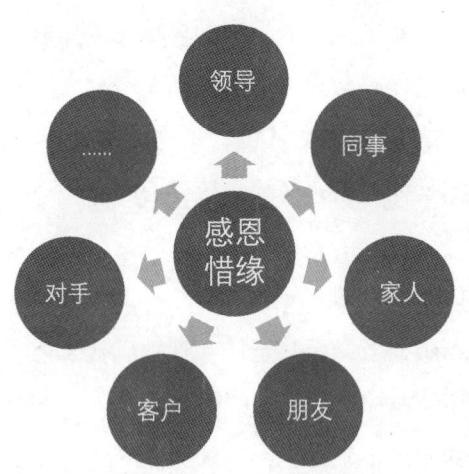

前段时间，关于一众明星的"失德"报道引发了民众热议。这些公众人物虽有"顶流"之利，却无"顶流"之德。他们丧失了对法律的敬畏之心、对观众的敬畏之心、对职业的敬畏之心、对生命的敬畏之心，才会肆意妄为，干出那么多无原则、无底线、无道德的违法违规事件，最终等待他们的只有法律的制裁和民众的唾弃。

"心存敬畏，行有所止"。作为一名销售从业者，你只有常怀敬畏之心，才能走正道、图正果，才能不犯错误、少走弯路，才能让自己的职业生涯活力永驻、业绩长青。

我曾经辅导过一名销售人员，她是公司的销售冠军，是位不折不扣的天才销售人员。但从某个月开始，她的业绩下滑得很严重，甚至在接下来的一年多时间里降至公司业绩排名的"垫底层"。她百思不得其解，非常难受：自己明明一直都很努力呀，为什么业绩会下滑呢？而且坐惯了"头把交椅"的人，突然间要被和那些业绩落后的人相提并论，这真是一种莫大的内心煎熬。

为了帮助她早日走出业绩低谷，我和她进行了好几次深度的绩效辅导面谈。

我发现，她的目标驱动、成功欲望、销售方法、客户资源等都和以前没什么两样，只有一点发生了改变：因为长时间处于业绩高光时刻，她渐渐地失去了最可贵的"敬畏之心"。

"敬畏心"到底是什么

"敬畏心"是指人们对别人表现出来的尊重与谦让的态度，或者是在执行某项任务时所表现出来的责任心与投入度。"敬畏一个人"不是"害怕一个人"，而是从内而外生发出来的对对方的认可，也充分体现了自己的自信与勇气。因此，有敬畏心的人其实是强大的；而缺失敬畏心的人貌似强大，实则不自信、很虚弱。

对于上文提及的那位业绩下滑的销售冠军，不难发现她在敬畏心上出了大问题。

首先，她对公司不敬畏了，她甚至认为是她成就了公司，而不是公司成就了她，公司应该对她过往的业绩贡献感恩戴德。

其次，她对自己的领导不敬畏了，她认为领导已经帮不到她了，所以对领导的意见充耳不闻，甚至傲慢无礼。

再次，她对同事不敬畏了，当同事们向她请教时，她表现得不情不愿，甚至嗤之以鼻、冷嘲热讽。有一次，一位新同事找她帮忙，却遭到了她极不耐烦的拒绝，这让这位新人难过了很久。

更加可怕的是，最后，她对客户也不敬畏了。以前，她还会耐心地听取客户的需求和想法，与客户进行深入的交流和探讨。而现在，她却习惯于打断客户的发言，说教一般地直接甩出自己的意见和看法。

作为她的直属领导，我有好几次接到客户对她服务态度傲慢的投诉。但最让人震惊的是：我也同步收到了她对客户的反向投诉。她认为责任都在客户身上，还不断抱怨和指责客户太刁难和不识货。

总而言之，恰如Easy Selling销售赋能中心的最新调研报告所述：销售人员在从业之初，因为善于倾听，尊重客户，所以业绩和士气都能快速提升；而当他们经验成熟后，却因为自以为是、缺失对客户的敬畏之心，而遭到越来越多客户的反感和抛弃，业绩表现开始越来越差。

而且，如果一个人有了一些成绩，眼睛就"长到了头顶上"，成天怼天怼地："我这么厉害，你们都应该敬畏我。领导你得对我陪笑，因为你要靠我做业绩；同事你得恭敬我，因为我才能出众。"至于公司里的那些与业绩无关的规章制度，他们更是完全不在乎，随心所欲。久而久之，这些人最容易沦为"孤家寡人"，其精神士气也会一落千丈，最终走向失败和落寞的境地。

后来，我劝告她：重拾"敬畏之心"，学会放低身段，谦卑待人。她也终于大彻大悟，开始努力规范自己的言行举止，而且比以前更加注重自身的学习与心境修养。

让人欣慰的是，从她决意要做出改变的那一刻起，似乎老天爷再一次将"好运"降临到她的头上：她的业绩开始加速攀升，仅用了不到一个季度的时间，她的业绩排名就回归榜首。

这个真实的辅导案例让我记忆尤深。我也无数次和不同企业的销售团队进行分享，希望他们能够永葆敬畏之心，拥抱成长的活力。

"敬畏心"虽然是一种态度和心境，但和"销售方法"的显性能力一样，也可以在后天进行修炼和提升。具体可以从以下几个维度进行修炼。

第一个维度是多读书、多学习。

销售人员的工作特性与行政职能类工作不同：工作时间较为灵活，工作任务更加琐碎，再加上不可或缺的交际应酬。销售人员自然而然就会"人在江湖，身不由己"，觉得无法支配自己的时间，每天都是从早到晚忙忙碌碌。如果真是这样的话，说明你已经偏离了销售工作真正的本质，迷失了自我。究其原因，多半与不读书、不学习紧密相关。

例如，最近我在公司内部发起了一个"每月一本书"的读书活动，强制大家每个月必须认真读完一本书，要连续坚持24个月。所读之物，不能是玄幻、动漫、消遣之类，而要与工作有关，与修身有关，与文化和思想有关。我在想，如果一个人有了24本书打底子，其素养与言行一定不会差到哪里去，还会养成爱读书、爱学习的习惯。

为什么要读书和学习？因为只有学习，你才会发现自己的无知和不足，才会体会到自己的渺小和局限，才会感受到"山外有山，人外有人"的进步空间，也才不会堕入"妄自尊大"和"目空一切"的可悲境地，对周围人与事的敬畏之心也将油然而生。

第二个维度是多倾听、多探询。

有句流行语是："上帝给了大家两个耳朵和一张嘴巴，就是提醒大家要'多听少说'。"要做好销售工作更应该如此。我在"协同式销售方法"课程讲授中会反复强调一个沟通原理："先你的想法，再我的想法，就会有我们的想法。"意思是说，要先请客户表达他们的想法，据此再发表自己的看法。在给客户提供合理化建议之前，你先得搞清楚客户目前处于怎样的状态，他们现在都在想些什么。如果这个逻辑顺序变成了"先我的想法，再你的想法"，最后一定很难得到达成共识的"我们的想法"。

有些销售人员接触的客户多了，就天然地认为客户的需求和想法都差不多，简单地认为自己的产品就是客户所面临的业务挑战的最优解。所以，他们不再耐心地探询客户需求，不再愿意沉下心来倾听客户的真实想法。殊不知，客户的需求背后是痛点，痛点的背后是渴望，渴望的背后是更多不轻易为人知的个人利益诉求。如果销售人员不懂得倾听和探询，就会导致一知半解，最终给出的解决方案也是"驴唇不对马嘴"。

"我不要你以为，我只要我以为。"2021年中央电视台春晚小品节目《机场姐妹花》里黄晓明的一句"自黑"金句，完美地诠释了客户的心声。试想一下，你都不愿意倾听客户的想法，客户又怎么愿意接受你的建议呢？

第三个维度是学会感恩，学会惜缘。

"感恩的心，感谢有你；伴我一生，让我有勇气做我自己。"这句经典的歌词大家应该都耳熟能详了，但真正能做到处处感恩惜缘的人，少之又少。

销售工作历来都是凭业绩说话，以排名论英雄。所以业绩优秀的人，自然在团队中有更多的自豪感和傲娇感。但一个人"不可无傲骨，不能有傲气"，一身傲骨可以让你勇于挑战，勇猛精进；一身傲气却只会让你居功自傲，目中无人，成为众矢之的。

销售人员之所以有好的业绩表现，首先是因为自身付出的努力，但更重要的是公司平台与组织资源的重要支持，"离开了平台，你啥也不是。"这是网络上的一句流行语。虽然这种说法有点过于贬低个人的努力，但其核心思想是在提醒人们：孤军奋战不会有好结果，只有协同作战才能使业绩常青。

销售人员最应该感恩谁呢？

要感恩你的主管领导，感恩追随你的下属，感恩和你并肩作战的技术和交付人员，感恩默默支持你的市场和各职能部门人员。

还要感恩你的客户、家人、朋友，以及所有曾经善待过你、帮助过你的人。

甚至还要感恩那些打压或伤害过你的人，因为他们让你的抗压力增强，让你变得更加强大。

把感恩常挂在嘴边，放在心里。多把自己的成功归功于别人的支持，切忌好大喜功和独享功劳。如此，"敬畏心"就会与你同在，让你获得别人更多的尊敬与拥护。

结语

人们常说："你若敬人，人便敬你。""敬畏"其实是正向呼应的。例如，你敬畏朋友，朋友就会帮你；你敬畏客户，客户就会乐于与你合作；你敬畏领导，领导就会给你更多支持；你敬畏同事，同事就会更愿意与你协作。

什么样的人会有敬畏心？一定是那些谦卑智慧之人。他们清楚地知道，要想把一件事情做好，绝对不能靠自己单打独斗，而应该整合各种资源，与大家协同合作。如果一件事情没做成，则会先从自身找问题，做整改；如果把事情做成了，则要将功劳和荣誉与他人分享，然后和大家一起获得更多、更高的荣誉。这样的人，有敬畏之心，想不成功都难。

敬畏不是害怕，而是尊重；

敬畏不是示弱，而是强大。

常怀敬畏心，业绩滚滚来。祝福大家都能时刻秉持"敬畏心"，砥砺前行。

我的梦想，我的选择

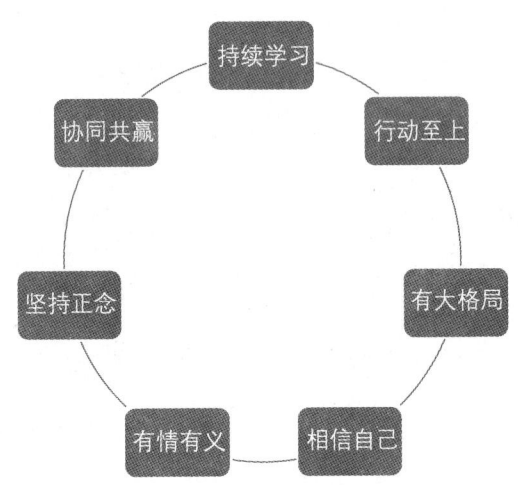

2021年8月10日，雷军在小米MIX4旗舰手机发布会上，发表了名为"我的梦想，我的选择"的年度演讲。这次演讲不仅登上了热搜，演讲中的7个金句也成为一碗纯度极高的"心灵鸡汤"。雷军虽然位居公司CEO，但他更像小米公司的顶级销售人员。他会抓住任何一个机会，向客户与投资人传递小米产品的价值与未来愿景。而雷军演讲中的7个金句，更是可以为每位销售从业者指明成长与进步的方向。

最好的投资，就是投资自己

其实，相似的一句话在网络上早已存在：最好的投资就是投资自己的大脑。让自己保持强大的学习能力与高昂的学习热情，是在这个日新月异的时代持续保持社会竞争力的最好手段。有人说，找工作的时候，拼的是学历；但走上工作岗位后，拼的是学习力。

作为一名销售人员，如何投资自己？

你可以把时间投入在电子游戏、麻将桌、酒场夜店，或者昼夜颠倒，狂饮暴食,不爱运动,还自诩这是"减轻压力"的最好选择。但如果你沉迷于此,只会让你浪费时间、不思进取,引发亚健康危机。久而久之,压力非但不减,反而越来越"压力山大"。

销售工作是最需要学习力的职业,不仅要学习行业知识、产品知识,还要学习专业销售流程与方法、不断涌现的新资讯与新热点,最重要的是需要提升人格底层修养,多接触历史、人文与国学知识,让自己成为一个有涵养、有底蕴、有学问的人。在客户眼中,你就像一本非常耐读的书,常读常新。客户自然也会感受到你的价值,喜欢和珍惜每次与你打交道的机会。

不要怕做选择,干了再说

"干了再说""干就完了""先出拳再想拳法",这些都是"行动至上派"的自我宣言。

选择做销售工作,最难的是迈出第一步。是选择按部就班的行政职能工作,还是选择风险与收益并存的销售工作,很多人思虑再三,举棋不定。我有几个亲自培养的成功销售人才的案例,起初让他们做的就是客户服务工作,无非就是配合销售人员定期给客户打打电话、送送问候、发发通知。没过多久,这些客服人员主动找我要求转为正式的销售工作,理由竟然是在客服工作中,他们发现客户其实并没有那么可怕,和客户居然可以成为好朋友,很多时候客户会主动找他们买东西。他们发现自己已经自然而然地做起了销售工作,还很得心应手,满心愉悦。事实也证明,在调整好了自己的心态与状态后,他们最终都成了顶尖销售人员,实现了名利双丰收。

销售工作并不可怕。不懂销售的人常常会"妖魔化"销售工作,觉得这就是"拿热脸贴人家冷屁股"的活儿。少部分销售业绩好的人也会"妖魔化"销售工作,因为他们认为一旦更多人知道了这份工作的好处,自己的既得利益就会受到冲击。

我不喜欢"销售代表"这个岗位名称,我更喜欢用"客户成功经理"来定义这份职业的真实价值。因为销售工作就是帮助客户成功,搭建一个从产品解决方案到实现客户价值的最佳路径。

好的选择，往往不那么理智或精明。现实之外，不妨多一点天真

做人为什么一定要事事精明？太过精明，遇事便颇多算计，反而会让客户对你避而远之。"傻人有傻福"，这是老祖宗早就告诉我们的生活常识。

销售是一个"大开大放"的职业，做人要磊落，心胸要坦荡。"舍得"之理，尽在其中。这一点体现在以下两个方面。

一是对待客户要多一些"天真"。为客户多做一点服务，为客户多付一份真心，分内的事情责无旁贷，分外的事情也义不容辞，尽力而为。试问，如此销售，客户怎会不感动、不喜欢呢？天真如孩童，无算计之心，客户就会真正走近你，成为你的知己。

二是对待同事要多一份"天真"。销售人员最容易深陷于"提成"的泥沼而难以自拔，天天担心公司少算了自己的提成，担心同事抢了自己的客户，进而发展为"我的提成都是我的血汗钱，与公司无关"的狭隘思想。如果真是这样，格局就小了，"舞台"也就小了。境由心生，小肚鸡肠还是大气豁达，直接影响一个人未来发展的可能性。对公司感恩惜缘，对领导敬重有加，对同事亲和谦卑，精诚合作，不计小利，这才是销售人才应有的格局与境界。

不要在乎别人的冷嘲热讽，相信你选择的最重要的事

做销售工作注定会遇到诸多的拒绝与不理解，这是很自然的现象。不然的话，每个客户都对你笑逐颜开，对你礼遇有加，对你从不拒绝，试问这等好事天下哪有？高收益意味着高风险、高付出，这是天经地义的事情，道理再明白不过了。

做销售工作免不了会有些应酬交际、迎来送往，但销售人员有自己的职业底线，不会放弃对"客户成功"的追求。销售人员所做的一切都是为了让客户变得更好，更成功。

做销售工作也免不了遭遇客户的白眼，被新客户挂电话的情况屡见不鲜。但销售工作就是一份不断与客户发生连接、进行价值传递的事业。面对陌生人，大部分人都会心生防备，又何况客户每天都会被各种各样的销售人员"骚扰"。所以，对客户的同理心很重要。从陌生到熟悉，从客户关系到朋友关系再到成为知

己，从一开始求客户办事到最终双方相互扶持，这是做好"客户关系经营"必将出现的好结果。

相信你选择的最重要的事，就是相信你的公司的解决方案是最好的，就是相信你是最棒的"客户成功"经理，就是相信与你成交合作的客户是全世界最幸福的客户。

为此，你会全力以赴，哪怕被别人冷嘲热讽，哪怕遭遇再多的曲折坎坷！

看起来"不理智"的选择，背后是情义无价

何为理智？就是知道自己应该做什么，应该不做什么。

我对我的孩子讲过的人生道理极其简单，无外乎了解"心智模式"的重要性。其实心智模式到底包含哪些内容，我也说不太明白。总之，这是一种对是非好坏的分辨能力，是一种在困局面前去伪存真的能力，需要感悟，需要修炼。

名利场上，人们最容易迷失自我。多少贪官污吏一开始都是清正廉明的，最后却倒在私利熏心之下，越陷越深，招致牢狱之灾。做销售的人，所遭遇的利诱各种各样，损公肥私、吃里爬外的事情也时常发生。一时的侥幸得手，却造成了一世的内心不得安宁，害了自己，也害了别人。

"情义"来自不存私心地成人达己，就像金庸笔下的侠者，不仅武功高强，更是情义无双。对客户负责，对朋友负责，对自己负责，才是销售工作最重要的"情义"体现。有情有义者，必将获得他人的尊敬，必将构筑自己的"金字招牌"，此为立业之本。

方向对了，路就不怕远

持正念、走正道、用正法、图正果，这是我对销售团队强调最多的"四正理念"。

销售是一份长期的事业，是一份"越老越值钱"的事业，是一份可以"活到老干到老"的事业。因此，既然终身求索，在刚出发的时候就要选对方向，用对方法，建立正确的从业思维与心态理念。

我经常开玩笑说，要成为顶尖销售人员，最简单的方法就是"十年媳妇熬成婆"。当然，这里的"熬"不是指忍辱吞声，不是指消极度日，而是指勇猛精进，全力以赴。用10年的时间，经营好自己的销售事业，为做好业绩积累厚实的人脉资源与知识技能储备。哪怕你不是精于表达或口若悬河之辈，最终也能修成正果，笑傲江湖。"平庸的人，十年挖十个坑；优秀的人，十年挖一口井。"做销售工作最忌"这山望着那山高"，频繁跳槽虽然能在短期内获得薪酬和职位的提升，但会对长期的职业发展造成极大隐患。

因此，身为销售从业者，不要急功近利，而应放眼长远，向身边的标杆人物学习，吸收他们身上的闪光点，持续践行和改善，此为销售工作的"王道"。

一个人可能走得很快，但一群人可能走得更远

销售工作，尤其是大客户销售工作，强调的不是单兵作战，也不是逞个人英雄，而是团队作战，协同致胜。

首先，销售工作的终极目标就是实现"客户成功"。销售工作只是"打前阵"，建立和维系好客户关系。除此之外还有更多的工作，如研发与生产部门提供最好的产品，方案部门提供最佳的解决方案，交付部门提供最可靠的项目实施服务，售后部门提供最贴心的运维保障。"客户成功"绝对不是一张"空头支票"，需要一群人分工协作才能最终达成。因此，销售人员不能"妄自尊大"，而要认清楚客户价值链条中其他职能部门的重要贡献，只有这样，才能走得更远、更长久。

其次，销售人员在获取客户与订单的过程中，难免有工作状态起伏不定、心情起起落落的时候。来自团队的鼓励与支持，甚至是来自客户的认可与赞誉，都可以让销售人员快速调整状态，满血复活。网络上有句经典的语录："离开了平台，我们什么都不是。"这句话告诉人们，要多依靠团队，融入团队，多为团队做正面贡献，而不是在团队中散布负能量和给组织添堵。

 结语

　　我非常喜欢雷军每次在产品发布会上的表现。我不仅喜欢他"白衬衫+牛仔裤+小白鞋"的经典搭配,还喜欢他永远满腔热情、不忘初心、充满理想和追求的赤诚言辞。已经取得人生极致成功的雷军尚且如此,我们还有什么理由不奋进、不努力呢?

如果你觉得做销售太难，那试试这颗解药吧

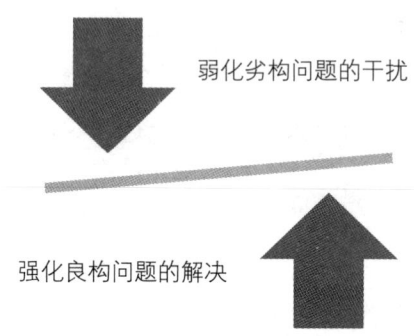

最近我常听到孩子们说一句话："我太难了。"细问原因，才知道这居然是学生们当下的口头禅。考试时，他们会说："我太难了，这次的题目比以往任何一次都难。"写作业时，他们会说："我太难了，老师布置的作业比以往任何一次都多。"被老师和家长责怪时，他们会说："我太难了，这些大人怎么不能理解我们小孩子的压力和痛苦呢？"

哈哈，都说现在的成年人活得不容易，原来孩子们过得也不轻松呀。这使我突然想起，我在给很多企业做销售业绩改进培训时，也经常听到销售人员说"我太难了"。似乎，在这句口头禅面前，人人都不能幸免，人人都怨声载道。

有一次，我给一家中国标杆级的医疗器械集团公司做培训。该公司的销售人员向我抱怨说现在的销售工作太难做了。因为有很多小型医疗器械公司的产品价格比他们公司灵活，与客户搞好关系的业务费用比他们公司充分，而且这些小公司的竞争手段非常卑劣，抢走了他们很多订单。对此，我当场深表理解与同情。

但当我后来给一些规模较小的医疗器械公司做培训时，居然也听到了类似的抱怨。这些小公司的销售人员抱怨说，销售工作实在太难做了。因为与那些同行的标杆公司相比，他们觉得自己所在的小公司要品牌没品牌，要产品没产品，要

资质没资质，要服务没服务。他们见到客户的时候，都会觉得自己不受待见，抬不起头，矮人三分。

这就让我觉得奇怪了：到底是大公司的销售工作更难做，还是小公司的销售工作更难做呢？其实，家家都有一本难念的经。大有大的难，小有小的苦。但如果把"我太难了"这句话经常挂在嘴边的话，那就是难上加难，"永世不得翻身"了。

既然"太难了"已是既成事实，那么如何看待这个事实？又如何破解呢？

在Easy Selling销售赋能中心的培训课堂中，我们的讲师和专家会反复强调两个概念：劣构问题和良构问题。事实上，销售人员反映的种种业务挑战也都可以归结为这两类问题。而这，正是破题的关键。

所谓劣构问题，更多的是指影响销售目标达成，非销售人员所能够影响和左右的"外因"。例如，公司的产品过于同质化或缺少竞争力，公司内部的行政审批流程太长，产品的价格政策不灵活，技术支持部门的方案不给力，面对的竞争对手太强大，客户喜欢价格压榨，等等。甚至还有销售人员把业绩不佳的原因归结于中美贸易摩擦带来的宏观经济环境不景气等因素。必须说，这些"外因"确实是客观存在的，你在意或不在意它，它都在那里"不悲不喜"。

所谓良构问题，更多的是指影响销售目标达成，但可以通过销售人员自身的能力提升和行为模式改善而得以解决的"内因"。例如，销售人员的心态不够积极，人际关系处理不好，沟通表达能力较弱，方案设计与呈现能力不足，缺少个人品牌影响力，缺失谈判成交技巧，等等。这些"内因"同样是现实的和客观存在的，尽管绝大部分销售人员与团队管理者并不愿意承认它们的存在。

事实上，如果一名销售人员总是把业绩不好的原因归结到劣构问题，就容易让自己变成一个"怨男"或"怨妇"。因为长期处于对"外因"的抱怨状态，对解决问题没有太大的帮助。但如果销售人员把关注点聚焦在良构问题上面，积极提升自己的个人能力，改善自己的销售行为模式，不仅可以破解这些良构问题，很多劣构问题也会迎刃而解。

举个例子，很多销售人员经常抱怨客户过于关注价格，像"周扒皮"一样不断榨取供应商应有的合作利润。这是一个劣构问题，因为销售人员不能奢望遇见对自己提出的成交价格百分之百接受的"完美客户"。

但从良构问题的角度出发，如果销售人员在销售过程中能够有效地建立客户的信赖，能够专业地引导和完善客户的需求标准，能够更显著地塑造自己的解决方案的价值，能够让客户对公司品牌与个人品牌有高度认可，能够向客户证明自己对"客户成功"负责的真诚态度，客户就会把销售人员放在可选方案中的优先位置，也会高度认同和期待双方的合作价值，更不会一味地压价。因为客户也希望通过让供应商保持合理的利润来确保自己能获得最好的服务保障。

再举一个例子，销售团队经常面临新客户开发困难的问题，这自然也可以归因为宏观经济形势不好或市场竞争过于激烈。但换一个角度，如果销售人员可以建立一个正确的客户画像标准，锁定与己方解决方案最适配的客户行业，认真梳理区域内或行业内有跟进价值的目标客户名单，扎扎实实做好客户档案的建立与客户需求的创建工作，就能逐步摆脱新客户开发的困境，也能与客户建立长久的互信互利关系。遗憾的是，在很多销售人员心中，只有"商机"，没有"客户"。有机会就向客户扑过去，没有机会就对客户置之不理。如此急功近利的行为，又怎能得到客户的认可与接纳呢？

劣构问题应不应该被重视

当然应该被重视，也应该被解决。但作为销售从业者，必须明白两个道理。

首先，在劣构问题面前，人人平等。例如，面对新型冠状病毒肺炎疫情防控问题，不仅你在经历这样的考验，你的竞争对手同样也在经历这样的考验。要解决这个问题，需要全社会、全国、全世界的共同努力。作为销售人员，显然对此难有作为。但如果销售人员在此期间能够多传播正能量，多对客户表达关怀与问候，多做些价值传递工作，就会在困境之中获得更多转机。

其次，在劣构问题面前，人人有责。这里的"责"不是让销售人员身先士卒解决它，而是关注它、反馈它，协助他人解决它。上文提到了很多来自公司内部的劣构问题，有产品方面的，有价格方面的，也有政策方面的。虽然销售人员无法独立解决，但可以用积极的态度应对。大家一定要坚信，事情总会向着好的方面发展，团队总是可以协同做出最有利的决策。如果大家觉得"事不关己，高高挂起"，那只会降低问题解决的速度与质量，最终损人不利己。

良构问题能不能得到解决

答案是肯定的。在能力素质模型的定义中，解决良构问题的能力又叫作"显性能力"，与性格特质等"隐性能力"不同，显性能力是可以通过后天的培训和训练得以改变和提升的。例如，沟通能力不好，那就通过话术练习、模拟演练等方式获得进步；客户信息收集得不够充分，那就建立统一的企业客户档案标准、联系人档案标准及商机档案标准，大家按照标准执行，通过标准来检视信息的完整度；不会在客户面前讲故事，那就由公司把过去完成度较好的客户案例编成"成功案例集"，然后组织销售人员进行背记及口头表达通关考核。

在公司的运营管理中，少谈劣构问题，多谈良构问题。在培训项目策划中，聚焦良构问题来规划培训内容与考核要求，而不是让学员们的关注点停留在劣构问题上不能自拔。反求诸己，多从自己身上找问题，求突破，工作才能得到真正的改进。

试想一下：你和竞争对手都受到了劣构问题的困扰。你锐意进取，从良构问题入手自我提升。而竞争对手在怨天尤人，期待"外因"的改变。两种不同的处事观，两种不同的行为模式，就会产生两种截然不同的结果。

结语

佛家常说："境由心生，境随心转。"聚焦良构问题的解决，是销售人员应有的思维与态度，也是最有效、最具可行性的提升销售业绩的"灵丹妙药"。

对待大客户就要"三心二意"

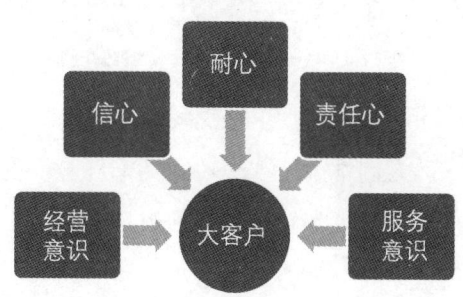

成语"三心二意"的意思是:既想这样又想那样,形容犹豫不决或意志不坚定。

那为什么要对大客户"三心二意"呢?不是应该"一心一意"吗?

别着急,这里提到的"三心"指的是信心、耐心、责任心,"二意"指的是服务意识、经营意识。有了这样的"三心二意",没有什么大客户是攻不下来的;也唯有这样的"三心二意",大客户们才愿意和你形成战略合作关系、相互尊重和密不可分。

首先和大家谈谈"信心"。既要对自己有信心,也要对客户有信心。作为一名销售顾问,你对自己的公司是否充满信心?对自己的产品解决方案是否充满信心?如果用1~10分来衡量你的信心指数,你可以给自己打多少分呢?

我曾经见过一名顶级销售人员,客户问她:"你为什么介绍自己的产品时会这样兴奋和自信呢?"她的回答是:"我岂止是自信,我对自己的产品有着宗教般的信仰。"此言一出,客户大为折服,再也没有了拒绝下单的理由。我也多次提到,成功的销售人员一定有3条从业信念:我相信我的产品解决方案是最好的,我相信我是最棒的销售顾问,我相信向我购买的客户是世界上最幸福的客户。我想,持有这般信念的人,大客户怎会不为之所动呢?

销售人员对客户的合作精神也要有信心。很多人都认为"店大欺客",觉得大客户就一定会百般刁难供应商。实则不然。Easy Selling销售赋能中心，调研过很多大企业的采购负责人，他们反馈的事实有两点：一是找他们来谈生意的供应商确实多到让人避之不及，所以挑挑拣拣也属自然；二是因为可选的供应商太多，且质量良莠不齐，所以采购方更希望找到可以长期合作的、品质稳定的战略型供应商，可以从一而终，而不是朝三暮四。因此，绝大部分大客户都是有智慧的，销售人员不要"以小人之心度君子之腹"，要把对自己的信心与对客户的信心结合起来，只有这样才能让客户真正感受到产品的价值。

再来谈谈"耐心"。人们常说："客户虐我千百遍，我待客户如初恋。"这句话看似很励志，但绝大部分人都做不到。细想一下，客户真的有"虐"你吗？这种"被虐"是不是只是你的自我感知而已？

例如，客户内部的评估流程长，要协调的决策链角色也很多，所以在你对签约进度的一再催问下，对方只能闪烁其词；再如，你的产品解决方案的差异化优势并没有被客户认知，可提供的改善价值也没有与客户达成共识，所以在你一心想尽快成交的诉求下，客户却表现得犹豫不决。这些场景，与其说你在被客户"虐"，还不如说你在被自己"虐"。如果你多一点耐心，对客户的内部评估流程多关注一点，对自身产品解决方案的价值传递得再充分一点，就可以和客户更好地同频共进了。

另外，心仪的大客户就好比心仪的想娶回家的美女。你想追求人家，也认为人家很优秀，但你又对她没什么耐心。被美女拒绝了一次，你就由踌躇满志变得万念俱灰，不愿意再追求，怕丢了自己的自尊和面子，那你就注定此生与这个美女无缘了。但如果你有足够的耐心，锲而不舍，让美女持续感受到你的"真心"，就有很大的概率"抱得美人归"。

销售工作也是一样，越大的客户越难接近。你的态度应该是：一年不行就两年，两年不行就三年，三年不行就十年。对大客户要做好"打持久战"的准备。你要明白，能坚持到底对客户不离不弃的供应商其实也不多，既然已经开始对客户"微笑"了，就将微笑进行到底吧。

最后来谈谈"责任心"。对客户来说，比耐心和信心更重要的是你的责任心。客户要购买的其实不是你的产品，而是你的产品能为客户解决问题与带来价值，客户之所以选择向你购买，是因为相信了你在售前给出的各种服务承诺与成功保证。因此，对于客户的"以身相许"，你又怎么能不全力以赴，做到最好呢？

有些销售人员抱怨自己公司的产品解决方案不完美，觉得将其卖给客户是没有责任心的表现。这其实是一种非常严重且必须"得治"的心理魔障。细想一下，有哪家供应商的产品解决方案是完美的？又有哪家供应商可以解决客户提出的所有问题呢？答案是"没有"。"存在即合理"，每个供应商及其提供的产品解决方案，都有独特的市场定位与适用场景，只要找到适合的目标客户进行销售就好了。如果你一定要对产品的"不完美"耿耿于怀，那么就用售后服务的"完美"来补偿吧，就像当初电信业务还处于起步阶段的华为，知道自己的产品打不过爱立信和思科，那就去开发竞争对手顾及不到的二三线市场，把服务网点设在客户的旁边，甚至直接建在客户的机房里，随时响应。这就是客户要的责任心，这才是真正对"客户成功"负责的供应商。

讲完了"三心"，再来说说"两意"。

销售人员先要具有"服务意识"。当你去外面消费时，哪里的服务最好，最让你记忆犹新？很多人都会提到海底捞的服务、胖东来的服务、五星级酒店的服务等。这些年，我一直是京东的Plus会员，虽然知道京东的产品可能会比其他电商平台贵一点，但京东的物流服务与退换货服务让我无法舍弃。回到"大客户销售"的话题，你有什么样的服务能让客户也有这种好的甚至是惊艳的感觉呢？售前、售中、售后，你各有哪些好的服务？

此处，想重点谈谈售前阶段的服务，而且更想聚焦"分外"的服务。对于"分内"的服务，如报价、拜访、方案等，销售人员自然不会懈怠。但是对于"分外"的服务，就仁者见仁、智者见智了。我在后面的一篇文章《销售人员的自我修养（2）：服务明星也能成为好销售》中，强调分内的服务是基本，分外的服务才真正能让客户见识到销售人员的真心诚意，哪怕是帮客户搬搬桌子、抬抬凳子，哪怕是帮客户接接孩子、订订位子。服务虽小，但非常暖人心，能够很好地拉近你与客户之间的人际距离，让客户选择与你合作时又多了一个理由。

在一次培训活动中，有个学员向我请教："做这些分外的服务，会不会低人一等？会不会丢失尊严？"我回答说，这根本就不关"尊严"的事情，这只是社会分工不同而已，只是人与人之间的相处之道而已。换位思考，你难道不喜欢一个分内、分外服务都做得很好的销售人员吗？

再来谈谈"经营意识"。世界上最伟大的销售员之一乔·吉拉德总结了一个"250定律"，即"每位客户身后，大约有250名亲朋好友，这些人都可以成为你的潜在客户"。乔还提出，"不要把客户当作一桶石油，而要把他当作一座油田"。这就是告诉销售人员，对大客户要有"经营意识"，要有长期经营客户的理念与行动计划，而不是采用杀鸡取卵、竭泽而渔的短期交易模式。

人们习惯说"经营一家公司"，很少说"经营一家客户"。很多企业都想做百年企业，但几乎没有人说过要和某家大客户合作100年。如果真的要合作100年，那对客户就不能有欺诈和谎言，不能有饮鸩止渴般的短视行为，也不能有浅尝辄止、蜻蜓点水般的客户关系。例如，你现在与某家大客户的A部门合作了，但还有B、C、D等更多部门有待开发；你现在只是与客户某部门的A联系人有了对接，但这个部门中还有更多更重要的关键人员需要你去接洽和巩固关系。

有句很火的广告词是"他好，我也好"。销售人员应该说"客户好，我们才会好"。陪伴客户的成长，支持客户的发展，加深与客户的关系连接，扩大与客户的合作份额，"先客户之忧而忧，后客户之乐而乐"，这才是真正的"客户经营意识"。

如何践行"客户经营"思想呢？有很多方法模型与最佳实践可供参考，如单独设立"KA客户事业部"（Key Account，重点客户，简称KA）、定期制定"重点客户服务策略"、定期开展"客户采购决策链覆盖程度检视"等。总之，你心里装着客户，客户的心里也会装着你。

结语

"三心二意"对于开展大客户销售工作来说实在是太重要了,这是从思维模式到行为模式的升级蜕变,销售团队应将其视为统一作战语言与行为标准。

当然,基于投入回报率的考虑,"三心二意"更适用于与中大型客户的交流,而对于小微型客户,一般选择更加快捷、更加轻便、更加直接的营销方式接洽,后续有机会再和大家分享。

成为销售顾问之前，先成为合格的产品解说员

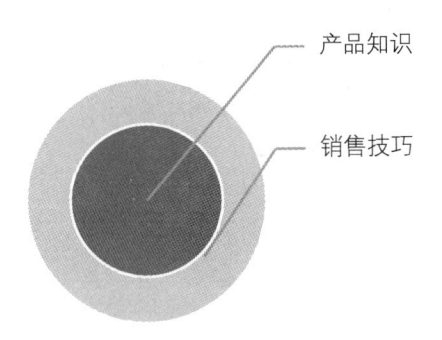

（图：外圈标注"产品知识"，内圈标注"销售技巧"）

在我的培训课堂上，学员们可能会反复听到一个金句："在成为一名优秀的销售顾问之前，先让自己成为一名合格的产品解说员！"

可能会有人说："易老师，你这是让我们去做产品推销员吗？"

我会回答："做一名产品推销员有什么不好的？最起码，在你刚刚进入销售岗位时，你的首个成长目标就是努力做好一名产品推销员。"

我的这个论点可不是空穴来风。

全球顶级的B2B大客户销售型组织之一IBM深谙此道。每年，IBM在招募销售新人时，都会为他们设定一个持续近半年的魔鬼式、高强度的训练营项目。此项目大致可以分为两段：一段是产品知识的培训与考核，另一段是销售流程执行和销售技巧的训练与考核。其中，产品知识的培训占比最大。

因为IBM产品解决方案的复杂性特点，销售新人必须认真和扎实地掌握好产品知识及相关的行业知识、竞品知识，并能够专业和熟练地表达与呈现这些知识。如果产品知识的通关考核不通过，不好意思，卷铺盖走人；如果成功通过了考核，销售新人们也不会马上开启销售方法的学习，而是被直接"扔"到市场上，"扔"进销售团队里，"真枪真刀"地参与实战。等有了一定的市场工作体验后，再被重新召集起来，系统地学习销售流程的执行和销售技巧。

实战出真知，IBM的案例至少证明了两个道理。

其一，不懂产品知识，再好的销售技巧也没用。皮之不存，毛将焉附？这里的"皮"指的是产品知识，"毛"就是销售技巧，是包括人际技巧、提问技巧、表达技巧、引导技巧、谈判技巧、成交技巧等在内的销售方法的统称。

可以换位思考一下：客户对供应商的销售人员最看重的是什么？产品专业度还是销售专业度？Easy Selling销售赋能中心研究发现，客户并不喜欢那种巧舌如簧的销售人员，反而更容易接纳和认可那种不善言辞、诚实可靠、专业过硬的销售人员。原因就是：客户要采购的是产品，关注的是产品解决方案与其需求的匹配度。你能把产品讲清楚，能从专业的角度给客户提出合理化的解决方案建议，就是最重要的沟通价值体现。反之，你的销售技巧越娴熟，销售套路越深，客户就会对你越加防备和抵触，生怕一不小心掉进你给他们设好的"陷阱"。

还有一点，千万不要低估客户的品鉴能力。尤其是客户中那些担任技术岗位的关键人员，其专业程度甚至远远高于供应商的销售人员。他们对各家产品的好坏有自己的判断。因此，即使你不懂得如何运用销售技巧，但只要你把自己产品的差异化优势说明白了，就依然有可能得到客户的青睐，获得客户的订单。

其二，不学销售技巧，并不代表你不会开展销售工作。每个人都有与生俱来的销售潜能，每个人都有可能成为顶尖的销售人员。细想一下，从你出生那天起，便开启了你的"销售职业"生涯。当你饿了想吃东西的时候，会用哭声向他人传递你的诉求；当你想买某件玩具但父母不允许时，你会用耍赖打滚的方式让父母屈服。我常开玩笑说，"哭和闹"就是最原始和最具威力的销售技巧。从来没有人教过你这些技巧，但你居然就掌握了这些"绝世武功"。另外，你也一直在向他人"销售"：销售你的思想和主见，销售你的方案和制度，而且越是无形的产品，越能体现你的销售才能。

所以，为什么一定要强调只有上过销售技巧课程才能开展销售工作呢？只要施展你的天赋，用你与生俱来的销售潜能来与客户沟通，就可以把产品卖出去。事实上，在大部分企业，销售新人入职后，都没有经历过正式的销售技巧培训，也照样在客户面前卖东西和出业绩，靠的就是这种销售潜能。

当然，话说回来，销售人员是不是就不用学习销售技巧了呢？当然不是。当你拥有了一定的销售直觉与经验时，再获得了科学的销售方法，开展工作就会锦上添花，事半功倍，效能大增。

好了，现在你知道我为什么持有开篇所述的观点了吧？

接下来向大家简要介绍这个论点在众多标杆企业中的最佳实践。

首先，在对销售新人进行培训规划时，应该把对产品知识和相关专业知识的掌握放在首要位置。不仅要能把产品说明白，还要能把产品语言转换成客户语言进行表达。这样的培训任务完全可以依靠公司的内训师来完成，而且容易考核，容易衡量学习的成效。进一步分析，每家公司的产品解决方案也是其企业文化和价值观的最佳展现。通过学产品来感受企业文化，通过学产品来体会公司在社会中、在客户中的存在价值，实在是一件再重要不过的事情了。

其次，越是复杂的、技术特性强的产品解决方案，越需要向专业对口的求职者展开招募工作。如果企业销售的是一些类似快速消费品的、用户喜闻乐见的东西，销售人员是不是专业对口并不太重要，因为产品很容易讲清楚，并不复杂；但如果企业销售的是一些复杂度高、需要定制、解决方案式的产品方案，如化工产品、IT软件、中大型装备、高科技材料等，销售人员没有一定的专业功底，完全靠入职后从零开始学习，就是一件很困难、学习成本很高的事情。

人们经常有一个认知误区，觉得学市场营销专业的人最适合做销售工作。其实不然，市场营销（Marketing）与销售工作（Selling）还真的不是一回事。反倒是那些有工科背景的人、有技术功底的人，更适合从事技术型销售工作。

最后，对于销售方法的学习，一定要结合企业的产品解决方案来开展。不要过分高估销售人员举一反三的学习转化能力。事实上，能够即学即用、按图索骥的知识技能是最合适销售人员的，哪怕这些知识技能不是国际知名培训机构或业界知名大咖出品的。

对此，在企业销售培训工作中可以强调以下3个执行要求。

一是不要去找那些只会说段子、逗乐子的外部专家来做销售培训，否则会导致大家在课堂上很开心，事后却会很失落。

二是少找那些形而上学、没有解决问题的能力，只会站在讲台上讲课的老师来做培训。这些老师通常会引用很多事先准备好的案例来组织学员讨论，但就是不愿意采用客户的实战案例来做现场研讨与指导，对学员来说，训后的转化成本极高。

　　三是企业要有一支特殊的"内化行动队"，能够基于外部专家讲解的知识，先消化，再内化，然后在企业中负责推动新模式、新技能的执行工作。只有这样，才能把一次外部专家培训活动的价值最大化，效应最持续。

结语

　　好了，我来小结一下吧：不懂产品知识、只懂销售技巧的人是个"假把式"，而只懂产品知识却不懂销售技巧的人至少算个"基础版"销售人员。客户能够接纳"基础版"销售人员，但不喜欢"假把式"。因此，只有先让自己成为合格的产品解说员，再通过销售技巧的掌握与应用，才能最终成为所向披靡的顶级销售精英。

愿以"五百次回眸"换你一张订单

```
做好长期客     • 客户池资源管理
户经营         • 持续的价值传递
              • 客户关系管理与需求深挖

化解短期业     • 增加商机
绩压力         • 提高赢单率
              • 做大客单价
              • 缩短成交周期
```

当代著名诗人与散文家席慕蓉写过一首脍炙人口的诗——《回眸》：

前世的五百次回眸换得今生的一次擦肩而过，

我用一千次回眸换得今生在你面前的驻足停留。

问佛：要多少次回眸才能真正住进你的心中？

佛无语，我只有频频回首。

像飞蛾扑向火，可以不计后果，可以不要理由。

等等，这首诗与大客户销售工作有什么关系？这首诗中又蕴含了哪些与客户相处的秘密？以下就来解析一下其中的道理。

经常有销售人员向我请教："公司领导每个月都要催逼回款业绩，但是我们做的是大客户销售工作，从拿到需求到最后成交有很长一段时间，何况还有很多输单情况发生。哪可能每个月都出业绩？哪可能每个月都实现公司下达的业绩目标呀？"

必须说，这是一个客观存在的问题。在给出该问题的解决办法之前，先要达成一个共识：公司对销售人员的每月回款要求也是合情合理的。毕竟，公司每个月都要按时发工资、付房租等，这些费用项总不能因为没有销售回款就拖延着不付吧？因此，公司的每月回款要求也是合理的。按月回款，进出平衡，这是公司现金流管理的必然要求。

关键是：如何保障每个月的回款目标达成，而且要可持续地达成？

"按月回款"自然不能用对客户的"五百次回眸"换得。销售人员提出的其实是一个"短期业绩目标"与"长期客户经营"之间的冲突问题。

大家都知道，"回款"是一种结果，而结果的出现固然有努力的成分，但也可能与"运气"有关。运气是一种具有不确定性的存在，时有时无、时大时小，就像天上掉馅饼一样，谁也不知道什么时候会落在自己的头上。

例如，你偶然发现了一个好客户，捕捉了一个大机会，就有可能带来短期的业绩飙升，这就是运气使然。但更多时候，你面对的都是中小型客户，跟进的都是一些中小金额的商机，费了九牛二虎之力，才能小有斩获。而你在这些小客户、小订单上投入的时间和精力，甚至远远超过了你在那些在大订单上的付出。

因此，本书倡导的解决方案是，做好"过程管理"，有好的过程不一定立马能带来好的结果，但如果没有好的过程，就更加无法确保结果的可持续出现。这里有3个最佳实践与大家分享。

最佳实践1：设定有优先跟进权益的客户资源池管理机制

俗话说："东边不亮西边亮。"只要销售人员同时跟进的客户数量足够多，就算不同客户的需求产生的时间有先后，也能保证每个时间段都有一定数量的销售机会与成交结果。

有一家从事对公财务咨询服务的企业，每名销售人员可申请最多跟进200名目标客户，并通过客户关系管理系统界定优先跟进权益：销售人员A的客户池中正在跟进的客户，其他销售人员不能重复跟进，以确保销售人员A可以对这些客户进行持续的、相对稳定的客户关系维护。这200名客户不可能在同一时间产生需求，但在未来3年内产生明确需求的概率非常大，甚至会达到100%。这就意味着，只要销售人员A对客户的跟进过程做得扎实，大概率每年会有60多名客户产出新需求，每个月就有5~6个新的需求出现，同步有5~6个需求处于成交结案及回款阶段。再结合对赢单率的考虑，按月有新的成交、按月有新的回款也是完全有可能发生的。推算过程如下。

客户成交周期	客户数量	每年新增需求量	每月新增需求量	赢单率	每月新增成交量
3年	200名	66个	5.5个	30%	1.7个

在以上推算中，将30%的赢单率替换成公司实际的赢单率，再乘公司的平均成交客单价，就可以得出每个月的新增成交额与回款额预期。

反之，如果销售人员手头跟进的客户数量很少，就会导致每个月都难以有新的需求产生，也会出现月度回款难以为继的情况。很多企业的销售人员习惯了"东一榔头西一棒槌"的商机开发模式，而没有上述这种"有规划、有预见性"的客户开发模式，时间长了，必然遭遇业绩危机。

这个最佳实践最适合企业与企业（Business to Business，B2B）的项目型销售模式，就是指那种与某名客户完成一次合作后，下次合作机会不知道何时才能发生的情况。

最佳实践2：对客户做好持续的价值传递工作

这里提到的"价值"，是指你的产品解决方案可以给客户带去的可预期的、可衡量的改善利益。客户感知到的价值越大，其对你感兴趣的程度就越高，购买的动机与迫切性就越强。人们常说："没有无缘无故的赢单，也没有无缘无故的输单。"客户愿意向你采购，是因为他认同你传递的价值；客户拒绝向你采购，也一定是因为你传递的价值不匹配或不充分。

做好价值传递工作，首先是对客户的需求有清晰的了解与洞察，知道客户现在正面临怎样的业务挑战，客户正期待怎样的改善利益，客户的采购决策链与评估角色是怎样的，以及你应该匹配怎样的产品解决方案给客户。

有了这样的洞察之后，你就可以通过邮件、微信、电话、拜访、沙龙活动邀约等方式，让客户及时地获知你的信息，了解你的能力，从而愿意和你分享他们的需求信息，让你获得一次又一次的高品质销售机会。

有一家做体外诊断服务的企业，其目标客户是各大医院与医疗服务机构。

为了充分做好价值传递工作，每个营销区域每个月都会举办各种主题的专业分享沙龙或论坛活动，线上或线下的活动形式都有。销售团队会配合这些市场活动规划，不遗余力地邀请客户中的关键人员前来参与。一回生，二回熟，三回四回成朋友。该企业明显发现，凡是参加过活动的客户，尤其是多次或多人参加过活动的客户，客户关系会越加牢固，成交率也远远高于那些从来没有参加过活动的客户。

最佳实践3：老客户维护与新客户开发工作同步抓

首先，老客户的重要性不言而喻。我服务过很多化工原材料与零部件的企业客户，他们与老客户之间形成了一种"循环收益型"销售模式。老客户的业务发展越迅速，对既有供应商的产品需求量就越大，双方是"水涨船高"的共生共荣关系。但如果成天只满足于老客户发来的订单，就会逐步形成一种"啃老本"的现象，"销售人员"的身份也渐渐会退化成"客服人员"的角色。哪一天，老客户被竞争对手"挖墙脚"了，既有的客户关系出问题了，企业的业绩就会随之间断性地"闹饥荒"。因此，既要做好老客户合作关系的深耕细作，也要强调新客户的同步开发。

我在最佳实践1中提到，要"设定有优先跟进权益的客户资源池管理机制"，但这个客户池中的资源不能是一成不变的，否则就会成为一潭死水，了无生气，还应该加上一个客户资源的"温控"机制。例如，每年要有一定比例的客户提出新要求，将质量不好或跟进不及时的客户从某位销售员的客户池中识别出来，放回"公海池"；也可以在销售人员的关键绩效指标（Key Performance Indicator，KPI）中设定"新客户开发数量"与"新客户成交金额"指标，并设定一个与老客户维护指标同样甚至更大的考核权重。只有做到这一点，销售人员对新客户的开发才会更有动力，更愿意投入。

结语

　　以上提及的3个最佳实践，其根本指导思想是：找准一定数量的目标客户，做好客户需求洞察与3年期的合作目标设定，然后持续地、高质量地、锲而不舍地进行价值传递（500次回眸）与关系维护。这样就一定能在每名客户身上创造销售机会，从而实现业绩回款的可持续发生。

越能放下，越能提起

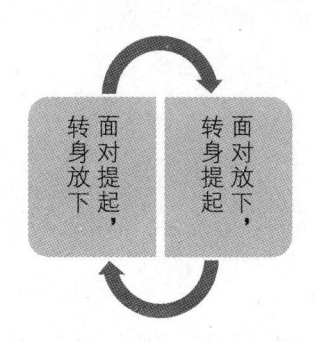

记得多年前，我曾邀请国内佛学大师释果宁法师为客户授课。席间，我请法师在其著作《拈花智慧》上签名，法师写下了"面对提起，转身放下"这8个字。从此，这8个字就成了我这些年来自我修炼、成人达己的不变信条。

"面对提起，转身放下"的最直观解释是：该提起的时候提起，该放下的时候放下；如果该放下的时候却一直提着不放，人就会疲累；如果该提起的时候却总是放手不理，人就会消沉。

举一个生活中的小例子。你在结束了一天的职场工作后回到家里。你的孩子兴奋地跑过来说："爸爸，爸爸，给我讲个故事吧。"此时，你很累了，真的想休息一下，而且脑子里还装着一堆未完成的工作。但你又不好意思拒绝孩子的要求。于是你抖擞精神开始讲故事。但你一边讲，一边又想着工作上的事情。最后的结果是：你的故事不仅讲不好，工作的事情也没想明白；孩子感受到你的不专心，很失望，很不开心。讲完故事后，你打开电脑想继续完成工作，但满脑子想的都是刚才因为讲故事不专心而让孩子不开心的情景。

看到没有？如果你可以做到讲故事时就用心讲故事，工作时就专心工作，及时地转换自己的身份和角色，那就不会出现这种情况，还能工作生活两不误。

想想确实是这样。人生总要学会在"提起"与"放下"之间进行转换，真正做到身心合一，才会安驻当下，欢喜自在。如果不能实现及时转换，就会导致身心分离，累己累人。

可这跟销售工作又有什么关系？我得先从一个真实的事件说起。

在一次为销售人员进行商机检查辅导时，销售人员向我抱怨说最近在跟进一个销售机会，前期已经与客户交流了两三次，方案和报价也都发了。现在因为公司催逼业绩，就想着能快点成交最好。但他越是催客户，客户就越是躲躲闪闪，不予正面回应。

我发现，这种现象绝对不是个例，而是一个发生频次极高，销售人员却不知如何应对的局面。

我总是问销售人员："此时此刻，你心里想的更多的是获得这张订单，还是客户想解决的问题？"如果你心心念念的只是你的订单，而客户心心念念的是他想解决的问题，你们彼此之间就会缺少交集，缺少共鸣。你催逼得越紧，客户就会越紧张，越逃避，甚至最后出现反感抵触情绪，让你前面的努力付诸东流。

此时，最好的方式就是先"放下"，然后想想如何更好地"提起"。

如何"放下"？

"放下"就是放下你心中急于签单的"执念"，反正你单方面着急上火也于事无补。按一下"暂停键"，让催逼客户的节奏慢下来，让客户的压力感降下去，此时"欲擒故纵"也许比"步步紧逼"的策略更适用。

你也要有心理准备：最坏的可能就是丢掉这张订单。但你必须从中学到未来可以借鉴的经验教训。稍好一点的结果是客户还没有做出最终的选择，或者只是在几个候选方案中犹豫徘徊。那么此时，你不妨冷静下来，对前期做过的客户沟通工作进行一次全面的复盘和小结，找到工作中存在的不足之处，看看还能做哪些客户关系强化与合作价值强化工作。

如何"提起"？

"提起"就是不要灰心丧气，不到最后一刻不要轻易放弃努力。何况，你要与客户发展的是长长久久的合作关系，即使这次合作不成，也要给客户留下最好的印象，为后续的合作打好基础。

你要提振信心，重新审视以下"成功要素"是否到位。

- 我真的清楚客户的痛点、预算与需求标准吗？
- 我是否清楚客户的采购决策链角色分布？我有影响所有的关键人员吗，尤其是决策者？
- 我与客户做过充分的需求探询和引导吗？客户是否认同了我的建议和想法，并希望照此付诸实施？
- 我和客户方的关键人员详细讲解过自己的产品解决方案的差异化能力与可预期的价值吗？客户是否认同了我的产品解决方案并且给予了口头承诺？
- 客户对我（含公司品牌与产品品牌）有充分的信任度吗？我做过哪些能证明我的能力和加强信任度的事情？
- 我在发展客户方的支持者方面下了哪些功夫？哪些人成了我的支持者？支持程度如何？

如果你对以上问题无法给予满意的回答，那么请赶紧制定"亡羊补牢"的应对策略，在剩下的销售周期内，选择最适合的行动方案，轻装上阵，与客户一起重新出发。

"最好的提起就是放下，最好的放下就是提起"。当你不再着急上火地催着客户签单，而是把工作重心回归到帮助客户解决问题和创造价值时；当客户从你身上感受到的压力与焦虑烟消云散，又重新收获你的专业能力与责任心时，客户就会如释重负，双方几近崩溃的沟通连线也会随之重回正轨。

"提起与放下"的道理不仅适用于上述合作即将结案的阶段，也适用于在日常客户关系维护与商机的前中期推进中的自我心理建设。

有的销售人员总会给客户一种咄咄逼人的压迫感，总会让客户看出自己"直捣黄龙"的成交心态。这会令客户关系缺少温度，在沟通中无法给客户带来很舒服、很愉悦的感觉，导致"欲速则不达"。

"水到渠成"应该是销售人员最期望看到的一种结果，但是否真的能成"渠"，不取决于这条渠有多深，而取决于是否有水流。销售人员所有"以自我为中心"的销售行为都是在"挖渠"，而所有"以客户为中心"的专业价值传递是"水流"。因此，销售人员应该专心做好"水流"，这就是"提起"；不要急功近利地"挖渠",这就是"放下"。

这时候,又有销售人员提问了:"我这个月/季度就只有这一两个销售机会,我要是不紧催着客户成交,老板就要炒我鱿鱼了。如何解决?"

接下来,我的建议也许不能解决你一时一刻的紧急问题,但会对你未来中长期业绩的可持续产生形成诸多保障,那就是"质量并举"。"质"指的是目标客户的品质,"量"指的是目标客户的数量。

首先说说客户的品质。高品质的客户意味着有高的合作潜力。一般来说,在销售人员的业绩构成中,20%的优质客户创造了80%的业绩贡献,而80%的一般客户只能创造20%左右的业绩贡献。因此,你要审视一下在你的客户池中正在跟进的客户,是否都有较高的业务合作潜力。只有在正确的客户身上投入时间和精力,才会有正确的结果产生,才会事半功倍;在不正确的客户身上投入时间和精力,哪怕你再用心用力,也只是徒劳。

我在课堂中经常提到一个"客户分类定级"的概念与方法。这里有两个需要强调的重点。

一是对高品质客户的判断应该基于其未来的合作潜力,而不是过去的合作次数。例如,一名过去与你多次合作的大客户,如果未来与你没有什么合作机会,则不应该再耗损你太多的时间和精力。

二是销售人员对所跟进的客户结构要有所讲究。能力强的销售人员,可以多跟进一些高潜力客户;能力弱的销售人员,可以多拓展一些新客户。销售人员有进步,客户也会有成长。最终,高潜力客户可以得到深度的关系维护与需求深挖,而小客户也会由小变大,成长为高潜力客户。反之,如果让能力弱的销售人员去跟进开发难度大的高潜力客户,那只会导致力不从心,弄巧成拙。

再来说说客户的数量。大家都知道"东边不亮西边亮"的道理,也知道"失之东隅,收之桑榆"这句谚语,其实这两句话都指向一个"大数法则":虽然不是所有的机会都能被你抓住,但只要你的机会足够多,总有一些机会你能抓住。因此,我非常强调目标客户的覆盖范围与覆盖数量的问题。

站在销售组织的角度,如果现有的销售团队覆盖和跟进的客户数量有限,就意味着市场上还有大量的潜在目标客户没有与销售团队有效接洽，更多的销售机会无法被销售团队知晓或参与。

站在销售人员的角度，如果你正在锁定跟进的客户数量有限，就意味着在这些客户身上产生的销售机会数量也有限。反之，如果你同步跟进的客户数量足够多，就意味着销售机会的创建数量也会同步增加，即使赢单率不尽如人意，至少有可持续的业绩产生。那种"三年成一单，一单吃三年"的营销模式，无论是对销售组织还是对销售人员来说，都是极不健康、有极大风险、极难持续的营销模式。

结语

如上所述，只有有了目标客户的"质"和"量"，质量并举，你才能够获得源源不断的销售机会，才会有"输得起，放得下"的洒脱。

在客户跟进过程中淡化签单动机，专注客户服务与价值传递，才能真正走近客户，成为其心目中可信赖的解决问题的专家。

也只有这样，"面对提起，转身放下"才能真正融入你的日常销售行为中。

销售人员如何设定个人品牌标签

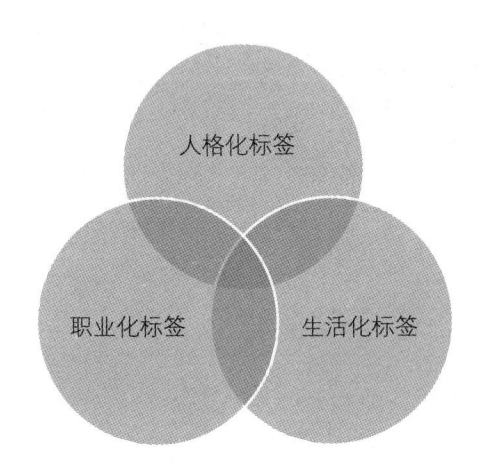

```
       人格化标签

  职业化标签    生活化标签
```

谈到品牌标签，大家可能首先会想到飘柔洗发水的"丝滑柔顺"、小米手机的"极致性价比"、京东商城的"早上下单下午到货"等。这些标签一旦深入人心，对于吸引消费者、区隔竞争对手、提升产品溢价能力就会非常有用。

但我也发现，推广企业品牌与产品品牌的营销行为比比皆是，但很少人会关注销售人员的个人品牌建设。尤其是在B2B的大客户销售领域，客户似乎更多关注的还是供应商的产品性能与价格，至于销售人员个人品牌的作用，似乎就无足轻重了。

事情真的是这样的吗？

Easy Selling销售赋能中心研究发现，竞争环境越激烈，产品的同质化程度越高，销售人员的个人品牌对于促进成交的作用就越显著。

一般来说，客户会习惯性地保持与销售人员的人际距离，但他们喜欢与拥有优秀个人品牌的销售人员成为朋友。客户讨厌与口碑差的销售人员做生意，愿意把合作机会优先给予有个人品牌的销售顾问，也更乐意帮助这样的销售顾问做更多的转介绍。你甚至可以这样认为：客户之所以向某名销售人员采购，除了看中其背后供应商的公司品牌和产品品牌优势，销售人员的个人品牌也是原因之一。销售人员的个人品牌是产品整体解决方案的差异化竞争优势之一。

销售人员应该如何设定自己的个人品牌标签呢？我认为可以重点从"人格化标签"与"职业化标签"两大维度来设定。

"人格化标签"的设定

人格标签就是你所散发出来的与众不同的人格魅力。天下熙熙，皆为利来；天下攘攘，皆为利往。但在追名逐利的芸芸众生中，你是否出类拔萃？你是否"骨骼清奇"？你是否能给客户留下一个过目难忘的好印象？这就需要你从以下6个方面来进行人格化标签的设定。

第一，树立"诚实有信"的品牌标签。俗语云"无信不立于天下。"如果客户感受到和他打交道的销售人员是一个言而有信的人，而不是那种"满嘴跑火车"、弄虚作假的人，自然就会倾向于把合作机会交到这名销售人员的手中。应该说，"诚实有信"是所有个人品牌标签中的门槛与基础标准。

第二，树立"有爱心"的品牌标签。事实上，销售人员无论怎样与客户拉关系，都无法掩饰自己最终的成交动机。归根结底，买卖双方的交往都是明明白白的商业合作关系。但如果客户在此之中能感受到销售人员超乎常人的滚烫温情与大爱之心，就会对销售人员肃然起敬、共鸣共情。我认识很多优秀的销售人员，他们会积极投身社会公益事业，会分享自己在家庭亲情方面的责任义务，他们在客户心目中的形象也会更加立体和高大。

第三，树立"有趣味"的品牌标签。没有人喜欢跟一个死板无趣、不苟言笑的人打交道。如果销售人员在客户面前表现得风趣幽默与博学多才，客户就会在双方的交流中感受到快乐与愉悦。有些顶级销售人员会博览群书，也会有意识地学说一些小段子或俏皮话，然后在客户面前自然而然地"秀"一两段，这样整个会谈气氛就会特别轻松和令人难忘。

第四，树立"有品质"的品牌标签。选择从事销售工作，就意味着选择了快速成功的职业通道。一个已经获得成功的人，自然也应该拥有高品质的生活水准。如同买股票时趋向"买涨不买跌"，客户也希望与已经成功的销售人员打交道。因为成功的销售人员一定是服务经验更丰富、受众更多、客户高度认可的精英人士。一般来说，如果客户发现销售人员生活得穷困潦倒，就会怀疑此人的工作能力；如果客户发现销售人员过着有品质的成功人士的生活，就会更加放心，愿意与其进行生意合作。

第五，树立"有思想"的品牌标签。美国著名诗人爱默生说过："读书时，我愿在每个美好思想的面前停留，就像在每条真理面前停留一样。"做销售工作也是一样，如果你给客户留下的只是一个"四肢发达、头脑简单"的印象，客户就不愿意和你深交。但如果你能就当下的社会热点、行业趋势做出精辟的分析，或者对人生观、世界观有独到的见解，就会吸引客户，与客户碰撞出智慧和思想的火花。

第六，树立"正能量"的品牌标签。没有人愿意跟一个充满负能量的人打交道。正能量的人像太阳，走到哪里哪里亮；负能量的人像月亮，初一十五不一样。一个有正能量的人，不但能时刻鼓舞自己，也能影响和鼓励别人。"正能量"品牌标签的树立，并不是说要在朋友圈分享多少心灵鸡汤、励志类的话题等，而是要更多地用自己日常的一言一行来传递正能量。

"职业化标签"的设定

做人讲究"又红又专"，销售人员不仅要有好的人格化标签，还要有好的职业化标签。就好比你不但要证明自己是一个好人，还要证明自己有帮助客户解决问题的能力。客户希望从销售人员身上感受到这种力量。你的力量越大，客户就会对你越信任。职业化标签可以从以下5个方面树立。

第一，树立"专业度"的品牌标签。有一种技术型销售人员，他们可能不善言谈，甚至可能没有正儿八经地学习过销售技巧，但这些都不妨碍他们得到客户的喜爱与尊重。原因就在于客户看中的是他们身上的专业技能，可以为客户解决问题，能够为客户创造价值。与之相对的是商务型销售人员，尽管他们在客户面前能做到八面玲珑，但如果专业能力不够突出，也照样得不到客户的待见。

第二，树立"忠诚度"的品牌标签。如果客户发现面前的销售人员一直在换工作，就会质疑这个人的品行与能力，更不会放心与其开展合作。"忠诚度"

的最直接体现有两种。第一种是你在同一家公司工作的时间长短。在职时间长，说明你热爱这家公司，忠诚度很高。第二种是你在客户面前所表现出来的言行举止，是否能够体现出你对公司的认可与热爱。因此，销售人员在外面要多说自己公司的好话，不要以为和客户私交甚好，就自曝"家丑"或泄露自己公司的机密信息。

第三，树立"持续成功"的品牌标签。人们常说："做一件好事容易，做一辈子好事很难。"对销售职业生涯来说也一样，获得一时一事的成功容易，但要做到持续成功很难。而只有持续成功，才能充分证明你的实力是经得起时间考验的。例如，客户因你提供的服务而取得的成功、客户对你优质服务的表扬和嘉奖、你因业绩优异而在公司里获得的荣誉与奖励等，这些要向客户分享，而且要持续分享。这种分享可以营造一种羊群效应：客户会觉得有那么多人都愿意跟你成交，那你一定拥有很多闪光之处与过人之处。

第四，树立"有人脉资源"的品牌标签。每个人的人脉圈就好比一个金字塔，站在金字塔尖的那个人，拥有最大、最多的人脉资源，这也能间接体现出金字塔塔尖人物的魅力与实力。如果客户看到你拥有优质的人脉资源，就很愿意和你打交道，因为他也想交更多的好朋友。说不定某天他遇到一些自己解决不了的问题，就能通过你的人脉资源获得更好的帮助。互联网时代，有这样一个金句："你是谁不重要，重要的是你跟谁在一起！"

第五，树立"有理想和追求"的品牌标签。麦当劳公司创始人克罗克先生在谈及如何维持长久成功的秘诀时说道："你若青涩，还能成长；你若熟透，便将腐烂。"同理，如果一名销售人员在从业一段时间后，就变得很"油腻"，满身"江湖气息"，他的成长与进步也就到此为止；如果一名销售人员无论取得多大的成功，都始终在不断地学习，不断地追求更高的目标，客户对他的感觉就是活力无限，进无止境。回想一下，与你打交道的客户高层们，哪一位不是持续追求更高理想的典范呢？物以类聚，人以群分，优秀的人更愿意帮助那些追求优秀的人。

结语

除了以上两大类品牌标签，如果销售人员还有一些与众不同的、值得向大众分享的习惯或爱好，如热爱健身运动、喜欢琴棋书画、有一门出色的手艺等，都可以让客户对其刮目相看，敬重有加。我称之为"生活化标签"。

打造个人品牌标签其实并不难，关键是销售人员是否有这样的意识与意愿。而且，罗马不是一天建成的。只有持之以恒地建立与强化这些个人品牌标签，表现出与之相符的正确的行为模式，才能真正深入人心，将这些标签变成你职业生涯中最宝贵的财富。

如何成为有影响力的自媒体

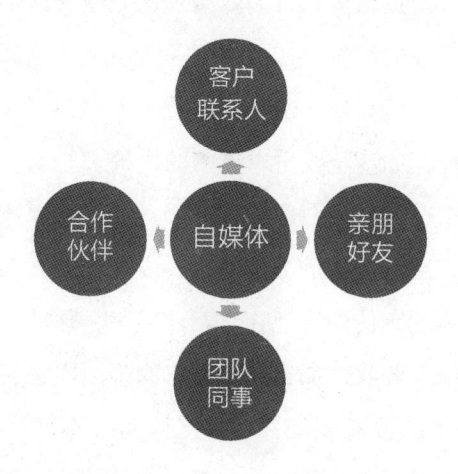

```
        客户
        联系人
          ↓
合作 ← 自媒体 → 亲朋
伙伴          好友
          ↓
        团队
        同事
```

"自媒体"的英文是"We Media",结合百度百科中的解释则是指:普通大众通过网络等途径向外发布他们本身的事实和新闻的传播方式。每个人都可以成为私人化、平民化、普泛化、自主化的信息传播者。

我在讲授"专业销售技巧"课程时会叮嘱学员们:"要让自己成为一个有影响力的自媒体。"一些人会质疑:"我就是一名小小的销售人员,我何德何能可以成为自媒体呢?"

对此,我的解释是:自媒体的影响力有大有小。作为一名优秀的销售顾问,你可能无法创造出百千万级粉丝的影响力,但是你一样可以通过信息分享,影响身边的每个人,包括你的朋友、家人,也包括你的客户、合作伙伴。而且,销售人员与企业中其他职能部门的人员相比,接触的人脉资源更多更广,影响力也会更大。

因此,千万不要低估自己作为自媒体的影响力。很多时候,你这个自媒体运作得好不好,会直接影响你在别人心目中的个人品牌形象,进而影响你的业绩表现与可持续发展。

这是一个互联网和社交媒体盛行的时代。微信、微博、抖音、快手、

LinkedIn等,是销售人员最主要的自媒体阵地。接下来以使用微信为例,和大家聊聊如何把自己打造成一个有影响力的自媒体。

自我包装,马虎不得

美国心理学家洛钦斯提出了"首因效应"这一概念,是指交往双方形成的第一次印象对今后交往关系的影响。如果你第一次留下了很好的印象,对方就更愿意与你接近和坦诚交流;但如果初次见面就让对方对你产生反感或质疑,那么后续的交流就会举步维艰,你甚至要付出更多的代价来修复表现不佳的第一印象。

在面对面的交流中存在首因效应,在非面对面的自媒体亮相中也同样存在首因效应。例如,客户初次添加你的微信号时,发现你的微信头像乱七八糟,你的微信昵称不知所云,你的微信注册地在"新西兰",你的个性签名一片空白,你的朋友圈信息还不对他人开放,那么你给客户的第一印象会是怎样的呢?

如果你是无须对外的普通职员,对自己微信号不加修饰也无伤大雅,但如果你是销售人员,有太多的人会通过你的微信来了解你,所以你必须进行自我包装,让客户在加上你微信号的那一刻,就被你深深地吸引和打动。

我的建议是,不要放过任何一个自我包装与彰显最佳品质的细节。微信头像用最能体现自己气质的照片,微信昵称可以用自己的"真实姓名+公司简称+职位"进行标注,个性签名可以是企业文化或自己的座右铭,"注册地"就用你现在所在的城市名即可,朋友圈信息也要对他人开放浏览权限,等等。

备注好友,统一规范

大家都知道"好记性不如烂笔头"这句俗语,但是真正能做到随时做笔记并且能管理好笔记的人少之又少。在自媒体营销中,第一件事就是对添加的每个好友都做好备注,并且采用统一的规范与标准。这样就能聚沙成塔,让杂乱无序的微信好友通信录变得井然有序,实现高效互动。

第一个最佳实践是做好备注管理。销售人员在同一名客户中会接触不同的联系人,不同的联系人所处的权力结构不同,因此应对其重要程度做出区分。我建议用英文字母A、B、C……来对客户联系人的重要程度进行备注,如"A-王明-

烽火科技-总经理""B-李雷-烽火科技-营销总监""C-刘荣-烽火科技-人力资源经理"等。

第二个最佳实践是做好标签管理。一般来说，销售人员平时接触的人较为复杂，有客户、合作伙伴、公司内部同事，甚至还有亲友或同学之类的好友。销售人员平时推送或群发某条信息时，或者在朋友圈分享某条信息时，希望哪些人看到？希望哪些人看不到？通过设定标签可以很好地解决这个问题。

第三个最佳实践是做好信息管理。在微信好友的"设置备注和标签"栏可以添加联系人的多个电话号码，在"描述"栏可以记录与该好友相关的重要文字信息或图片信息。这些看似琐碎的工作，却能为你构建一个完整且简要的联系人档案。

传递价值，传播正能量

你喜欢和什么样的人打交道？那一定是拥有正能量的人，因为一个拥有正能量的人可以激励和感染你；也一定是一个有价值的人，因为他能帮助你解决问题，让你得到改善与提升。做自媒体营销也一样，做好价值传递与正能量传播，是对外进行内容分享的标准。

在《销售人员如何设定个人品牌标签》这篇文章中，我对"人格化标签"与"职业化标签"两个维度进行了详尽的阐述。销售人员通过自媒体分享的内容也要与自己的个人品牌标签保持一致性。例如，多分享一些价值主张文章与客户成功案例，彰显你的专业度与持续成功的状态；多分享一些你和家人的趣事、帮助他人的故事，彰显你有爱心的一面；还可以多分享一些关于读书、锻炼、旅行等方面的信息，彰显你的品质生活与不凡的格调。

除此之外，还要积极地对客户分享的信息进行点赞和评论。每个人在朋友圈分享的信息，都希望得到他人的关注与共鸣。而且，从客户分享的信息中，也能看出他的品性与习惯。我常开玩笑说，销售人员每天要拿出30~60分钟的时间在微信朋友圈中与客户互动，不光要给客户点赞，还要用一两句话表达自己与之共情的看法与态度。长此以往，客户就会越来越关注你，也会主动地给你的朋友圈点赞和评论，不知不觉中，你就拉近了与客户之间的人际关系距离，成为客户可以交心的好朋友。

有的销售人员抱怨说,他因为在朋友圈中分享了太多信息,被客户拉黑了。我的分析是,并不是因为他分享的信息太多而被拉黑,而是因为他分享的信息对客户而言没有什么价值和正能量。而且,销售人员如果没有用心地和客户成为共情共鸣的朋友,被客户拉黑也没什么好喊冤了。

有所为有所不为,方得始终

善于做自媒体营销的人员,自然就能收获源源不断的客户和商机资源。缺少自媒体运营意识与正确的运营方法的人员,则会自损形象,事倍功半。下面我会列举一些成功销售人员的最佳实践,大家可以比对自己的行为,做到及时觉察与改进。

首先,在朋友圈分享信息时要做到有持续性,不能三天打鱼,两天晒网。每天保持1~2条的朋友圈信息分享,其实并不难做到。你可以理解为增加自己的曝光度,提升自己在客户心目中的存在感;你也可以认为这是一个不断强化个人品牌标签的过程,表明你每天的生活都是如此丰富多彩,意义非凡。我见过不少销售人员,简直就是"一百天打鱼,九十九天晒网",打开他们的微信朋友圈,上面能看到的信息都与个人品牌标签毫无关联。有的索性一懒到底,上一条信息居然还是几个月以前发出来的。如此暗淡无光且自我封闭的行为,又怎能让客户产生信任与兴趣呢?

其次,在朋友圈分享的信息要保持高品质、高价值。客户希望得到的是拥有"极佳品质"的产品服务,而销售人员的高品质言行正是其产品服务品质极佳的最好证明。我常说,销售人员应该学点"美学",学会发现美、品鉴美、创造美。一个对"美"无感的人,注定与"极佳品质"无关,也无法为客户提供极佳品质的产品服务。

例如,在朋友圈分享图片,应以3、6、9张的组合为佳,讲究的是对仗工整;每张图片都有不错的构图与美感,讲究的是赏心悦目;为图片配上的文字信息也要做到有趣有料,体现出自己的品位与态度。

又如,销售人员免不了要在朋友圈分享一些自己公司的广告信息链接。有的人就是机械式地转发一下，似乎是在完成公司交办的"政治任务"，但成功的销售人员会在分享时，写上一段表达自己的思想和见解的推荐语。这样做的目的就是减少客户对广告信息的抵触，激发客户期待了解详情的兴趣。

最后，在朋友圈分享的信息应是"加分项"，而不是"减分项"。如果客户看了你分享的信息，觉得你和你的公司及产品都很了不起，都很"高大上"，这样的信息就是加分项；反之，如果客户看完你的信息后，产生的是不过如此或嗤之以鼻的观感，这样的信息就是减分项。在自媒体营销领域，多分享加分项信息，规避和杜绝减分项信息，是一个基本的行为准则。简单理解，就是"该说的多说，不该说的坚决不说"。

下面举例说明。

有些销售人员喜欢在朋友圈转发一些未经官方确认的八卦新闻，还热血沸腾地发表一通自己的观点和评论。没过多久，官方站出来辟谣说这个新闻子虚乌有，销售人员就等同于打自己的脸，甚至还在客户心中留下一个不好的可笑形象。

有些销售人员喜欢在朋友圈把公司里的一些不好的事情拿出来当笑话讲，甚至摆出一副自己"出污泥而不染"的清高模样。但他们不明白的是，皮之不存，毛将焉附？客户不仅看不起这样的公司，更看不起这样的销售人员。

还有些销售人员过分追求"实事求是"，总喜欢"和盘托出"，往往会"适得其反"。例如，中小型公司的体量小、规模小、人数少、成立时间短，这些都是"减分项"，要少说或不要强调。但公司的产品技术很牛，服务的客户都是标杆，客户满意度很高，这些都是"加分项"，要大讲特讲。总之，你不说，不代表你没有，但也不代表你一定有；你说了，即使只是无心之语，客户也会断定你说的是真的。

结语

罗马不是一天建成的,个人品牌形象也不是投入三五天的工夫就能"修成正果"的,而是需要通过3个月、6个月甚至几年的时间,不断地积累和塑造。但不管怎么样,就如我在课堂上反复强调的:"'只要你吃上了销售这碗饭',你就是一个公众人物,是一个自媒体,你的一言一行都会影响很多客户对你的认知。所以我们要从一点一滴做起,不断地累积和培养我们在客户心目中极佳的个人品牌形象。"

销售方法篇

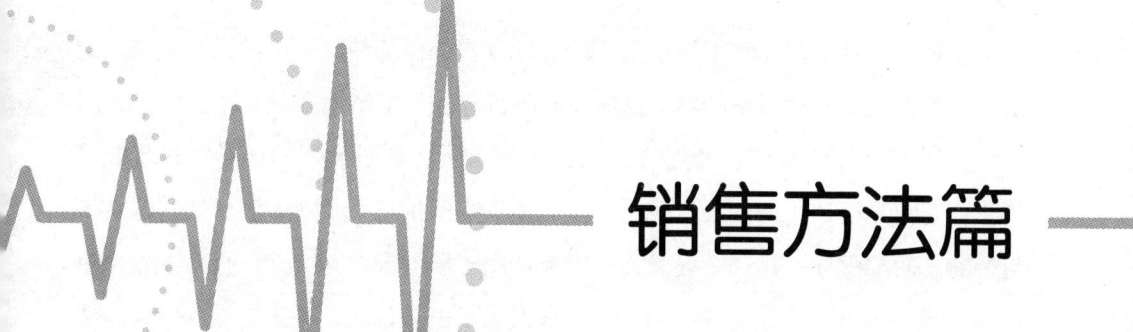

销售技巧是用来诱导客户的还是引导客户的

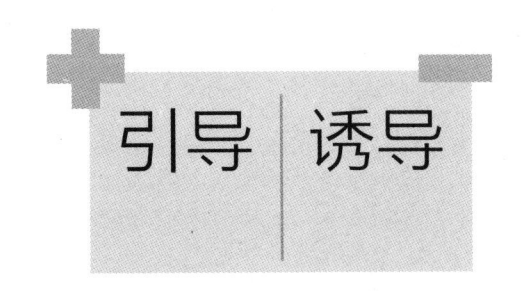

引导 | 诱导

这是一个看似很无聊但又很重要的问题。非得说清楚其中的门道，才能破解困扰销售人员的一道心理魔障，也还专业销售方法一个清白。

"诱导"与"引导"虽然只有一字之差，但区别很大。"诱导"自带贬义色彩，通常是指采用一些不道德的手段或不真实的信息，让对方产生错误的认知与判断。而"引导"是一个褒义词，更强调用正确的理念与方式，让对方看到事情的真相，做出正确的反应。大部分人都很乐于引导他人，不想去诱导他人。毕竟，人心向善，谁也不喜欢骗人或干坏事。

在一次课堂上，有个学员问我："老师，客户到底喜不喜欢一个销售技巧很厉害的销售人员呢？是不是在和客户的交流中，我们的销售技巧用得越多，客户就会越抵触、越防备、越害怕我们呢？"

我发现，有这个疑虑的销售人员不在少数，从事销售工作的人可能都或多或少会有这样的心理魔障，认为使用销售技巧就是在诱导客户，而不是在引导客户、帮助客户。我们如果不为此做出正确的申明与合理的解释，大家势必无法在销售工作中端正心态，不但不敢大胆地运用销售技巧，而且容易陷入自我怀疑和自我否定的困境。

到底什么才是"销售技巧"？我给"销售技巧"下了一个定义：销售技巧就是为了实现你的成交目标，帮助你提高赢单率、缩短成交周期、增加客单价、实现成交目标而采用的一系列销售流程与销售工具的统称，包括但不限于人际技巧、表达技巧、提问技巧、引导技巧、谈判技巧、成交技巧。

从这个定义中，你可以明显发现：销售技巧似乎更多的是出于销售方的成交目的，而不是基于客户的利益立场；销售技巧似乎更多的是在满足销售方的"私心"，而不是强调为客户解决问题和创造价值的"初心"。因此，有些销售人员在使用销售技巧时就会产生内疚感，甚至是难以言状的犯罪感。

但是，事物都有两面性。我反复强调一名成功的销售人员必须秉持的从业信念："我相信向我购买的客户是世界上最幸福的客户。"现在，你确实能够通过使用销售技巧，提高赢单率，更高效、更顺利地实现成交。但更大的意义在于，你也因此有机会为客户执行你的产品解决方案，为客户产生最大的改善价值。为了客户的"幸福"，为了不让客户因为与你的友商合作而遭遇"不幸"，你应该更好地使用销售技巧，而不是排斥销售技巧。

事实上，我并不认为使用销售技巧是一种"诱导行为"，它应该是一种正面积极的"引导行为"。为了证明这个论点，先来看一个与客户的对话场景。

客户：我们想采购一套进销存管理系统，你们有什么好的产品推荐？

销售人员：有的，我们有全系列的、满足不同企业应用场景的进销存软件产品。你们对选购这样的软件系统有什么特别的需求呢？

客户：我们希望价格能够便宜一些。

销售人员：哦，是的是的。那除了价格，你们还会关注这个软件系统哪些方面的功能呢？

客户：也没有其他要求了。你知道的，现在外面有很多供应商都可以提供这样的产品，都是差不多的功能与用途。所以我们其实从哪家购买都差不多。

销售人员：这……

如果你是这名销售人员，接下来你会做何反应？

你是否会很气愤，觉得这个客户蛮不讲理，把你的产品说得如此不堪？

你是否会很沮丧，觉得要想拿下客户的这笔生意，只有选择走"华山一条路"：降价？

或许，你也会思考另一些问题。

- 为什么客户会有这样的想法？
- 如果客户只在乎价格，那么按照"低价者得"的标准，客户真的能选到最合适的产品吗？
- 作为一个专业供应商，我是顺应客户的想法，低价应对，还是努力重塑客户的想法，让客户看到除了"价格"因素，还有更多更加重要的评估要素，如产品性能、参数、服务支持等？

我想，所有优秀的销售人员，一定都不会屈服于客户的"唯低价论"，而是会积极地引导客户"持正念、走正道，图正果"。为什么？

首先，因为"便宜没好货"，以最低价交易，最终的结果也一定是"双输"。供应商因为失去了应有的利润而不会全心全意地提供服务；客户虽然获得了一时之利，却失去了供应商的用心服务，甚至拿到的只是一个"阉割版"产品而不自知，为产品的未来使用埋下诸多隐患。

其次，因为你是行业顾问与技术专家，所以你比客户更懂产品，更有服务经验。而且越是复杂程度高的产品解决方案，就越不能只比较价格，而更应该关注产品解决方案的针对性、匹配性、安全性、稳定性、前瞻性等要求。

那么，开始行动吧！去使用一些销售技巧来改变和重塑客户的想法。

你认为此时要用的销售技巧是一种"对客户居心叵测的诱导"还是"对客户最负责任的引导"呢？

以下把上面的对话再做一下延伸。

销售人员：我非常理解您的想法。是的，价格确实是很重要的评估标准，但我们在和其他与您类似的客户合作时，他们还会关注进销存系统软件的另3个指标：数据的安全性、运行的稳定性、与企业其他IT系统的兼容性。请问，这3个指标也是你们关注的吗？

客户：是的，当然也会关注。

销售人员：那在这3个指标中，你们最关注哪个呢？

客户：我们认为"数据的安全性"最重要。

销售人员：哦，那我想再请教一下，为什么你们觉得"数据的安全性"很重要呢？如果企业数据得不到安全的保障，可能会有什么样的不好的结果发生呢？

客户：一旦数据泄密或丢失，后果会相当严重，主要表现为……

销售人员：我非常认同您的想法。让我们一起来看看，我们在提高数据的安全性方面可以做出哪些服务保障……

怎么样？这段对话就运用了销售技巧中的"提问技巧"，巧妙地引导客户回到对产品性能评估的正确"轨道"上来，让客户有机会认真地审视你的产品服务对他们的意义与价值，而不是单以价格论"英雄"。

从卖方的角度看，这也是一件莫大的好事。因为只有让客户步入"正轨"，你才有可能向客户充分地展示自己的能力、优势与专业价值，也才有可能获得客户的认同与尊重，从而得到与对方合作的机会，并确保合理的利润空间来为客户提供最好的服务。

无论什么样的武器，在坏人手中都会沦为"行凶利器"，在好人手中却可以成为"伸张正义的助手"。同理，无论什么样的销售技巧，只要你有正确的"发心"，以帮助客户成功为行动的指导方针，就能够更好地运用销售技巧，与客户实现合作共赢。

特别需要强调的是，用好销售技巧的一个重要的前提就是有正确的"发心"。如果"发心"不对，甚至是利欲熏心，在使用销售技巧时也会显得特别笨拙，刻意的痕迹十分明显。就好像一个想干坏事的人故意想装得若无其事，是很难的。因此，正确的"发心"和正确的技巧，缺一不可，两者相得益彰。

结语

真正的销售技巧一定是基于"双赢"的立场,是对客户的正面引导,而不只是为了签单。每个销售技巧的背后,都在导向一种幸福的"结合",就好像男孩在追求女孩时所展露的每个小心思,都是爱的表现,都是为了给女孩一个幸福的未来,值得赞赏与肯定。

读到这里,你对"销售技巧"是不是有了更全面和更正面的认识呢?

一定要记得,用好销售技巧,是对客户的成功负责,而不是对客户的低价负责,这才是销售技巧的价值与使命。

销售人员的自我修养（1）：与客户"日久生情"

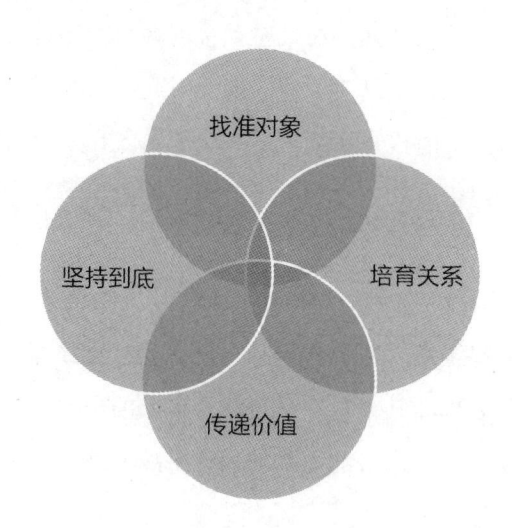

（图示：四个相交的圆，分别标注"找准对象""培育关系""传递价值""坚持到底"）

"日久生情"的本意是指男女双方因长时间的相处，彼此从陌生到熟悉，从渐生好感到相知相恋，最终形成一种牢固的、难以分割的爱情关系。这里最关键的是"久"字，没有长时间的相处，难以见识对方真正的本性，更难以下定决心向对方委以终身。

我常把客户比作"女方"，把销售比作"男方"。男孩要追求心仪的女孩，必须不怕被拒绝，纵经百般磨砺，也要百折不挠，方能最终抱得美人归。事实上，追寻真爱和开发客户的道理大同小异。如果你在恋爱方面表现优异，也可以将其中的经验"复制"到与客户的接洽上，一样"没毛病"。

你可以回顾一下自己的初恋。你遇到了一个心动的女孩，然后鼓起勇气向她提出约会的请求，如一起吃个饭、逛个街、看场电影等。但是，在你不遗余力地追求真爱的过程中，很可能会遭遇被女孩拒绝的情况。

如果你被拒绝一两次后就停止了求爱的步伐，那就只能是一场无言的结局了。但如果你抱着必胜的勇气，坚持不懈地努力，女孩对你的态度就会慢慢地转变,渐渐地,对你就会产生好感与依赖。如果有一天你突然不和她联系了,说不定她还会产生强烈的失落感,甚至期待那个曾经让她"讨厌",但现在又让她无比挂念的身影再次出现。

这就是一个"日久生情"和"日久见人心"的过程。在你与新客户的初次接洽中,新客户对你没有什么认知,而且主动接近客户的销售人员那么多,所以客户必然不会对你有多少礼遇。随着双方的沟通时间和次数越来越多,客户对你的认同度越来越高,合作的时机也会随之越来越成熟。在这个由陌生到熟悉、由认知到认同的过程中,销售人员主动"追求"客户的意识与行为标准是其中的关键因素。具体可以从以下4个方面来说明。

首先,要锁定和研究你的目标对象。这就好比你想追一个女孩,你至少得搞清楚人家是已婚还是未婚、芳龄几何、有没有处过对象等,不然就会闹出大笑话。同理,销售人员要判断某个客户是否符合自己的理想客户画像标准,业务合作潜力与重要程度如何,客户目前面临的业务挑战或潜在风险是什么,以及自己的产品解决方案能否帮助客户解决问题,等等。

磨刀不误砍柴工。找准了目标客户,对客户的背景与需求有了充分的调研和了解,才能确保在后续的客户跟进中找对方向,用对力气。很多销售人员都疏于做拜访前的客户研究,总是拿起客户名单就开始打电话,拎起背包就开始沿街进行陌生拜访,勇气有余,谋略不足,结果灰头土脸地回来,士气一落千丈。

其次,要保持与客户的关系温度。在销售岗位工作职责中有相关描述:"销售人员必须与目标客户发生有效接洽,持续培育和巩固客户关系。"这其实就是要求销售人员要持续地与客户互动。当客户表达出明确的需求时,销售人员应加大与客户接洽的密度与强度。当客户只是存在隐性需求时,销售人员也应该用恰当的接洽节奏来让客户关系保持温度。

人们常常把客户池里的目标潜在客户按照重要程度进行分类。对于不同类别的客户,接洽的行为与策略会有所不同,投入的时间、精力、资源也会有所侧重。把80%的时间和精力投入在20%的重点客户身上,让这20%的重点客户能够产出80%的业绩贡献。这个"二八定律"会有效地指导销售人员如何与客户正确地接洽。

例如，对于重要程度高的客户，可以多采用面对面拜访的接洽形式，可以在与客户接洽中发展更多的潜在支持者，可以规定例行拜访和电话沟通的频次，等等。而对于重要程度不高的客户，虽然数量多，但需要管控好对其的营销资源投入，更适合采用电话沟通、信息在线推送等非面对面方式，而且接洽频次相比重点客户可以更少一些。

我从不担心销售人员在客户有活跃需求时的接洽表现，我更关注的是销售人员在客户没有活跃需求时，能不能保持一定的接洽行为强度。我也不会打压销售人员想外出拜访客户的热情，我更关注的是销售人员是否会把主要的拜访时间投入在重点目标客户身上。

再次，要确保向客户传递有价值的信息。如果客户从你的信息中感受不到对他的"价值"与"营养"，就会视你的信息为一种骚扰，严重的还会把你列入黑名单，拒绝与你对话。因此，你要传递的一定是能帮助客户解决某个业务挑战或潜在风险的信息，一定是你过往的与此目标客户的情境类似的成功案例信息，一定是能反映客户所处行业的技术发展趋势与最佳实践的信息，甚至可以是反映个人品牌中的"人格化标签"与"职业化标签"的正能量信息。这些信息不仅有专业度，还有人际温度，才会让客户喜欢，客户才愿意被你引导和影响。

我记得有个客户曾经告诉我，他之所以坚定地与我合作，就是因为他看了我两年的朋友圈信息，从中深受影响和启发。我这才突然发现，自己每天在朋友圈用心发的信息，其实都在默默地、持续地影响圈中好友。如果我分享的信息缺少价值，估计早就被这个客户拉黑了。

最后，要确立良好的销售心态。毫无疑问，你是为客户提供解决方案并解决问题的，就像治病救人的"医生"。客户有"病"，你手上正好有"药"。但绝大多数客户都会告诉你："我没问题（病），我不需要你们的解决方案（药方）。"这个时候，你会用怎样的心态面对客户的拒绝呢？继续还是放弃？

有的销售人员认为："客户虐我千百遍，我待客户如初恋。虽然客户现在还不愿接受我的'医治'，但我要对客户做到'不抛弃不放弃'——继续对客户动之以情，晓之以理，帮助他们定位问题、分析问题，和客户一起发现可行的解决方案，一起憧憬解决问题后的美好愿景，从而鼓励和引导客户做出改变的行动。"

有句英文俗语："Some will, Some won't, So what? Next."放在销售领域，意思是："与新客户接洽时，有的会接纳我们，有的会拒绝我们，那又怎么样？如果被拒绝，那就找下一个客户好了。"这样的理解虽然有些道理，但如果被客户拒绝了就选择放弃这个客户，那你就可能永远无法得到优质的客户。正确的解释应该是："虽然有些客户会拒绝我们，那又怎样？我们只需要对他继续跟进和服务就好了。总有一天，客户一定会认同我们，接纳我们。"

为什么要坚持用人工来开发客户？

客户开发看似一件枯燥乏味的事情，尤其是在互联网时代，客户都能自主在线上找寻所需的信息，很多App还会主动地向潜在目标客户推送信息。那么，用人工来开发客户的行为是不是必要性不大呢？会不会被网络所取代呢？

有一家国内顶尖的互联网公司，拥有一支阵容庞大、战斗力强悍的"销售铁军"。这家公司的营销副总裁来向我请教，我们之间发生了一段很有意思的对话。

营销副总裁：我们的销售人员反馈说，客户希望有更大的价格折扣才愿意成交。我很疑惑，如果公司能给客户价格优惠，那销售人员的价值又是什么呢？

我：嗯，那你把现在这个销售团队解散了吧。（坏笑）

营销副总裁：（惊愕）您为什么会给出这样的建议？

我：把销售团队解散后，你们就可以把销售人员的工资福利与提成奖金省下来，直接变成对客户的折扣优惠，不就可以满足客户的愿望了吗？再说了，现在互联网信息这么发达，客户要是知道了你们的优惠价格，不就会主动来找你们采购吗？

营销副总裁：那绝对不行。我们销售团队的一个很重要的价值就是帮助公司持续地开发客户和培育客户关系。虽然现在确实有很多App通过信息推送来影响客户，但这种现象只存在于快速消费品领域。在B2B大客户销售场景中，更多的还是要依靠销售人员这种人工方式来触达客户。毕竟中国人很注重人际关系，很希望得到别人的重视与尊重。你如果不愿意花心思对待我，那就证明你看不起我，我又怎么愿意把生意机会交给你呢？

我：哈哈，你已经说出了我想说的答案。

在这段对话中，有几条信息特别值得回味。

第一，人与人的交往是有温度的，人们都喜欢有温度的人际交往。

第二，虽然技术和价格会成为客户决策的依据，但销售人员的努力可以加速客户决策。

第三，机器和算法无法真正辨识大客户的个性化需求，而销售人员可以。

第四，销售人员就是公司的代言人，是公司与客户之间信息传递的最佳方式，无可替代。

结语

客户虐我千百遍，我待客户如初恋。与客户"日久生情"是大客户销售人员最基础、也是最重要的存在价值。用人际交往的温度来感化客户，用有价值的信息传递来引导客户。销售人员不能奢求客户对自己"一见钟情"，同时要做好面对客户拒绝坚持不懈努力的准备。反正，"要不要追求你"是我的事，"愿不愿意接受我"是你的事。销售人员要做的，就是摆正心态，尽忠职守，在持续的客户接洽活动中与客户"日久生情"。

销售人员的自我修养（2）：服务明星也能成为好销售

做好分内服务
"客户满意"

提供分外服务
"客户惊喜"

上一个话题是与客户"日久生情"，这次的"服务明星"话题完全可以作为它的姊妹篇。因为从字面上来看，"日久生情"与"服务明星"似乎都不是什么特别"高大上"的概念，但我认为这恰恰是在B2B大客户销售模式下，开发与经营客户中最基础，也是最重要的行为保证。

我记得自己多年前在国内某知名管理培训机构任总经理一职时，曾主导过一次客户答谢会，我请客户说说他们喜欢与什么样的销售人员打交道，以及哪些销售人员给他们留下了深刻和卓越的印象。让我惊讶的是，绝大多数的客户都同时提及了一个人的名字。那是一个相貌平平的普通销售人员（接下来暂且称其为"小明"），没有什么突出的销售技巧，也不属于能言善辩、巧舌如簧的那种类型。她之所以给客户留下了很好的印象，就是因为客户在和她打交道的过程中感受到了无微不至、温暖人心的关怀。

举几个例子。小明总是像个小闹钟似的反复提醒客户不要错过重要的学习活动安排；每逢客户或客户家人过生日时，小明总会寄送一些小礼物，如贺卡、鲜花等，让客户觉得自己在小明的心目中是非常重要的。同时，对于客户提出来的一些产品服务问题，小明也总是急客户之所急，想客户之所想，全力以赴地整合内外部资源，帮助客户及时解决问题。仿佛她永远记挂着客户，把自己的所有时间都用在了为客户服务之中。因此，客户都特别感动，也特别尊重小明的付出。

我好奇地问客户，难道其他销售人员不是这么做服务的吗？客户告诉我，能够把服务工作做到如此极致的销售人员实在少之又少。大部分销售人员都习惯8小时工作制，在工作时间内会不停地给客户打电话扯东扯西，但一下班就会彻底"玩失踪"，更别说心中装着客户，愿意用自己的私人时间对客户嘘寒问暖了。

从业绩表现来看，小明的销售回款业绩在团队中是较为拔尖的，而且业绩产出的可持续性特别好。她服务的客户续费率也很高，还有非常不错的转介绍率。我想，这正是本文主题"服务明星也能成为好销售"的最好体现。

事实上，在B2B销售组织中，既有负责客户开发与客情关系维护的客户经理，也有负责提供售前技术支持的解决方案经理。大多数情况下，客户并不会指望供应商的客户经理能有多么强悍的技术顾问能力，反倒是对客户经理的服务态度和服务能力有很高的期待。因此，那些服务意识好、服务响应速度快、服务细节做得到位、服务品质让客户感动和惊叹的"服务明星"，就会得到客户的喜欢和接纳，也会获得客户给予的更多商机与转介绍机会。

作为销售人员，应该如何提高客户服务水平呢？

首先，要多收集客户信息，做到很熟悉，不遗忘。销售人员每天都要与很多客户沟通。沟通的内容不仅有与工作相关的，也有与个人相关的。聊得多了，自然忘得也多。例如，上次见面，客户告诉你他是山东临淄人。下次见面，你又问客户是哪里人。可想而知这样的场面该有多尴尬，客户该有多伤心。

好记性不如烂笔头。不管你现在是年轻人还是年长者，都不要对自己的记忆力抱有太高的期望。我建议销售人员每次和客户沟通后，都及时地建立和完善好目标客户档案。不仅要记录客户的重要工作信息，如职业经历、工作职责、政治关系、专业偏好等，还要记录客户的重要个人信息，如年龄、生日、性格、家庭、爱好、人脉资源等。只要有了这个完整的、持续更新的目标客户档案，即使你与客户许久未见，下次见面时你也能快速想起上次见面时的情景。

现在，越来越多的B2B大客户销售组织都在使用客户关系管理系统，目的就是通过IT信息平台，让客户信息管理变得更加方便与高效。我经常告诉销售人员：你为公司拿回来的订单回款，是在帮公司挣钱；你为公司收集回来的目标客户档案信息，也是在帮公司挣钱。而且，高质量的客户信息不仅是获得销售订单的重要基础，也是确保客户满意度的核心保证。

其次，要学会放低身段，给客户更多的尊崇感。什么是尊崇感？就是被人尊重、被人敬畏、被人需要的内心感受。一个心高气傲、自命不凡的人，是很难给别人带来尊崇感的。就好像你让一名研究生去餐厅端盘子，他在能力上肯定没问题，但内心必然有诸多不乐意。但如果这家餐厅真的请了高学历的人提供服务，来这里消费的顾客就会得到更多的满足和惊喜。

在中国的商业环境下，甲乙方的合作或多或少会受到人际关系的影响与牵制。客户方的关键人员手握采购决策权，自我感觉高高在上，所以希望供应商的销售人员谦卑一些，表现出有求于他的态度。但这有什么问题呢？你想把产品卖给他，他愿意把合作机会给你，那你为什么要摆出一副"爷不求人"的高傲姿态呢？为什么不可以放低身段，对客户热情一些、服务周到一些呢？让客户在和你打交道时，也能有一种满足感和尊崇感，这不好吗？

"被别人需要"，是一种有意思的心理活动。例如，有些人喜欢养小猫小狗，是因为他们希望"被小动物们需要"；有些人投身社会公益，帮助弱势群体，也可以在"被别人需要"中获得内心的满足。我同样鼓励销售人员敢于开口寻求客户的支持和帮助，就是因为大部分的客户方的关键人员都想要那种"被别人需要"的感觉。

有的人会质疑："放低身段不就等同于放弃自尊吗？"其实大可不必如此上纲上线。我不是倡导大家丢掉自尊，也不是让大家无底线、无原则地为客户提供服务，只是希望销售人员可以通过合理的、贴心的服务与言行，让客户内心愉悦，也让自己获得客户支持，最终实现合作双赢，皆大欢喜。

再次，要做好分内分外服务，让客户感动。分内的服务，是恪尽职守的表现；分外的服务，则会让客户对你由满意升级到惊喜。分内的服务可以在工作的

8小时内提供，分外的服务却更多地体现在8小时以外，甚至是24小时全天候等待客户的召唤。

分内的服务内容当然与销售人员的工作职责密切相关，如介绍产品、组织会议、提供报价、跟进生产与发货进度、帮助客户解决售后服务问题等。对于客户的合理需求，需尽心尽力地协助办理，切勿拖拉成习；对于客户的不合理需求，则要善于引导，妥善安抚，既不能抛弃公司的行事原则，也要让客户开开心心，知难而退。

分外的服务内容才是最让客户感动的。就像本文开头的故事中提及的小明，分内的事情样样到位，分外的事情也尽心尽力。有一次，小明帮客户组织一场企业内训，因为上课地点比较偏远，用餐很不方便。小明提前考虑到了这一点，虽然在双方的合同中没有"提供餐食"这项服务，但小明还是积极帮客户订餐、送餐、打扫场地卫生等。学员们都用完餐了，小明却忙得满头大汗，都顾不上吃饭。小明的服务表现被客户方的领导看在眼里，随后指示培训部门以后要多和小明的公司开展合作。

最后，要建立自己的优质人脉圈，成为圈中的核心人物。从事销售工作，意味着你可以接触形形色色的客户、专家、供应商与合作伙伴，这些人终将汇聚成一个光芒四射的优质人脉圈，构筑一个互帮互助、合作共赢的交流环境。大家都因你而聚在一起，你就成了大家心目中的灵魂人物。尽管你可能在职位上没有总经理/总监的头衔，但这样的人脉资源圈会让你变得更有影响力，更容易得到客户的认可与推崇。

做好人脉圈建设，其实并不容易。例如，作为微信群"群主"，你需要有服务的姿态，扮演好大家的"勤务兵"，随时响应大家的需求与召唤，热情地为大家做好服务。你需要有包容的姿态，允许圈中有不同的声音，只要是不触及底线、不伤害彼此利益的言行，都应该被允许。在一个圈中，有争论和碰撞才会有热度，否则就会变成"一言堂"，成为一潭死水。你还需要有正能量的姿态，你要成为"太阳"，走到哪里哪里亮；不能成为"月亮"，初一十五不一样。

建立一个人脉圈，也并非一定要采用建微信群这样的形式，更重要的是让目标客户感受到你有一个优质的人脉资源圈。每个人都是在同自己的认知对话和做出判断,你要做的就是塑造客户对你拥有优质人脉圈的认知。因此,在日常销售工作中,你要乐于分享与优质的人事资源打交道的信息,如拜访了某家标杆公司、与某个客户高层进行了交流、参加了某个高品质社交团体、参加了某位专家/大咖的培训、组织了某场高品质的客户交流活动、获得了某些荣誉奖项等。这些都有助于塑造和强化客户对你的认知。

结语

其实销售工作没有什么特别的捷径,更没有太多的投机取巧。扎扎实实地做好客户服务,成为客户心中的"服务明星"。这样,即使你不懂得如何"卖",客户也会主动积极地向你"买"。"服务明星"的品牌形象不是一朝一夕就能建立的,需要销售人员日积月累,用持之以恒的行动来保证。

销售人员的自我修养（3）：成为专业的行业顾问

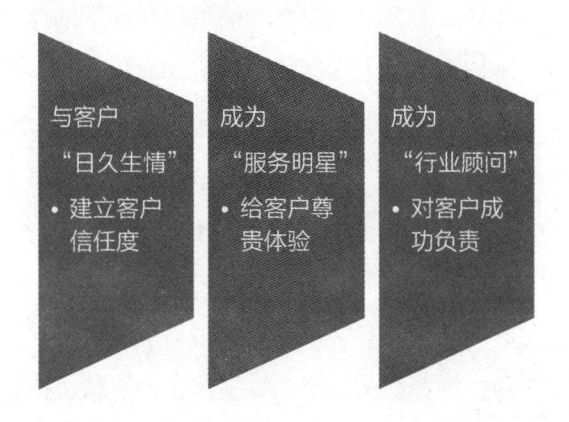

与客户"日久生情"
• 建立客户信任度

成为"服务明星"
• 给客户尊贵体验

成为"行业顾问"
• 对客户成功负责

很多销售型企业都倡导这样的团队文化："以业绩说话，以结果论英雄。"首先，我是认同这种文化的。毕竟，一家公司在市场上能否生存与发展、能否得到股东与投资者的青睐，主要在于最终的业绩表现。但作为一名专业销售方法论的研究者，我会更多地思考：销售业绩真的与销售人员的能力和付出画等号吗？在B2B销售模式下，推进一个销售机会走向成交，销售人员到底贡献了哪些重要的、不可或缺的价值？销售人员的业绩产出，又是否应该与其提成、奖金直接画等号呢？

例如，有些商机是客户带着意向主动找上门的，根本不需要销售人员做出什么努力就能顺利成交；还有一些商机，是借助公司的高层资源与品牌影响力实现成交的，销售人员在其中只是扮演了一个协同配合的角色。更普遍的情况是，商机虽然实现成交了，却是以牺牲公司的利润空间为条件的。可以通俗地理解为，要给出多大的价格优惠，其实是公司对项目利润期望的取舍，并不能真正体现出销售人员显著的、独有的价值贡献。

我在之前的两篇文章《销售人员的自我修养（1）：与客户"日久生情"》和《销售人员的自我修养（2）：服务明星也能成为好销售》中，已经揭示了销售人员在企业中的两种存在价值。这两种价值固然重要，但仍属于比较基础的岗位贡献，本质上与其他执行层面的客服人员或跟单员的价值贡献等同，只是需要更多体力（客户拜访）和心态（客户开发）层面的突破而已。

要想在工作中更有作为，在商机跟进过程中价值贡献更大，销售人员就必须让自己变得"专业"起来，为客户提供专业的引导与科学的建议。我认为，销售人员作为人际关系的维护高手，未必会得到客户的尊重；只有作为专业价值的创造高手，才会让客户真正敬仰有加，成为真正受客户尊重的行业顾问与解决问题的专家。如果能将两者有机结合，就会相得益彰，效能倍增。

接下来，我聚焦"如何成为受客户尊重的行业顾问"这个话题，从5个方面来阐述。

第一，要深度了解客户，洞察客户的痛点与需求。这就好比医生在给病人做出诊断和开出药方之前，先得详细了解和查证病人的病情，做到对症下药，药到病除。

作为专业的销售顾问，你需要搞清楚客户的以下信息：客户有哪些与我方相关的战略目标和业务举措？客户面临哪些关键业务挑战与潜在风险？客户为什么要做出改变，或者为什么急于改变？客户对新的供应商与产品解决方案有哪些期待和要求？客户在做出改变决定之前受到了哪些内外部因素的影响？我们的哪种产品解决方案与客户需求最匹配？我们的解决方案可以为客户带来哪些可预期的改善价值？

尽管客户对自身的现状与困境比较了解，但对其中的原因未必清楚，也未必在内部达成了共识。当局者迷，旁观者清。作为行业顾问，你拥有为同类型目标客户提供服务的丰富经验，完全可以站在行业的视角与专业的维度，帮助客户做更有深度和更加全面的洞察。这种专业价值是客户欠缺和需要的。

第二，要引领客户的需求，做客户前行的引路人。在销售场景中要想不被客户"牵着鼻子走"，而是让客户跟着你走，那你就必须在与客户的互动中始终保持"意见领袖"的地位。

人们常说："三流的企业卖产品，二流的企业卖服务，一流的企业卖标准。"这里所说的"标准"是指客户认可的、代表未来发展方向的需求标准。当客户做出采购立项时,首先应搞清楚他要寻找的供应商应该具备什么资质与能力,要寻找的产品解决方案应该包含什么服务内容与交付标准。优秀的销售顾问不会坐等客户自己将这些问题琢磨清楚,而是会主动地引导客户制定其认可的需求标准,同时也将己方产品解决方案的差异化能力植入这些需求标准之中,以确保客户想要的正是己方可以提供的。

很多时候,客户其实并不知道自己要什么,也不清楚哪些产品解决方案更加适合他们。营销人员在与客户的交流过程中,不要只是被动地推销,完全可以将其升级为一种主动的"教育"。教育客户,引领客户,先入为主,把握先机,以线上和线下的方式,在客户确立需求标准的过程中,始终保持意见领袖的地位。

第三,要正确提炼和呈现产品解决方案的差异化优势与客户价值。表达能力是销售人员的基本功,不仅体现在待人接物的商务礼仪方面,还体现在能把自己的产品解决方案的卖点与机制充分地告知客户方面。

有的销售人员对此不以为然,认为产品推销是一件很容易的事情。其实不然。你的产品如果有10分的价值,你可以传递出几分?当与竞品竞争时,你是否能将自己产品的差异化优势呈现出来,打动客户?

德国哲学家莱布尼茨说过:"世界上没有完全相同的两片树叶。"换言之,世界上也没有完全相同的两种竞品。作为专业的销售顾问,你需要将自己公司的产品解决方案研究透彻,找到其差异化竞争优势所在,并能向客户进行充分的呈现和表达。此处有两个行为准则非常重要:一是"说正确",就是要客观、具体、量化、充分地表达己方产品解决方案的差异化能力,不要说一半藏一半或词不达意;二是"正确说",就是要把产品解决方案的差异化能力说进客户的心里,烙在客户的脑海中,获得客户真正的认同。

知己知彼,百战不殆。从某种程度上说,"知己"比"知彼"更加重要。如果你都不知道自己有什么,又怎么告诉客户你能提供什么呢?

第四,要为客户提供建议和量身定制的解决方案。在B2B解决方案中,往往是由销售人员收集客户的需求,由技术支持人员出具相应的解决方案的。在此过程中，销售人员必须代表客户，与解决方案设计者进行充分的沟通与共识，从解决方案的适配度方面保证双赢的结果。

例如，你想定制一套西装，你当然希望服装设计师能为你量身打造。尺寸过大，就会费材费料，也不合身；尺寸过小，就会导致衣不蔽体，该包的没包住，可能连纽扣都系不上。

其实为客户设计解决方案也是如此。面对客户的需求与预算，作为优秀的专业销售顾问，你应该让客户感受到解决方案是为其个性化定制的，是独一无二的。你应该能够在合理的预算范围内，让客户的需求和想法都能通过此解决方案一一实现。你不会将方案设计得过大，让客户的采购预算严重超标；也不会将方案设计得过小，导致客户的一部分重要需求没有得到满足，或者在未来的解决方案执行过程中，出现兼容性与扩展性受到制约的问题。

所以，我强烈倡议：不要一见到客户就开口卖"解决方案"。如果你连客户的需求都没有搞清楚，又何来的解决方案？与客户首次见面时，你充其量只能向客户做一些标准化的产品推介。

最后，成为对客户成功负责任的项目经理。对客户而言，在决策的过程中当然可以挑挑拣拣、货比三家。但客户一旦做出最后的决策，一旦把你选定为最终的合作供应商，就会全身心地与你相处，给予你充分的信任和最大的期待。

因此，作为专业的销售顾问，你与客户的商务沟通不能止步于双方合作协议的签订与款项的收取。要知道，客户真正要买的，并不是你的产品，而是这些产品能给他们带来的价值贡献。如果你不能或不愿意帮助客户实现这种价值，那么客户就会认为你不尽责，不是一个对客户成功负责任的项目经理。

项目交付完毕后，你还需要不断地与客户回顾双方的合作价值，看看是否对客户实现了签约时你给出的承诺。你需要用实际行动来证明自己是一个说到做到的供应商，而不是一个合作前"甜言蜜语"，签约后"人间蒸发"的无信之人。事实上，这也是进行老客户的关系管理与需求深挖的重要工作，因为唯有基于价值的客情关系，才真正能长长久久。

结语

说到这里,作为一名销售从业者,你是不是觉得自己过往所做的与本文描述的相距甚远?是不是觉得自己未来的成长进步空间还很大?如果你有这样的自省,并愿意为之付出改变的努力,那真的是一件值得庆幸和祝贺的事情。

周星驰在其主演的电影《喜剧之王》中,扮演了一个籍籍无名的龙套演员尹天仇。虽然身份卑微,但他始终重视作为演员的专业表现,用专业的态度对待每次表演机会,最终换来了心想事成的美好结局。电影中,周星驰手捧《演员的自我修养》用心学习的片段让人记忆深刻。

以上就是销售从业者必须学习与践行的"销售人员的自我修养"。

你的拜访如何让客户刮目相看

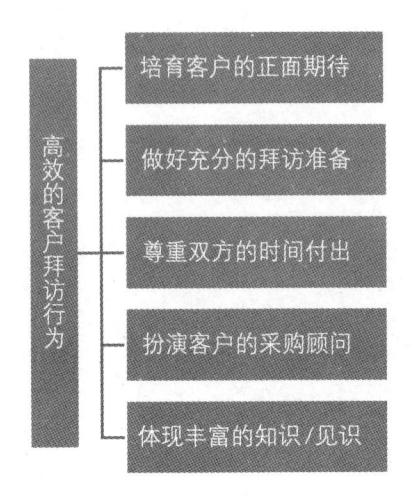

高效的客户拜访行为：
- 培育客户的正面期待
- 做好充分的拜访准备
- 尊重双方的时间付出
- 扮演客户的采购顾问
- 体现丰富的知识/见识

客户拜访是传统B2B大客户销售模式中不可或缺的环节。有的公司直接在KPI中明确了销售人员每天拜访的数量要求。有的销售人员自嘲道："我每天不是在见客户，就是在见客户的路上。"

但在新客户拜访中，销售人员总是抱怨不受客户待见，似乎是"用热脸贴人家的冷屁股"，每次都兴高采烈地登门，但大多数时候都是灰头土脸地离开。这种感觉很不好受，因此有的销售人员对客户充满怨气，觉得客户不近人情，不体恤自己的辛苦奔波。但我想替客户说句话："每天想来拜见我的人多了，凭什么就你重要？凭什么我要对你满面春风？又不是我求着你来拜访的！"

这种矛盾与对立的情绪客观存在，但并非不能化解，关键在于你在拜访过程中的表现：你给客户留下的是"推销员"的形象，还是"专家/顾问"的形象？

以下先来尝试着理解"推销员"与"专家/顾问"的区别。作为产品推销员，你希望把产品卖出去，把客户的钱拿回来。目的很明确，进攻性也很强，因此你总是摆脱不了被客户漠视和反感的窘境。但如果你作为"专家/顾问"呢？

想一想，你在某个行业领域有着丰富的研究成果与成功的实战经验，客户们都盼着你去帮助他们解决问题，见到你时恨不得把所有的事情都悉数说出，对于你给出的建议更是言听计从，信服不已。

"推销员"和"专家/顾问"在客户心目中的地位，就像一个在地狱，一个在天堂。那么，你想做一名产品"推销员"，还是想做一名"专家/顾问"？答案当然是后者。

接下来，我就和大家探讨一下，作为一名专家/顾问级的销售人员，在拜访过程中如何体现受客户尊重的行为特征。

第一，在拜访前要让客户对你充满正面期待。如果现在有个朋友想约你见面，你是不情不愿，用各种理由搪塞呢，还是满口应允，对接下来的见面十分期待？你可能会说："那就看要见的是什么人了。如果这个人普普通通，没有什么价值，那就可见可不见；但如果这个人非常重要，对我很有帮助，那就非见不可，哪怕推掉一些已经安排好的日程也不可惜。"

尚未开始，胜败已定。确实如此，在和客户正式约见之前，你是否能让客户对你建立充分的好奇心与信任度？是否能让客户对你的拜访心存期待并足够重视？我认为，销售人员应该学会扮演"自媒体专家"的角色，通过电话、微信、邮件等在线方式，向客户传递更多可激发其兴趣的内容，如分享已有客户的成功案例、新的技术发展趋势等专业文章，率先在客户心目中塑造一个有"专业度"的品牌形象。

第二，要做好充分的拜访工作准备。我常见到一些销售人员，在客户面前暴露出丢三落四的"大头虾"缺点。有的销售人员会问客户："不好意思，我忘带笔了。您能借我一支吗？"有的销售人员会在演示资料时自言自语："请大家稍等，我要找的文件不记得放在哪个硬盘目录下了。"想象一下，这种场面何其尴尬！销售人员的人设也会在这一瞬间彻底崩塌。

好的准备就是成功的一半。销售人员在拜访客户时，需要准备的材料可以分为"硬件"和"软件"两部分。

"硬件"部分包括在拜访中需要用的物料及要展示的文件资料等，例如名片、产品手册、展示样本、笔记本、电脑等。销售人员最好准备一张随身携带的物料清单，在出门前一一核对一下，最大限度地避免少带东西。

相比"硬件"部分，"软件"部分的准备更加重要。"软件"部分包括但不限于做好拜访前的客户研究与需求分析，明确本次拜访的目标与行动策略，与协访者进行沟通以实现信息同步与计划同频等。特别要注意的是，如果此次拜访邀请了本公司的上级领导或技术大咖协访，还需要提前给客户发出一份正式的"拜访邀约确认函"，以体现你和公司对此次拜访的重视。

第三，要尊重客户和自己的时间付出。与客户的见面恳谈是一项成本极高的工作。不管见面时间是半小时、一小时还是两小时，都需要买卖双方一起投入宝贵的时间和精力。我经常开玩笑说，大家都在"用生命交流"。如果没有产生重要的沟通共识，那不就等同于"谋财害命"吗？

有的销售人员反馈说，客户的态度是多变的，上次拜访时客户对我还满面春风，相谈甚欢，这次见面时客户却表现得极不耐烦和异常冷漠。这其中有一个很重要的原因是：双方上次虽然沟通了很多内容，但销售人员并未在拜访结束后及时整理出一份会议纪要并请客户确认。时间一长，双方上次聊了什么、共识了什么、约定了什么，客户都已经忘得七七八八了。这次销售人员又想来拜访，又想占用客户的时间，客户当然提不起兴趣，甚至会直接表达拒绝和反感。

因此，拜访前要设定清晰的目的，交流中要有清晰的思路和步骤，拜访后要有大家确认的沟通共识纪要，这样才是尊重客户和自己的时间付出，才是客户想要的有品质、有价值的沟通活动。

第四，要学会帮助客户"买东西"，而不是向客户"卖东西"。我之前辅导过一家照明工程销售型企业，该企业的销售人员经常和客户中的一个关键角色——机电顾问打交道，但这名机电顾问并非客户公司的内部员工，而是业主方外聘的对大楼的物业机电工程非常了解的专业人士。机电顾问会为业主方提供机电系统的规划设计、问题诊断、改造项目建议等专业服务，也会代表业主方与各种照明工程供应商进行接洽与谈判，是帮助业主方"买东西"，而不是向业主方"卖东西"的人。

作为专业的销售人员，你也可以把自己变成客户心目中的"机电顾问"。在客户面前，尤其是在最初的接洽与交流阶段，不要着急展开销售与成交的动作，而要围绕客户面临的业务挑战，参与对方诊断问题与提出解决方案的过程之中。这不是简单的"欲擒故纵"策略，而是"以客户为中心"的行为准则。

既然是帮助客户"买东西"，那就得表现出中立的原则、专业的态度，以及富有同理心的顾问角色定位。你的心中应该时刻装着"客户成功"，应该不断地培育和巩固客户的信任度。一个被客户信任、对客户负责的销售人员，会得到客户最大的尊重。

第五，要在客户面前体现出丰富的情境知识与能力知识。情境知识就是你对客户现状及所面临的业务挑战有充分的了解，甚至比客户更懂客户；能力知识就是你能将公司的解决方案与客户面临的业务挑战连接起来，帮助客户解决问题，实现预期的改善成果。

为什么很多技术出身的销售人员虽然不懂销售技巧，但能得到客户的喜欢和尊重？就是因为他们的专业技术能力，可以帮助客户解决问题。客户需要的其实是一种专家型销售顾问，而不是一个只会对自己的产品和服务夸夸其谈的产品推销员。

因此，销售人员不能让自己的能力永远停留在"商务礼仪"和"客户关系"层面，要打破舒适区，不断提升自己的专业技术水平和在客户现场的问题解决能力。要知道，销售人员的每次拜访，并不都是有公司的技术人员同行的。因此，虽然你的身份是销售人员，但如果能在客户面前展示出自己的专业水准，就会让客户对你刮目相看，更加器重。

结语

　　针对几种主要的客户接洽形式，我根据其对客户的影响力进行了简单的排序，分别是拜访、电话、微信、邮件。面对面拜访因其互动性高、双方投入的时间和精力多、更容易建立和强化人际好感的特点，成为最重要，也是发生频次最高的销售活动。

　　你在客户拜访中扮演的是一名产品"推销员"，还是一名受客户尊重的"专家/顾问"？这取决于你是否能够遵循和践行本文的行动指引。既然客户拜访活动每天都会发生，那就从你最近一次要执行的拜访开始改进吧，让客户对你刮目相看！

如何让客户拜访活动不再"见光死"

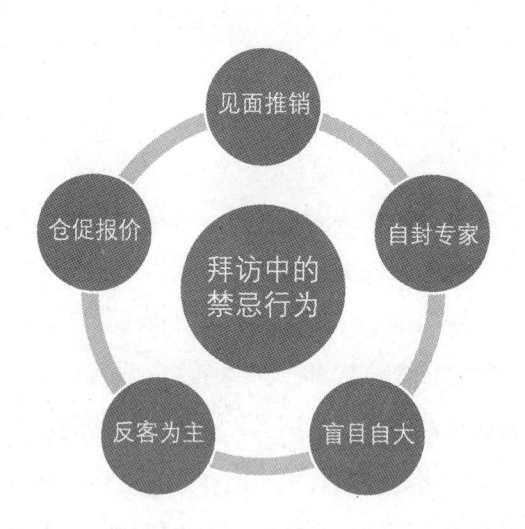

拜访中的禁忌行为：见面推销、自封专家、盲目自大、反客为主、仓促报价

如果你问哪种接洽方式最能体现销售活动的效能，那一定是"客户拜访"。它比电话、微信、邮件等非面对面交流方式更加考验销售人员与客户关系的紧密程度。好的客户拜访行为，能让拜访双方都心情愉悦，彼此珍惜；而不好的客户拜访行为，就如"见光死"一般，让销售人员失去和客户继续深入沟通的机会。

接下来，从"避坑"的角度，和大家聊聊在客户拜访沟通中，导致拜访失败的最常见的5种销售行为，以及对应的改进建议。以下列举排名不分先后，均来自Easy Selling销售赋能中心长期开展的销售行为跟踪研究发现。

见面推销

我见过太多的销售人员，在客户落座不久后，就迫不及待地掏出产品手册或产品样品，开始进行产品推销。这样做的风险是：你根本不清楚客户到底需要什么，客户还没有做好接纳你的产品的准备，或者对你根本就没有兴趣和好奇心。在这种情况下，你一旦开启了产品推销模式，客户就会同步开启抵触与质疑模式。当你介绍完产品后，客户也许只会简单地告诉你："你们的产品听起来不错,把产品资料留下来吧,如果有需要的话我会联系你们。"这其实是间接宣告了你此次的拜访以失败告终。

改进建议:在介绍产品前,先建立客户对你的信任度与好奇心,可通过公司介绍或成功案例介绍环节来做好铺垫。即使是向客户做产品推介,也需要特别申明这只是一个通用的介绍,未来可以基于对客户的深度了解,为客户量身定制解决方案。

自封专家

有些销售人员在为客户演示解决方案时,喜欢开门见山地指出客户存在这样或那样的问题,俨然把自己当成了一个"要对病人(客户)提供紧急救治服务的医生(专家)"。但关键问题是:如果客户自己都不承认有这样的问题,如果你的专业权威性还没有被客户充分认可,如果你在陈述客户的问题之前没有和客户一起做过深度调研和痛点共识工作,那么你这番贸贸然的"专家言论",会立马让客户产生反感与对立情绪。客户心里可能在想:"你凭什么说我们有这样的问题?"有的客户甚至会拍案而起,直接向你发出挑战,这难道不是你最不愿意看到的沟通场景吗?

改进建议:不要直接指出客户的"痛点"。如果一定要指出,至少应该委婉地表达。例如:"我们过去在跟与贵公司类似的行业客户沟通时,他们通常都会关注以下这些问题……不知道你们是否也面临这样的业务挑战?""我们前期与贵公司的部分代表做了一些调研访谈,包括设备科的王主任、研发部的李部长等。我们初步提炼了一些大家普遍关注的业务问题……如果有理解不到位的地方,还请各位对此积极发表补充意见"。其实这两种方式表达的意思都一样,但客户听起来就会舒服很多,也愿意基于你的调研发现与你展开正面探讨。

盲目自大

有些销售人员,尤其是一些知名品牌的销售人员,觉得自己公司的品牌实力早已"天下皆知",所以在会谈开始后就直接省略了"公司介绍"环节,而一厢情愿地希望带着客户快速进入产品交流主题。但问题是,虽然你的品牌是天下皆知的大品牌,但是你究竟代表的是这个大品牌的总部还是下属的哪个业务分支?

你的具体的产品服务模式又有哪些特色和亮点？你的解决方案与客户的现状及业务挑战有哪些适配和连接？再说了，客户中可能有人对你很了解，但也有人对你所知甚少或一无所知。在这种情形下，客户根本就不会向一个不了解的人敞开心扉，你也就无从与客户开启一段坦诚、开放的交流。大品牌尚且如此，又何况中小品牌呢？

改进建议：初次见面时先做自我介绍，以体现对对方的尊重，这是中国人的传统礼仪，用在客户交流中也恰如其分。不管你是大品牌还是小品牌的人，也不管你是与客户初次见面还是二次见面，只要你发现客户方中出现了新面孔，就有必要认真地做好"公司介绍"环节，千万不可盲目自大。

反客为主

销售人员一般不愿意被客户"牵着鼻子走"，不愿意在与客户的沟通中处于"失控"状态，因此从一开始就想化被动为主动，强势推进沟通进程。例如，单方面设定交流主题而不征求客户的补充建议、不顾客户感受地自我强势推销等。这就好比你抓了一把沙子，但你越想用力地抓紧，沙子在指缝间的流失速度就越快。我经常把这样的销售模式称为"独角戏"的表演。但即使是独角戏，也需要和台下的观众互动，至少会通过设计各种简单问答环节让观众最大限度地参与到节目之中。

改进建议：销售人员需要遵循客随主便的行事原则。例如，对于这次拜访应该聊什么、聊多久，可以由销售人员主动提出建议，但也应由作为"主人"的客户来决定是否可行。即使销售人员先抛出一些自己的构想，也可以多使用探询的用语，如"您觉得这样的安排可以吗""各位还需要了解我们方案的哪些信息""能否请您介绍一下你们这次的选型要求""我的理解是否正确呢"。客户也许会用简单的"可以的，请继续"来回应，但这种互动至少会让客户觉得你在征询他的意见，尊重他的建议。

仓促报价

对于标准化程度高的产品，一般有相对公开的标准化价格。而对于复杂程度高、定制化程度高的解决方案式产品，价格也会因其量身定制的程度而有较大区别。大部分销售人员在与客户接洽的初始阶段就会遇到客户的"逼价"行为，如果销售人员经验不足的话，就会手足无措，仓促报价，以为只有率先给出超低的价格，才能争取到与客户进一步交流的机会。最终导致的结果是：双方都会为"价"所累。客户因为惦记销售人员给出的低价而忽略了解决方案的价值，最终可能导致服务内容大幅缩减，得不到高品质的服务；销售人员也会因为仓促的报价而给公司带来难以规避的交付风险与利润损失。

改进建议：在没有探询清楚客户的需求之前，在没有和客户完成解决方案的共识之前，不要报价，这是对公司和客户都负责任的正确行为。如果客户一定要你在最初交流时就报价，你可以先询问客户的预算标准，也可以给出一个客户能够接受的参考价格，但要申明最终的报价会随着解决方案的确定而做出调整。

结语

不知道大家是否有这种感觉：销售人员一旦身处客户拜访沟通场景，就像一个走上了舞台的演员。音乐已经响起，你不可能再打退堂鼓，更不可能停在舞台上思考下一步应该如何表演。你唯一的选择就是开始卖力地演出，期待为观众呈现一场完美的表演。当表演结束时，你已经筋疲力尽，你可以从观众的互动回应中感知这场演出是否精彩，但只有你的教练或队友会告诉你，你哪里演得好，哪里还需要改进，并且愿意陪伴你一起改进。

因此，我倡导在拜访客户之前，邀请你的领导或同事陪同自己前往。他们无须参与你和客户的沟通，但需要在一旁观察你的销售行为，记录下你表现好的和不足的点，然后在拜访结束后反馈给你，甚至和你一起练习改进。每年只需要刻意安排两三次这样的随访活动，你的拜访沟通水平就可以获得长足的进步。

这些客户拜访沟通中的改进建议，你学会了吗？

解密客户拜访开启后的"黄金10分钟"

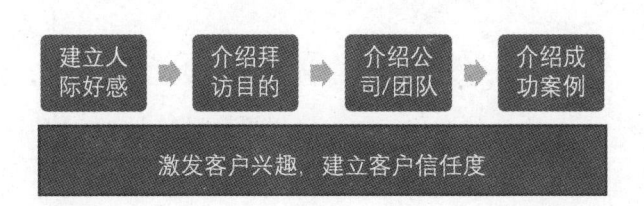

建立人际好感 → 介绍拜访目的 → 介绍公司/团队 → 介绍成功案例

激发客户兴趣，建立客户信任度

在大客户销售工作中，"客户拜访"是一个不可回避的，也是极为重要的客户沟通场景。

这里所讲的客户拜访，几乎适用于所有的客户交流场景：既适用于线下的面对面拜访，也适用于线上会议形式的沟通；既适用于到客户所在地登门拜访，也适用于邀请客户来到你的主场进行交流；既适用于以需求探询或技术交流为主题的拜访行为，也适用于以加深相互之间的了解和建立客情关系的交流活动。

一次完整的客户拜访活动需要多久？15分钟？30分钟？60分钟？2小时或者更长时间？这取决于客户对双方谈话的兴趣和认可度，而客户拜访开启后的10分钟就是塑造这种客户认可度的最佳时机，因此我称之为"黄金10分钟"。

在这个"10分钟"里，究竟会发生什么？你又需要做些什么？要实现怎样的沟通共识目标？接下来，就向大家一一解密。

首先，要建立人际好感。中国人讲究"眼缘"，对得上眼的，会多聊几句，对不上眼的，半句也不想说。如何让客户一见面就对你有"好感"？可以用一系列动作组合来实现这一点，举例如下。

- 问好：用清晰的发音、热情的语调、有礼节的称谓，再加上自信的微笑、专注的眼神，瞬间就能拉近客户和你的距离。
- 握手：建议主动向客户伸手，要微微带些力道，向客户传递出你的正能量，而不是软弱无力地"走个形式"。遇见性格比较内敛的不愿意握手的客户，挥手打招呼也是较好的选择。

- 引荐：如果你有邀请自己公司的领导或技术专家随同拜访，记得向客户隆重引荐。引荐用语要体现出你对随访人员的尊敬与感激，这样能有效提升随访人员在客户心目中的重要性。
- 交换名片：最好是大家立定后或落座后再交换名片，不要边走边交换，不然容易造成名片掉落或"单向献媚"的尴尬。要让名片的文字方向正对着客户，稍稍弯腰递出，以示谦卑之意；接收客户名片时也应双手接过，以示礼貌与尊重。
- 寒暄：在进入正题之前，大家总是要拉拉家常，寒暄一番，这是必要的热场和"破冰"环节。寒暄时可以对客户做出一些让人舒服的"赞美"，也要观察对方是否健谈与亲和。如果遇到一些不善言谈和喜欢直来直去的客户，寒暄环节要适可而止，快速转入正题。

其次，要介绍拜访目的。一个清晰明了的拜访目的介绍，能够让双方会谈快速进入正轨，也能体现出你对本次拜访的重视程度。

在介绍拜访目的环节要传递哪些内容呢？可以借用下面这段示范话术来理解。

尊敬的客户，我先向大家介绍一下我们今天的拜访目的。首先，我们会简要介绍我们公司及主要服务内容。同时，我们也会和大家分享一些我们过往的客户合作案例，尤其是与贵公司情况类似的客户合作案例。然后，我们也想多了解贵公司，以及贵公司在这次方案选型方面的具体需求。最后我们再共同决定是否需要做进一步的沟通和交流。各位看这样安排可以吗？

这段话前后加起来不足一分钟时间，却能够体现销售人员满满的职业素养与交流诚意。一句"各位看这样安排可以吗"，说明了销售人员是在抛砖引玉，真诚地期待客户的许可与补充意见。这只是一个简单的互动，可以帮助销售人员快速吸引客户的注意力，为接下来更深入的内容交流做好提纲挈领的铺垫。

再次，要介绍公司/团队。要通过此环节向客户展现公司的综合实力和解决问题的能力，在客户心目中快速建立一个值得信赖的公司品牌形象，让客户觉得你的公司是一家不错的公司，值得花更多的时间加深理解和相互交流。

介绍公司时要简明扼要，时间控制在5分钟左右。因为长篇大论般的介绍极易让客户走神，也会觉得你是在一味地自卖自夸。我建议你根据现场环境来决定是否需要借助投影方式来介绍公司。如果你和客户处于较为正式的会议室，且有很多人参与交流活动，借助投影方式可以让你的展示更加立体与有气势。但如果是一对一或交流人数较少的场合，你可以选择使用产品手册，或者直接用电脑向客户展示PPT和视频。

在公司介绍的内容上，通常聚焦"公司实力、专业能力、合作标杆客户列举"3个维度进行介绍，图文结合，事实与数据并举，力争让客户对你的公司有一个较为全面的认知。

需要特别指出的是，介绍公司/团队环节在同一个客户现场是可以重复"上演"的。只要你发现在交流现场，客户方有陌生的面孔出现，尤其是有更高职级的关键人员出现，就有必要抖擞精神再来一次公司介绍，即使你在之前已经向客户方的某些人做过同样的内容介绍。这样做能充分体现你对客户方新出现的关键人员的尊重。

以下这段示范话术可供大家在职场中训练时借鉴使用。

接下来，我会和大家正式介绍一下我们公司。近10年来，我们××公司始终致力于为中国的化工行业企业提供大气污染治理的整体解决方案，包含环保设备、工程建设、运营维护等全方位专业服务。在经营规模与行业排名方面，我们……（罗列发展速度、员工规模、营业额、市场份额、市场覆盖范围等相关事实）。在专业技术与交付能力方面，我们……（罗列专业资质、产品系列、技术资源配置、第三方权威认可等相关事实）。同时我们也完成了很多客户成功案例，包括……（罗列一串成功案例客户名称，强化客户信任度）。

以上就是我们公司的简要介绍，各位看还需要补充哪些方面的信息吗？（可以进行一些简单的互动回应。）

最后，要介绍成功案例。在介绍公司环节，你只是列举了一连串成功合作过的客户名称。而在此处，你可以再选择一个与当前客户情形类似的成功案例详细介绍一番，以更大限度地激发客户的兴趣与共鸣。我始终认为：相同的行业，相同的职位，其面临的业务挑战也基本一致。

"学会讲故事"是销售人员最重要的基本功之一。要想绘声绘色地、条理清楚地完成一个客户案例的讲授，你要多加练习，并在拜访客户前做好相关的素材收集与整理。我倡导所有的销售型企业都统一建立客户成功案例库，针对主要的客户行业应用场景，分别准备几个有代表性的客户案例，编写成册，然后组织销售人员进行学习和演练。这样才能充分保证客户现场的"故事讲授"具有更高的质量与感染力。

你期望客户在听完你的成功案例介绍后，能够感受到你可以为其带去的可预期的改善价值，能够更愿意、更开放地向你分享当前面临的业务挑战与项目期望，能够对你的专业实力产生更多的认可与信任。

当然，我反对凭空捏造的虚假案例，虚假案例不仅经不起推敲，还容易被客户和竞争对手抓住把柄，落得一个弄虚作假的负面形象；你也不需要对客户案例做过于细枝末节的介绍，因为案例介绍的真正目的在于"激发兴趣"，而非过早地"和盘托出"。

以下这段示范话术可供大家在职场中训练时借鉴使用。

大家可能对我们和与贵公司相类似的客户合作的案例感兴趣。我们有一家客户，主要生产尼龙化工新材料产品，与我们接洽的主要是客户方的研发总监。当时，该客户遇到的一个棘手的业务挑战是环境污染严重超标。造成该问题的主要原因是……客户希望找到一种……解决方案，能够帮助他们……根据客户的要求，我们为其量身定制了一套……方案。这个项目从实施到现在，根据我们和客户共同收集的运维数据，发现在很多关键排放指标上成功达到或远低于当地政府设定的环保标准，如……客户对我们的这次项目合作非常满意，后来还连续与我们合作了……

希望未来有机会和大家更详细地交流这个项目的成功要素，以及在技术实施过程中的最佳实践。

好了，关于我们公司的介绍已经很多了，接下来我们也想听一下贵公司的介绍及具体的项目需求构想，谢谢！（顺势把话题交给客户方代表。）

结语

很多人都知道，在唐朝有一个开国大将叫作程咬金，耍得一手好板斧，但他只有重复的3招：劈脑袋、鬼剔牙、掏耳朵。不过这3招在战场上总能让他屡建奇功，俗称"程咬金的三板斧"，常用来比喻解决问题的方法不多，但非常管用。本文为大家解析的"黄金10分钟"也是如此。招数不多，但极为有效，建议大家多多借鉴，学以致用。

客户需求探询的"黄金四问"

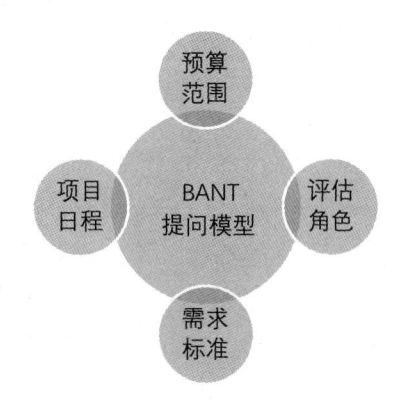

```
        预算
        范围
   项目  BANT   评估
   日程  提问模型 角色
        需求
        标准
```

略懂一点销售方法论的人都知道，在客户面前，"提问"比"陈述"更加重要。而且还有人说，人之所以有两个耳朵一张嘴巴，就是造物主希望人们可以多听少说。对此，我认为都非常有道理。确实，一个只会滔滔不绝，不注意观察和倾听的人，是不会受到客户欢迎的。

但是同样是提问，有的销售人员可以提出聪明的、有意义的问题，既能帮助客户厘清头绪，正确思考，又能帮助自己收集更多有效的客户信息；有的销售人员提出的却都是一些无聊的、浅薄的，甚至是不知所谓的问题，导致客户不想回答甚至拒绝回答，还会严重质疑销售人员的专业水准。因此，提问很重要，但善于提问更重要。尤其是在与客户初次见面时，通过提问对客户进行需求信息探询，将直接影响接下来的交流能否顺利推进。

"BANT黄金四问法"是帮助销售人员进行客户需求信息探询的高效方法，无论是在B2B大客户销售领域，还是在B2C复杂性产品销售领域，都可广泛应用。接下来，将向大家做出详尽的解析，以帮助大家成为真正的"提问高手"，并会使用心理学中的一个鲜明观点：要想在对方的心目中植入新知，必须先了解和激活对方已有的旧知。

"BANT"中的"B"是英文Budget的首字母,指的是与客户项目预算相关的内容。常用的提问例句如下。

- 本次的项目投资预算是多少?
- 项目资金的来源是什么?是企业自筹还是外部申请?
- 项目的资金是否已经到位?
- 你们要求的付款结算方式是怎样的?
- ……

通过对以上问题的探询,你就能预估未来要提供的解决方案的交付形式与服务体量,避免提供给客户的方案设计得太大或太小。例如,客户只有100万元的采购预算,你却给出了一个200万元的解决方案。这样做的结果只有3种:一是客户囿于囊中羞涩,但又不愿意坦然承认,只能放弃或延后与你的合作;二是客户和你讨价还价,希望用100万元的费用购买你200万元的解决方案,双方期望值差距太大,很难通过价格谈判达成共识;三是你可以努力引导客户调整预算,但如果你不能成功地影响有预算划拨权力的客户高层,也是于事无补。

另外,对客户预算的探询,还能帮助你判断项目需求的真实性与紧迫性,以及是否可以为客户提供项目申报或融资方面的服务协助。如果客户已经有了明确的预算,说明客户正式进入采购流程,你就可以把注意力更多地放在接下来的需求探询和引导环节。

"BANT"中的"A"是英文Authority的首字母,指的是采购决策链中的权力人员是谁。常用的提问例句如下。

- 该项目是由贵公司的哪位高层/部门领导发起的?
- 还有哪些公司领导会参与评估?他们会怎样参与?
- 为什么要发起这个采购需求项目?贵公司希望解决的问题是什么?
- 贵公司对供应商的评估流程是怎样的?是采用公开的招投标流程,还是采用传统的竞争性谈判方式?
- 这个项目对贵公司的战略价值是怎样的?是常规型采购还是战略性采购?

通过对以上问题的探询,你就能快速精准地定位客户采购决策链中的关键人员有哪些,谁是真正的决策者,谁是有影响力的评估者。我认为,采购项目的发起人职级越高,对客户的战略价值和意义就越大,也意味着客户的采购推进步伐越坚定。如果你能接触到决策者,获得决策者的认知与支持,你的项目将更有可能获得成功。

事实上,客户方的同一个关键人员在不同的采购项目中可能会扮演不同的评估角色。例如,在常规性采购项目中,由于采购风险较小,企业一般都会把决策权下放,甚至一个采购部负责人都能拍板决策;而在战略性采购项目中,因为意义重大,企业就会把采购决策权上收,甚至由董事长或CEO最终做出决策。销售人员应该根据对商机项目的评估来准确定位客户采购决策链中的角色,以及最大限度地发展支持者,提升对方的支持度。

"BANT"中的"N"是英文Need的首字母,指的是客户对解决方案的现有需求设想是什么。常用的提问例句如下。

- 贵公司对供应商的资质有哪些要求,如过往业绩证明、规模与实力、专业能力等级?
- 贵公司会重点评估解决方案的哪些能力,如性能、参数、合规标准、服务支持?
- 贵公司为什么会关注这些能力评估要求?如果缺少这些能力支持,会有什么不好的情况出现?
- 贵公司之前做过类似的项目吗?效果如何?好的地方在哪里?要改进、提升的地方是什么?
- 除了我们,贵公司还与其他哪些供应商接洽过?贵公司对我们的印象和评价是怎样的?贵公司觉得我们的竞争优势有哪些?在价格同等的条件下,贵公司会优先选择我们吗?

通过对以上问题的探询,你就能了解客户当前的所思所想,知道客户的关注重点有哪些,从而判断自己所提供的解决方案的匹配度,以及是否具有独特的差异化能力与优势。在很多商机项目跟进中,由于销售人员未能全面地探询客户的需求标准,导致最后给出的解决方案并非客户所需,与成交失之交臂。因此,销售人员不仅要认真探询,还要多维度地探询,更要向有高影响力和高决策权的人探询。一个采购专员表达的需求构想根本无法代表客户公司的真正想法。

同时，在需求探询中，还能侦测到是否有竞争对手捷足先登，以及客户在与你见面前受到了哪些因素的影响。知道了竞争对手是谁，你需要警示与应对；不清楚竞争对手是谁，就容易带来危机与压力。

"BANT"中的"T"是英文Time的首字母，指的是有关项目日程和执行计划的信息探询。常用的提问例句如下。

- 贵公司大概什么时候启动这个项目？何时进行招标/评审？
- 贵公司内部有没有成功通过立项申请？还需要向贵公司外部的上级部门进行立项申报吗？
- 贵公司希望什么时候完成项目的实施与验收？
- 项目的供应商选型到哪个阶段了？时间的紧迫度如何？我们可以怎样配合与支持？

通过对时间计划的信息探询，你就可以定位客户所处的采购阶段，也能判断这是一个有待开发的潜在机会还是一个已经在采购推进中的活跃机会。根据客户的时间紧迫度，你可以制定和优化接下来的跟进节奏，确保与客户保持高度协同，共同推进项目选型的工作进程。

我认为，有3个时间节点是比较关键的。一是客户的采购立项时间A，二是你发现这个需求的时间B，三是客户采购决策的时间C。若A早于B，说明你是后知后觉，入局较晚，情势会比较被动；若A和B相差无几，说明你切入的时间较好，有利于先入为主，把握先机；若B和C的间隔很长，说明你可用的销售周期还很长，可以更好地规划销售流程推进；若B和C的间隔很短，说明你需要加快速度和节奏，赶在客户做出结案决策之前完成关键的销售动作。

需要特别指出的是，客户对这些问题的敏感度是不同的。在与客户首次接洽时，对有些问题，客户会直接或乐意提供你想要的答案，但是对类似"预算""决策者"这种敏感问题，客户可能不愿意透露。但作为一名专业的销售精英，你深知这些问题答案的重要性，所以要尽可能摆脱"怕被客户拒绝"的心理魔障，大胆地向客户提问探询。如果第一次探询未果，你可以在双方关系的融洽度与信任度进一步提升后，再次探询。

"重要的问题问三遍"，你越早探询到客户关于现状与需求的信息，就越能快人一步，也越能在客户心中优先植入心锚，拉近与客户的心理距离。在人际交往中，只有对你更了解的朋友，才是和你友谊深厚的朋友！

结语

在产品推销模式下，销售人员更多地关注的是"我们有什么"；而在顾问式销售模式下，销售人员更多地关注的应该是"客户要什么"。

学会提问，提出聪明的问题，提出有效的问题，提出高价值的问题，是所有的销售精英都必须掌握的技巧。本文中罗列的这些问题探询例句，在实际的销售工作场景中使用频率极高，普适性也很强。你可以依据自己所处的行业特性对它们稍做调整，作为销售团队开展提问技巧训练的最佳脚本范例。

如果首次交流客户就让你报价，如何应对

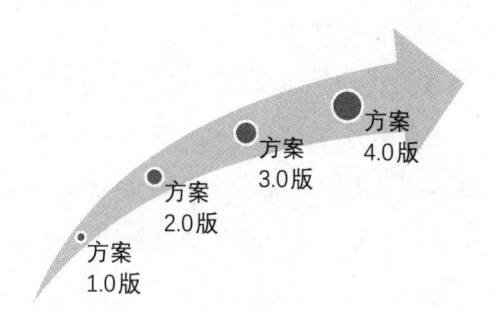

方案 1.0版　方案 2.0版　方案 3.0版　方案 4.0版

在销售工作中，常常会遇到与客户首次交流需求，客户就逼着你报价的情况。如果你选择绝不报价，客户方可能会认为你没有诚意；但如果你草率报价，又会被客户"牵着鼻子走"，过早掉入讨价还价的"陷阱"。这真是进退两难。必须找一个两全之法，让你既可以规避仓促报价的尴尬，又可以化被动为主动，正面积极地应对。

事实上，并非绝对不能快速报价。对于一些货值小、标准化程度高、客户认知程度也很高的产品，你要是藏着掖着不报价，就会让客户感觉很别扭。例如，很多电商平台上的商品都是明码标价，而且不讲价，让消费者也简单干脆地下单。

但是对于一些项目型销售、方案型销售、大宗采购类销售场景，就不适合首次见面就报价的情况了。其原因主要有3个。

首先，可以从客户的购买心理来分析。每个人买东西时都喜欢自己掌控采购决策权，不愿意被他人尤其是销售人员牵制和影响。因此，客户一旦拿到你给出的方案和报价，就会认为已经获得了自己想要的东西，就会单方面断掉与你的进一步沟通，就以为可以独立地货比三家了。在这种情况下，你最容易被客户"关在门外"，处于近乎失控的状态。因此，对"价格"一定要做到"千呼万唤始出来"，最好是等到万事俱备，只欠价格"东风"时才亮丽登场。

其次，可以从解决方案的角度来分析。你得先理解什么是解决方案。有一种

错误的认知是：把产品与服务捆绑销售，或者把A产品与B产品打包销售，就是所谓的解决方案。其实，真正的解决方案必须包含3个特点。

- 聚焦共同认定的"痛点"。
- 找到达成共识的"答案"。
- 体现可预期、可衡量的"价值"。

试想一下，初次与客户进行需求交流时，你可能连客户的现状都没有搞明白，可能还没有成功探询和引导客户的需求构想，更不可能马上就有时间为客户量身定制解决方案。请问，"方案"都不存在，"报价"又有何依据呢？

最后，可以从成交可控的角度来分析。大家都知道，越是复杂的解决方案，就越是要和客户多多交流与共识。买卖双方围绕"草案"来来回回优化的过程，其实就是水到渠成的自然成交过程。我经常在课堂上告诉学员，给客户提供的解决方案至少要有3个进阶式版本。

- 1.0版本：只有解决方案内容的初步规划，不需要有太细节的设计，也不需要有准确的报价。销售人员借此投石问路，收集客户的优化意见。这往往是在完成客户标准探询和引导后出具的第一个版本。
- 2.0版本：优化后的解决方案内容，也没有报价，其作用是获得客户方的更多共识，并确认解决方案内容规划的全面性与合理性，确保客户方多部门的需求都有被照顾到。这往往是销售方拿着1.0版本的解决方案广泛征求客户的优化建议后升级的版本。
- 3.0版本：是最终的解决方案，可以带上报价。因为有了1.0版本与2.0版本的磨合，3.0版本的报价才真正立得住脚，是"有源之水，有本之木"。此版解决方案的报价应该在客户的预算范围之内，客户可以此为依据进行内部申报或开启公开招标流程。

事实上，如果还有正式的投标环节，则还可能有4.0版本。只有在标书被开启的那一刻，客户才会真正知道你最终的解决方案与具体报价。

有时你会被客户逼着在1.0版本时就报价，然后客户提出一大堆额外的需求让你满足，但前提是预算不能超过最初的报价。这就会让你进入一个被客户挟持的僵局，甚至会有"赔本赚吆喝"的风险。

有一家销售公司，因为过早地报价，导致客户在最后成交时死咬着销售人员最初的报价不放。基于交付成本的考虑，销售人员偷偷地改动了解决方案的内容，缩减了很多需要高成本的服务承诺。而这一切，客户都没有觉察到，或许是因为客户已经陷入了"谁低价就选谁"的思维定式之中。在合同签订后的交付阶段，问题开始一一暴露出来，项目上的偷工减料现象让客户大为光火，双方开始打起了口水仗，最终对簿公堂，不欢而散。所以说，不懂得处理价格争议，就会导致"双输"的结果。

如何破局？以下提供5种招法供你选择，你可以单独使用，也可以打"组合拳"。

第1招："扮无辜"。首次面谈时，即使是基于客户某个特定需求的恳谈，也不能"开门见山"地卖东西。"欲速则不达"，首次交流的目标应该是建立人际好感、加强相互了解，建立和强化客户好奇心与信任度。"哈哈，我今天都不是来做销售的，为什么要给你们报价呢？"销售人员表示出的这种"无辜"态度很实事求是，一点都不做作。客户若是继续紧逼，就会有强人所难的感觉了。

第2招："先出拳"。《道德经》有云："将欲取之，必固予之。"客户既然让销售人员给出报价，就应该主动告知自己的预算标准。坦诚相待，相互尊重才是应有的职场礼仪。

销售人员可以主动向客户探询："贵公司的项目投资预算是多少？资金来源是什么？预算已经批复/到位了吗？"如果客户拒绝给出明确的答案，销售人员也可以继续探询客户之前是否执行过同类型采购项目，从而间接获知客户可接受的价格范围。要记住，搞清楚客户的预算标准十分重要，一遍不行，就选择合适的时机再次发问。毕竟，重要的问题可以问三遍！

第3招："定范围"。既然客户不肯主动"亮剑"，你又不得不"接招"回应，那你就可以给出一个价格的边界范围，而且上限和下限可以放宽一些。示例如下。

我们以前交付的客户项目中，最简单的解决方案收费不足100万元，而比较复杂和更具深度的解决方案也有超过1 000万元的，最终的价格要根据客户的具体需求来确定。贵公司这次希望获得的解决方案具体有哪些要求呢？

你看，100万元和1 000万元之间足足有10倍的空间，报价等于没有报价，可以借此探探客户的想法。

第4招："留退路"。除了绝对卖方市场中的不议价，大部分销售场景都是可以讨价还价的。因为在采购人员的认知中，无论你给出的价格有多实惠和实诚，对方都觉得这一定不是你的价格底线，一定还有压价的空间。

因此，在报价时，不要天真地以为一次就能搞定，而是要给双方留出两个空间：一是真实的"让利空间"，在谈判中逐步让渡给客户；二是有暗示的"谈判空间"。你可以告诉客户："这个价格只是我们初步预估的，待我们对贵司的需求有更深的了解与共识之后，最终的价格还可能有适度的调整。"

第5招："给台阶"。客户让你报价，而你就不报，这就是不给客户台阶下了。"拒绝"也可以是有礼有节、"姿态优美"的。客户为什么一见面就让你报价？也许是担心你报的价格太高，无法匹配他们的预算而浪费双方时间，也许是客户要拿着你的预算去修正其原有的预算水平，等等。不管怎样，给台阶的最好方式就是让客户对双方的合作充满信心。你可以大胆地告诉客户："价格一定不会成为我们双方合作的最大障碍。只要我们在项目目标与内容规划上获得了高度共识，即使未来存在一定的价格分歧，我也会积极向公司争取，以实现真正的双赢。"

以上5招未必能解决所有的问题，但简单明了，极为实用。最重要的是，当你从被客户"逼价"的窘况挣脱出来后，应该做什么？答案就是：继续诚恳和专业地向客户提问，探询客户除了价格，还有哪些重点关注的"痛点"与"痒点"。

结语

"不是不报，时机未到；时机一到，自然会报。"恰到好处的报价可以掷地有声，让人信服；而不合时宜的报价只会让销售人员一步被动，步步受制。因此，报价是一门学问，掌握好时机与方式非常重要。

产品推销方法与 FABEE 的妙用

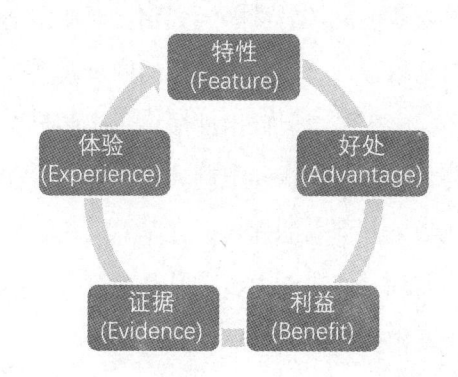

```
特性 (Feature)
好处 (Advantage)
利益 (Benefit)
证据 (Evidence)
体验 (Experience)
```

有很多企业请我讲授"大客户销售"课程，而且强调一定要讲一些"高大上"的顾问式销售方法，如解决方案式销售技巧、提问引导式销售技巧、SPIN销售技巧等。在大多数客户的眼中，这些销售技巧听起来就很厉害，似乎这才属于真正的专业销售范畴，比传统的产品推销方法高明不少。

产品推销方法真的过时了吗？我看不然。上述几种顾问式销售方法确实很有权威性，也更加强调以客户为中心，更加重视互动式的交流，更加强调抽丝剥茧、层层递进的沟通共识方法。但这并不代表它们适用于所有的销售场景，也不代表产品推销方法就一无是处。在很多销售情境下，采用产品推销模式反而会比采用顾问式销售方法更快捷有效，销售人员也更容易掌握和执行。

根据Easy Selling销售赋能中心的调研，在B2B大客户销售实战中，真正习惯采用顾问式销售方法的销售人员还是少数，而真正有能力独立完成整个顾问式销售对话过程，并且成功实现对话目标的就更是微乎其微了。究其原因，有以下几个。

一是对沟通环境的要求高。顾问式销售对话需要双方有很专注的交流状态，而且全过程的对话所需的时间也比较长，因此必须保证最少的外界干扰。一对一交流最好，而如果有多人在场，或者交流时间有限，就很难把控顾问式对话的质量了。

二是对销售人员的能力要求高。销售人员需要具备一定的顾问和专家能力，才能有足够的掌控力与专业度，真正引导客户一步步深入。如果销售人员的功力不够深厚，或者内心还不够自信，那就不是在引导客户，而是被客户引导了。

三是交流内容的复杂程度高。虽然顾问式销售对话特别强调有话术脚本做支持，但对话开启后，对话内容未必会按照预想的样子发展，仍然需要销售人员在过程中随机应变。照本宣科容易，但见招拆招，还能形散神不散就很难了。

四是受客户对销售人员的角色认知限制大。很多客户不愿意和供应商的销售人员围绕自己的业务挑战展开深入的探讨，究其原因还是从内心深处难以真正认可销售人员的专业能力与问题解决能力。尤其是当客户方的高层参与会谈时，他们更喜欢听汇报，而不是做交流。

因此，顾问式销售方法更多适用于偏技术交流层面的对话场景，或者偏专家诊断层面的对话场景。而且，从各种复杂的顾问式销售对话模型中，销售人员最应该学习的是其背后的销售心理学与设计原理，再根据对话实战场景灵活运用，并非全盘照搬、教条地使用。

与顾问式销售方法不同，产品推销方法的应用场景可能更加广泛，尤其是在企业对消费者（Business to Customer，B2C）领域。例如，对于销售单价不高的商品，消费者做出购买决策的难度很小，他们往往会因为喜欢产品的某些功能或卖点，一冲动就"剁手"下单了；再如，如果消费者对产品的认知程度较高，或者产品的标准化程度很高，就像生活中常见的手机产品、洗护产品、家用电器等，消费者甚至可以轻松地从互联网上获取产品的详尽介绍及评价，自然不需要销售人员用顾问式销售方法来做太多引导。

在B2B领域，产品推销方法仍然大行其道，而且屡屡奏效。下面简要列举几个产品推销方法适用的销售场景。

首先，销售人员首次登门拜访新客户时，需要为客户进行公司介绍和产品介绍。此时，客户并没有准备好和销售人员坦诚交流，也不想透露太多内部需求信息，只是希望多听听销售人员的推介之词，并从中判断销售人员的水平，以及供应商的专业性与实力。

其次,在进行技术方案介绍或解决方案呈现时,销售人员与客户之间,可以一对一地展示,也可以一对多地展示。此时,已经不可能有高度互动的顾问式销售对话场景出现了,销售人员需要在有限的时间内,单方面地呈现解决方案的卖点和亮点,让客户完整地、结构化地看到自己的差异化能力与优势。

最后,对很多实战经验并不丰富的销售人员来说,与其让他们结结巴巴、不知所云地与客户开启顾问式销售对话,还不如让他们实实在在地把产品服务介绍清楚。客户其实也有是非好坏的分辨能力。他们能从你的产品推介中觉察到与自身需求的匹配之处。如果你连产品都讲不清楚,一切就都无从谈起了。

正是因为以上场景会反复出现,所以销售人员首先要学会产品推销方法,其次学习进阶性的顾问式销售方法。而FABEE是所有产品推销方法中最常用,也是最有效的销售技巧之一。

"FABEE"中的"F"是英文Feature的首字母,指的是产品的特征,是产品本身具体的、客观的、可量化的物理属性描述。例如,"我们这台显示设备采用的是19寸、1080 P、带有护眼模式的LED高清屏幕",这就是特征描述,有时也称其为"卖点"。

"FABEE"中的"A"是英文Advantage的首字母,指的是好处,即产品的特征能够给使用者带来的好处。如"19寸的高清大屏能够提升用户使用手机时的体验,保护用户的视力"。Advantage的另一个解释是优势/独特性,是指产品的某些特征与其同类产品相比,具备怎样的差异化与独特性。例如,"同类产品更多地采用LCD屏幕,远低于我们的配置标准"。

"FABEE"中的"B"是英文Benefit的首字母,指的是不同的客户从产品的特征中感受到的利益。例如,一个男生对于强调前置自拍功能摄像头的手机基本无感,而一个女生却超级喜欢这样的产品特征,因为她喜欢用手机自拍。销售人员不应该向这个男生推销手机的自拍功能,也不应该向这个女生推销她不感兴趣的游戏功能。

"FABEE"中的最后两个E,第一个E是Evidence,即证据。如果客户对你以上关于产品F、A、B的描述还心存怀疑,那么你可以给客户看一些证据,如其他客户购买相同产品的凭证,或者第三方机构给该产品颁发的权威认证书等,以此证明你所言非虚。第二个E是Experience,即体验。如果条件允许的话,你还可以让客户体验一下产品的实际效果。例如,福建金门菜刀之所以全国知名,相传就是因为金门的卖刀人会让顾客用菜刀朝着事先准备好的钢管猛砍数刀。在这样的体验场景下,面对毫发无损的刀刃,客户就再也没有拒绝购买的理由了。所以说,正确地使用"证据"与"体验",可以建立和强化客户对你的产品的兴趣与信任。

采用产品推销方法介绍产品时,还有两个关键点需要特别注意。

首先,一定要把产品的特征讲清楚、讲明白、讲充分。举个例子,有一家非常重视客户关怀服务的财产保险公司,承诺给客户提供代办车务服务,并将该承诺印在门店的玻璃墙上,也印在他们的宣传页与报价单上,但是客户反响平平。我就和这家公司的营销负责人说:"每家主流的车险公司都会对外宣传提供代办车务服务,你们的代办服务确实也做得更全面、更体贴、更快速,而且是免费提供的。这种高水准的服务内容,就应该向客户详细说明或表达,而你们却只用了'代办车务服务'这寥寥六字来呈现,客户又怎么能感受到你们的差异化服务价值呢?客户又怎能将你们与其他车险公司进行区分呢?"因此,将产品服务的特征讲清楚、讲明白、讲充分非常重要。

其次,在推介产品的特征与卖点时,一定要说到客户的心里去,让客户感受到最大的利益。不但要告诉客户有哪些卖点,还要说明这些卖点可以帮助客户解决什么问题,可以给客户带来怎样的愉悦体验,可以满足客户哪些想拥有或体验某事的心愿与情感诉求等。例如,FABEE方法中的(利益)就是如此。人们不会因为你的产品拥有一大堆特征而购买,只会因为从中感受到了自己想获得的利益而购买。

结语

综上所述，以FABEE为代表的产品推销方法并非无用和过时，反而凭借其"简单、直接、易于操作"的特点得到了销售人员的大力采用。当然，如果你要销售的产品订单规模较大，客户的认知程度不高，或者产品解决方案的标准化程度不高，甚至需要根据客户的需求进行量身定制，那么采用顾问式销售方法更加合适。

谈判桌前必须面对的"灵魂拷问"

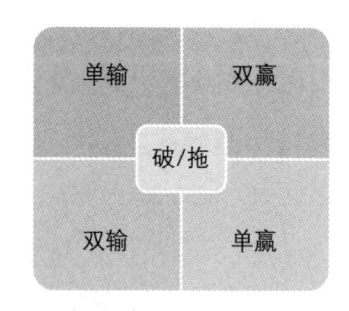

单输	双赢
破/拖	
双输	单赢

有些人形容大客户销售中的商机结案是一个"0和1"的游戏。能够拿下这张订单就可以"加1分";失去这张订单就只能"得0分",对竞争对手来说同样如此。就好像你追求一个心仪的女孩,你可能为此付出了很多努力,送了很多礼物,表了很多爱心,但最终还是有可能被这个女孩拒绝,难以如愿。

谈判阶段就是销售人员的决胜阶段,就是足球场上飞奔百米后的临门一脚。每次接到客户的谈判邀请,销售人员就会既兴奋又紧张。因为这毕竟是商机成交结案前的最后一步,自然会全力以赴,不留遗憾。

但是,当销售人员坐上谈判席后才发现事情并没有那么简单:为什么客户在谈判桌上总是步步紧逼,不通情理?为什么谈了那么久,客户还是迟疑不决,甚至不了了之,放弃购买?为什么我做出了那么大的价格让利,客户最终还是选择与我们的竞争对手合作?

其实,在正式进入谈判流程前,有3个基本点是必须明确的。

第一,不会向你提出价格"压榨"的客户不是好客户。一般来说,真正会使用你的产品与服务的客户方的关键人员是不会参与价格谈判的,他们只会关注产品的性能与适配性。但客户方派出的谈判代表往往不是产品的使用者,他们的使命就是从供应商身上拿到更多的价格让利,以降低他们的采购成本。因此,客户的讨价还价行为合理合法,无可厚非,你也无须回避,更不用心怀抱怨。

第二，你必须先明确自己是不是客户心目中的Mr. A（第一选择）。也就是说，要确定你是不是客户最心仪、最想合作的供应商。如果你不是Mr. A，谈判工作就会处处被动，被客户"牵着鼻子走"。如果你是Mr. A，那就好办得多了，毕竟客户还是倾向于与你合作的，只是想拿到更多的价格优惠，但"可以用钱解决的问题就不是问题"。

第三，商务谈判的本质就是权力和优势的博弈。谁的权力和优势更大，谁就会在谈判中拥有更大的话语权和掌控力。试想一下，如果你在客户关系、产品技术、交付能力、收费标准方面都比竞争对手弱，客户为什么还要与你谈判呢？因此，销售人员只有积极地发现和创造自己的竞争优势，才能有更多的谈判筹码，让合作顺利达成。

以下这些"灵魂拷问"，会让你在谈判前对自己所处的竞争地位、优劣势和是否到了最好的谈判时机等，有一个全面的自我检视。

问题1：我有没有准确地捕捉客户面临的业务挑战或希望解决的痛点信息

痛则生变，没有痛苦就没有改变。痛的程度不深，改变的动机就不够强烈。你可以具体检视以下几个问题。

- 客户面临的业务挑战有多严重？
- 客户解决这个挑战的紧迫性有多强烈？
- 客户是否已经在公司内部有了一个正式成文的项目采购推进日程表或行动计划？
- 这个需求是由客户公司的哪个部门或哪位高管发起的？（发起者在公司的职级越高，采购项目在公司中所处的优先级就越高。）

问题2：我们在客户组织里是否获得了充分的支持

支持者越多，支持程度越高，你获得的谈判主动权就越大。你要把重要的资源投入到重要的客户方的关键角色身上，所以对采购决策链上角色的覆盖程度进行检视非常重要。

- 客户采购决策链上都有哪些关键角色？
- 这些关键角色各自拥有怎样的权力和影响力？他们会如何参与对项目的

评估？

- 这些关键角色对我的支持程度如何？接触程度如何？是只表达了口头的支持承诺，还是表现出了可以被验证的支持行动，如引荐了客户高层、主动安排双方的技术交流会议等？

问题3：我在前期有没有很好地参与客户需求标准的制定

如果你获取需求信息的时间远远滞后于客户采购项目启动的时间，甚至还有强大的竞争对手捷足先登，你就会处于比较被动的局面。反之，如果你可以更早地介入，主动地参与客户需求标准的制定，就能占领先机，主动引导客户。因此，此处必须检视的问题如下。

- 这是一个由我方主导激发的潜在机会，还是一个由客户或竞争对手发起的活跃机会？
- 在我接触到客户时，客户是否已经有了清晰的需求标准和采购预算？
- 我在参与客户需求标准制定中做了哪些卓有成效的工作？
- 我向客户推荐的解决方案具备什么样的差异化竞争优势？我有没有把这些差异化竞争优势植入客户的脑海里、写进客户的需求标准里？

问题4：我提交的解决方案有没有和客户达成共识，获得客户的认可

我经常强调："销售人员给出的解决方案一定不能是闭门造车的产物，而应该是和客户智慧共创的结果。"客户在解决方案设计的过程中参与程度越高，对解决方案的期待和重视的程度就越高。具体可以做如下几项检视与确认。

- 我有没有认真和充分地倾听客户的需求？
- 我有没有做过客户需求调研与现状问题诊断？我有没有提出自己的调研发现与解决问题的建议？客户是否认可了？
- 我有没有通过技术交流会议等方式与客户充分研讨各种解决方案思路的可行性与适配性？
- 我的解决方案内容与客户认可的需求标准是否高度一致？
- 我有没有在最终报价前，向客户多次汇报呈现解决方案，并基于客户的反馈进行优化改进？

问题5：我有没有在谈判前向客户充分地证明我方的交付能力

有时，客户虽然认可了你的解决方案，但会质疑你的交付能力。就好像你的女朋友认可了你现在的人设，但是她在答应你的正式求婚之前，也会担心你是不是在结婚后继续把她当成宝贝。这就是客户对解决方案背后可能出现的潜在风险的担忧。你需要检视自己做了哪些能证明能力的举措，以有效化解客户的这种担忧。

- 我有没有邀请客户来我们公司总部进行参观访问？
- 我有没有邀请客户去一些成功案例或示范工程基地进行参观交流？
- 我有没有提供产品样本给客户试用或体验，并且获得客户的认可？
- 我有没有建立和促成双方高层的沟通交流？
- 我有没有提供充分的业绩和资质等证明材料，展示公司的实力与资历？

问题6：我有没有在谈判前充分收集竞争对手的信息

俗话说："知己知彼，百战不殆"。这里的"彼"，不仅包括客户，也包括你的竞争对手。根据竞争对手的强弱不同，你可以采取的谈判策略也截然不同。因此，对竞争对手信息的检视必不可少。

- 我的竞争对手都有哪些？排在第一、二位的竞争对手是谁？
- 竞争对手对客户采购决策链的渗透程度如何？他们的支持者有谁？对我的威胁有多大？
- 竞争对手的解决方案优劣势如何？替代我的解决方案的可能性有多大？
- 竞争对手会采取怎样的竞标策略？他们过往的竞标策略是怎样的？有无规律可循？

有了以上6类"灵魂拷问"，你才能明确本次谈判要达成怎样的目的。事实上，不是每次谈判都以签约为唯一目的的，也不是每次谈判都要追求"赢"的结果。具体需要根据你所处的销售流程阶段，以及你面临的竞争局势来做出判断和选择。具体分析，存在以下几类谈判目标。

- 单赢：你赢，客户输。这往往是在你占据绝对优势，竞争对手的产品难以匹配客户需求，客户只能非你不可的情况下的谈判目标。"单赢"意味着你可以完全拒绝客户的压价要求，颇有"皇帝女儿不愁嫁"的气势。需要注意的是，这样的谈判目标并不利于与客户形成长期的合作关系。

- 双赢：你和客户都感觉赢了。这个目标又叫作"和"，往往是双方为了顺利达成合作，各自都选择做出退让，舍小利，成大局。当然，最好让客户感觉赢得更多一点，实际上客户并不一定真的赢得更多。这是优选的谈判目标，证明双方都有对方所需要的谈判筹码。

- 单输：你输，客户赢。"单输"并非一种不好的目标。当你处于竞争劣势时，为了获得一个重要的客户合作机会，也为了能在未来和客户有更多更深的合作，往往会在谈判项目中做出大幅的利润让步。但是，"单输"不宜多采用，因为赚不到钱的生意对合作双方都没有好处。

- 双输：你输，客户也输。双方都互不让步，导致最终不欢而散，过往的努力都付诸东流。这种目标最不可取。当然，还有一种可能性，那就是你不想和客户做这次生意，所以借助自身的强硬立场让客户望而却步。

- 破：先破后立。先制造一个僵局，再引入新的谈判力量，让谈判的方向与重点更有利于你。所以，这次谈判目标就不是为了"谈成"，而是"谈僵"，打破客户既有的思路与布局，然后在客户的不知所措中，重启谈判。

- 拖：想办法让客户延迟决策，以等待一个更好的时机重启合作谈判。这种情况往往是你目前的优势并不明显，但在不久之后，你可能会有一个更好的解决方案来匹配客户需求。因此，你要尽可能阻止客户当下做出采购决策，尤其不能让其选择竞争对手的解决方案。

以上6种谈判目标，不仅要清晰，而且要在你参与谈判的项目小组中达成集体共识，由此产生的谈判策略与协同分工才会以目标为导向、合情合理。

结语

"凡事预则立,不预则废。"谈判前做好准备工作的重要性远远高过谈判工作本身。本文所述的6类"灵魂拷问",是销售人员走上谈判桌前必须搞明白的问题。否则,糊里糊涂地坐上谈判席,必然也会糊里糊涂地被客户"扫地出门"。

营销策略篇

"铁三角"模式(1)：论大客户销售中的"协同致胜"

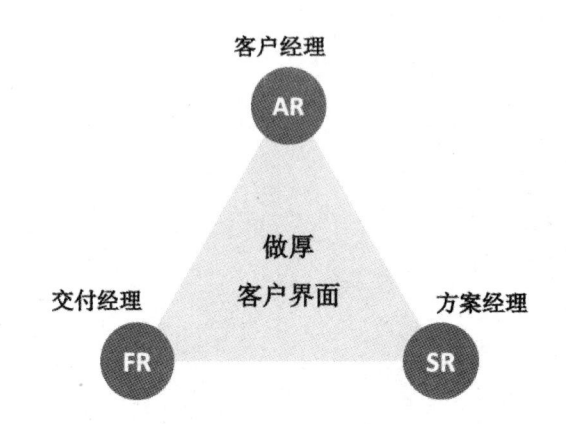

```
                客户经理
                  AR

              做厚
              客户界面

    交付经理              方案经理
      FR                    SR
```

2021年8月6日，华为发布2021年上半年经营业绩报告。不出意料，在西方国家霸权主义的压制下，华为2021年上半年仅实现销售收入3 204亿元，与2020年的4 540亿元相比，下降了1 336亿元。

但我们也欣喜地看到，在企业业务收入项，华为以429亿元的骄人业绩继续勇猛精进。这其中，华为秉持的LTC大客户销售流程及"铁三角"作战模式功不可没。事实上，这也是大客户销售组织中最重要的"协同致胜"法则的最佳实践。

什么是"铁三角"？

华为的"铁三角"作战模式缘起于2006年华为苏丹代表处在一次重大投标失利后的原因总结。"铁三角"是指在重大商机跟进过程中，卖方会有3类角色介入其中，分别是客户经理（Account Responsible，AR）、方案经理（Solution Responsible，SR）、交付经理（Fulfill Responsible，FR），三者形成一个相对正式的项目小组进行协同工作。

在项目小组中，一般由AR担任小组组长，这也体现了华为CEO任正非强调的"让听得见炮声的人做决策"的指导思想。SR、FR也并非"作壁上观"，而是与AR一道，对商机跟进的成败和项目的利润贡献共同承担责任。

"铁三角"在LTC销售流程中的不同阶段，具体分工与工作侧重点也不同。

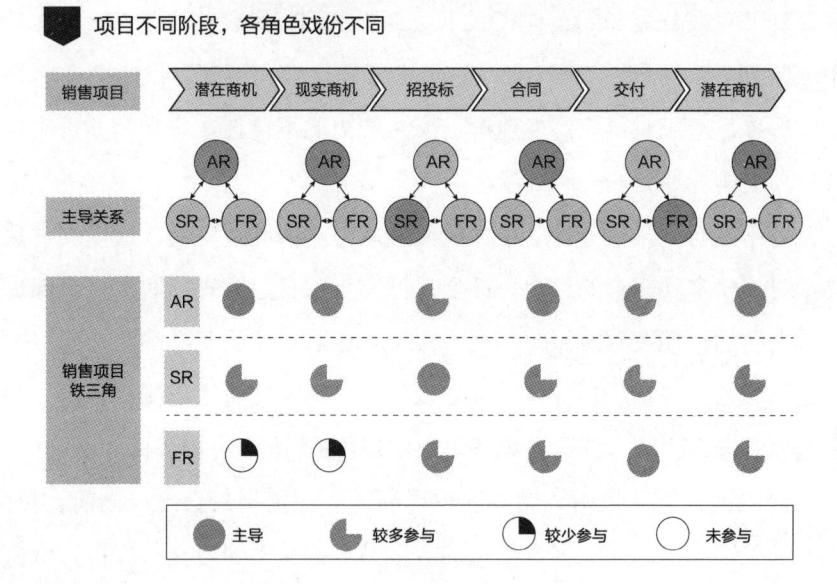

▼ 项目不同阶段，各角色戏份不同

销售项目	潜在商机	现实商机	招投标	合同	交付	潜在商机
主导关系	AR SR↔FR	AR SR↔FR	AR SR↔FR	AR SR↔FR	AR SR↔FR	AR SR↔FR

销售项目铁三角：
- AR：较多参与、较多参与、较少参与、主导、较少参与、较少参与
- SR：较少参与、较少参与、主导、较多参与、较少参与、较少参与
- FR：未参与、未参与、较少参与、较少参与、主导、较少参与

图例：● 主导　◕ 较多参与　◔ 较少参与　○ 未参与

因为华为本身的标杆公司光环效应，中国不少企业都纷纷效仿其"铁三角"模式进行运作，但真正成功者寥寥。究其原因，这些企业只是仿了"形"，未得其"神"。

事实上，"铁三角"并不完全是一个全新的概念，在"铁三角"模式成型前，和大多数B2B销售组织一样，华为的AR、SR、FR 3种角色早已存在。只是当时的SR被称为"产品经理"，而不是"方案经理"。

但必须指明的是，过往业内已存在的"铁三角"模式更像处于"三权分立"状态。三者虽然也有配合，但彼此更多的是以业务流为基础，AR做前端，SR做中端，FR做后端，并未形成全流程的协同机制。AR想的更多的是如何顺利签约，因此免不了会在客户面前私自拍胸脯、乱承诺，并不会太在乎解决方案的适配性及未来交付过程中的风险可控性；SR更多地基于技术立场，被动地等待AR传递方案设计诉求，很少也很难主动参与AR和客户的前期互动，所以设计出来的解决方案与客户的需求适配性不高，且难以站在竞争的角度凸显解决方案的差异化优势；FR则更容易产生本位思想，习惯在合同签订之后才"粉墨登场"，一味强调自身KPI中的成本、进度、质量、风险等要素。一旦项目在交付过程中出现问题，FR就会将其归结为AR和SR在合同签订前埋下的"祸根"。

在这种"三权分立"的运作模式下，客户从同一家供应商的AR、SR、FR三者口中会听到各执一词、口径不一的3种声音，这会大大削弱供应商在客户心目中的品牌形象，造成对供应商专业度与交付能力的不信任。华为的苏丹事件正是这种三权分立模式导致的失利后果。

"铁三角"与"三权分立"最大的区别就是"协同致胜"，这里的"致胜"不仅是最终成功拿到客户的订单，还要保证实现项目的合理利润，更要保证兑现"客户成功"的预期改善成果。为此，AR、SR和FR从始至终都在一起，同时面向客户提供服务。三者不再像传统"三权分立"那样"轮流出场，各执一词"，而是"携手并进，团队作战"，具体可以从以下3个维度进行解析。

首先，"铁三角"强调"做厚客户界面"。在销售机会出现之前，只由AR与客户方的关键人员沟通。客户信息的获取、客户关系的建立与维护、价值主张的传递与交流，全系于AR人身上。把目标客户交给能力强的AR跟进，其需求创建的成功概率就高；反之，目标客户交给能力弱的AR跟进，就容易把目标客户做成"僵尸客户"，许久都难以收获优质的线索或商机。"铁三角"要做厚客户界面，意味着在销售流程的前段，即在客户需求的发现和创建阶段，由"铁三角"中的3个角色共同担当。

在平时的客户拜访活动中，AR更多的是与客户的采购部门和商务部门负责人接洽。与此同步的是，SR在与客户的技术（研发）和产品部门负责人接洽，FR在与客户的项目实施和执行部门负责人接洽。这样的同步接洽有两大好处。一是与客户的共同语言更多，如SR与客户的技术负责人可以更多地用技术语言交流；二是客户需求信息的获取是多层次和多维度的，AR、SR、FR都有可能发现新的合作机会，而并非AR为唯一的商机信息创建人。在华为，"铁三角"的成员们白天分头或联合行动，晚上一起开会碰头，交换各自获取的客户关键信息，讨论后续的客户开发策略与行动计划。大家有商有量，互通有无，再也没有"三权分立"时的"坐、等、靠"思想，而是能将过去的"部门墙"彻底打破，做到"力出一孔"。

其次,"铁三角"强调"共同决策"。在关键商机推进的销售流程中,华为会在多个关键审核节点设定"共同决策"的工作模式。其中包括但不限于商机立项的评估环节、解决方案设计的规划共识环节、投标方案和报价决策的评审环节、合同转交及项目交付方案的共识环节。下面对"商机立项的评估环节"稍做详细说明。

在成功捕获商机线索后,"铁三角"成员会分头行动,快速进行客户现状及需求信息的探询与收集,然后向公司正式提交"商机项目立项评估申请"。按照分级分类评审标准要求,公司也会以正式的"项目立项评估会议"形式,组织相关部门负责人及"铁三角"成员一并参与评估。最终的会议成果主要有以下几项。

- 决定该商机是继续跟进还是果断放弃。如果达成继续跟进共识,则执行下一步。
- 决定针对该商机应采取何种竞争策略,执行哪些具体的标前策划行动举措。
- 决定调派或补充哪些人来继续担当"铁三角"成员角色,成立正式项目小组,同时明确工作目标、行为准则、协同分工及相对应的激励政策。

应该说,这样的商机立项评估会议非常重要,因为没有准予立项的商机是无法进入后续的正式运营阶段的,而在立项会议中对项目组织、竞争策略的决议,也会直接影响该商机的赢单率与绩效表现,因此立项评估会议绝对不是走走形式、做做表面功夫,而是对跟进该商机的可行性进行客观、公正、多维度的评估。

最后,"铁三角"强调"全局思维与联合作战"。以客户为中心,以目标为导向,一切为了胜利。胜则举杯相庆,败则拼死相救。这就是"铁三角"成员的全局思维与联合作战模式的写照。应该说,"铁三角"是一种正式的、协同紧密的项目制工作模式,而非松散的、若有若无的非正式联合工作模式。尽管在"铁三角"项目组成立之前,所有人都归属各自的专业部门,但是一旦项目组成立,就像组成了一支特种部队,大家为了同一个作战目标,投入到同一场战役之中,彼此肝胆相照、荣辱与共,彼此坦诚交流、智慧碰撞,为了获取最终的胜利而全力以赴。

AR无疑是项目组的灵魂人物，是客户关系建立与维护的第一责任人，也是销售项目的主导者和推动者，更是销售项目交易质量的责任人。因此，组织不会要求AR去设计方案，也不会考核AR是否参与了交付工作，但AR必须与"铁三角"中的其他人紧密合作，对商机项目中的所有风险进行识别与管控，对解决方案的竞争力与成本投入进行动态平衡，对合同条款的约定与交付执行的质量进行监督把关。

越是复杂的项目型交易，SR在其中的作用就越大，重要性就越高。SR不仅要配合AR做好客户需求的诊断与建议工作，还要负责为客户制定个性化的解决方案，并对解决方案的利润预期、竞争优势和客户成功目标进行统筹与平衡。更具全局思维的是，SR还应该是区域市场或行业市场中产品规划与营销活动规划的责任人，通过策划和组织各种推广活动，让公司品牌与产品品牌深入人心，更好地支持AR在前方的客户开拓工作。

FR最主要的职责不仅是产品的交付与后期的维护保障，其对商机项目的支持度与影响力还会从后端往前端延展，参与项目从立项到合同签订的全过程，并从交付的可行性与质量管控角度提出自己的专业意见。FR的工作前置，会大大降低交付阶段的合同变更概率与质量事故风险，提高客户的满意度与回款工作的顺利性。

为了保障项目组做到真正的协同共赢，公司还会在"铁三角"成员各自角色的（KPI）与激励机制上做出妥善安排。例如，不再单一地对AR考核销售业绩目标的达成，SR与FR同样也是业绩目标的担当者，只是所占的考核权重不同而已。只有这样，三者才能同进同退，有难同当，有福同享。

结语

　　Easy Selling 销售赋能中心曾经调研过一些在华为工作过，现在已经跳槽到其他公司的销售精英。他们对于自己在华为做销售时的最大感受就是"团队协同作战"，而不是销售人员的"单打独斗"与"孤军奋战"。

　　相比之下，在华为以外的大多数销售型组织中，虽然倡导采用"铁三角"模式，但也只是"领导的期望与倡议"而已，并没有形成正式的项目组织与协同致胜机制。因此，期望归期望，大家仍然各自为战，步伐不一，注定是胜少败多的结局。

"铁三角"模式（2）：大客户销售中的"统一语言"

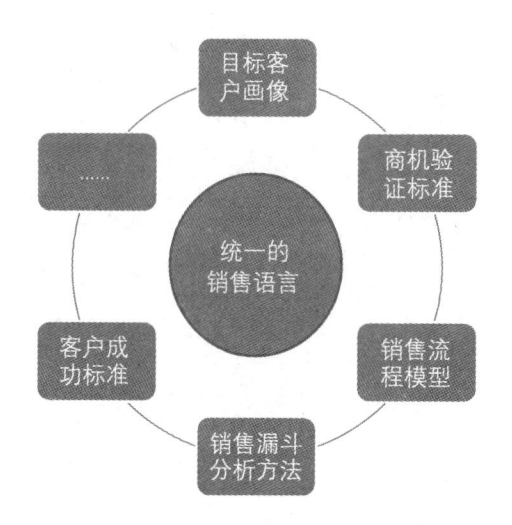

中心：统一的销售语言

环绕要素：目标客户画像、商机验证标准、销售流程模型、销售漏斗分析方法、客户成功标准、……

上一篇文章重点讲述了"铁三角"模式必须以相对正式的项目小组形式运营，打攻坚战，打歼灭战，而不是若有若无的松散型机制运作。当然，要把AR、SR、FR的力量高度聚合，拧成一股绳，除了要有"铁"的组织形式，还要有统一的销售语言与行为标准，如此才能理念一致、方向一致、行动一致，才能爆发出最大的协同致胜的力量。

1993年，全球最大也是最顶级的B2B大客户销售型组织之一IBM，面临类似的业务转型挑战：在商机项目运作中，需要组织内部不同角色的人员协同合作，但大家各自为战，缺乏共同语言，导致沟通效率低下，甚至在客户面前出现来自IBM端相互争执的不同声音，也间接造成了IBM业绩的快速下滑，IBM连续3年亏损达168亿美元，竞争力排名从全球前三退步到第23位。

也就是从那时起，IBM痛定思痛，开始下定决心在组织内部建立统一的销售语言与行为标准体系，针对当时"销售人员只关心产品，不关心客户""缺乏准确验证销售机会的能力""缺乏区域和客户规划方法"等诸多严重的"痛点",建立了特色销售方法(Signature Selling Method,SSM)和特色销售领导力(Signature Selling Leadership,SSL)两套销售方法体系。此后连续9年,IBM持续盈利,股价上涨了10倍,再次成为全球最赚钱的公司之一,也有了IBM前董事长郭士纳先生的《谁说大象不能跳舞(Who Says Elephants Can't Dance)》畅销巨作的问世。

其实,无论是SSM还是SSL,无论是LTC还是"铁三角",其促进销售业绩增长的驱动力基本一致,那就是"统一的销售语言与行为标准"。大道至简,殊途同归。有"统一标准"的团队就像军队,攻无不克,无往不利;缺失"统一标准"的团队就像"团伙",大家虽然各显神通,但终究是一盘散沙,队伍越大越难带领。

什么是"统一的销售语言与行为标准"?

先举一个生活中的简单例子。大家常看的警匪片中,警察潜入敌人大本营后,不能发出声音,无法口头交流,只能通过简单的手势来传递进攻指令。由于事先已有明确约定,大家对各种手势可以精准地心领神会,而不会主观猜测。这就是警队中的"统一语言与行为标准"。

再举一个销售工作中的简单例子。管理者安排销售人员收集目标客户的信息。但哪些信息需要收集,哪些信息可以忽略不计?哪些必须收集,哪些可选收集?除了收集关键人员与工作相关的信息,是否还要收集其与个人生活相关的信息?等等。如果没有统一的目标客户档案标准,不仅大家收集的信息不一致,还会造成无用信息太多,徒劳无益。

在"铁三角"工作模式下,有很多维度的"统一销售语言与行为标准"。接下来摘取其中几个关键维度来进行剖析与理解。

统一的目标客户画像

找到正确的客户,是销售工作的第一步,也是至关重要的一步。客户找错了,就会一错再错;客户找对了,才能事半功倍。但是,谁是你的目标客户?哪些客户的业务合作潜力最大?应该对哪些客户投入更多的时间和精力去开发与维护?这些问题必须有一个统一的客户验证标准与团队共识。

多元化获客方式

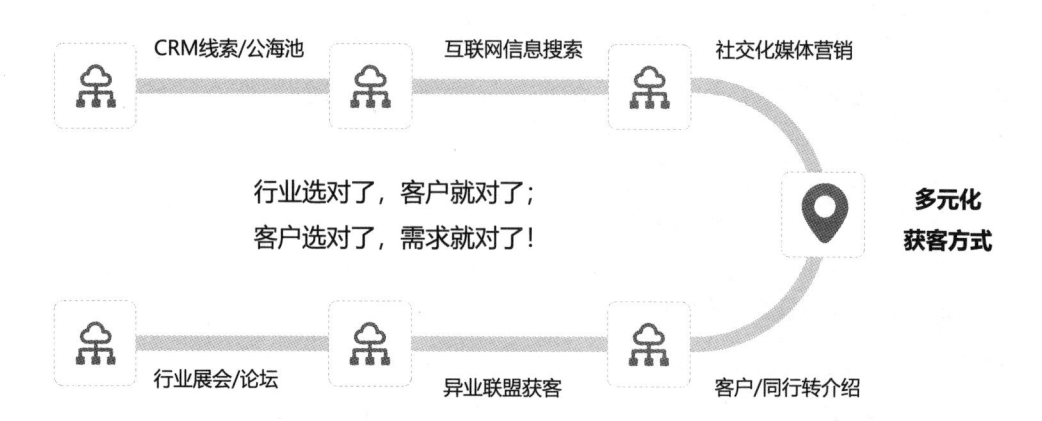

- CRM线索/公海池
- 互联网信息搜索
- 社交化媒体营销
- 行业展会/论坛
- 异业联盟获客
- 客户/同行转介绍

行业选对了，客户就对了；客户选对了，需求就对了！

我经常说一句话："行业选对了，客户就对了；客户选对了，需求就对了。"新手销售人员最容易在客户甄别上"栽跟斗"：抱着快速出单的动机，东一榔头西一棒子地进行新客户开发，把自己的时间和精力浪费在错误的目标客户身上，最终结果只会是"竹篮打水一场空"。

统一的商机验证标准

为什么要对商机进行有效验证？商机验证后的输出成果应该是什么？这直接决定了你的赢单率和投入回报率。在IBM和华为的销售实践中，当销售人员获得了一个新的销售机会时，通常会从以下4个方面来进行商机立项评估。

- 这是一个真实的销售机会吗？
- 我的解决方案与客户的需求匹配吗？
- 我赢单的可能性有多大？
- 这个商机值不值得去赢？

基于以上4个检视标准，销售人员会有针对性地收集客户信息，全面探询客户的真实需求，客观检视自己与客户的既有关系基础，然后开展有针对性的商机立项评估工作，这样才能确保把有限的营销资源投入到最有价值的销售机会上面。

统一的销售流程模型

在大客户销售方法体系中，有两条行动准则需要谨记。

一个是"慢慢来，也很快"。销售人员要学会把握商机推进的节奏和速度，在客户的购买周期结束前完成关键的销售动作。客户一般都会着急要解决方案与报价，但一旦你匆忙地给出了解决方案和报价，就会发现客户不但一点都不着急，还会向你关上继续交流的大门。这一个"坑"，一定不能跳进去，否则出不来。

另一个是"先规划，再销售"。"先规划"就是销售人员要先探询和明确客户的现状与需求，基于自身的差异化能力与优势对客户进行需求标准的引导。"再销售"就是基于客户认定的需求标准提供最匹配的解决方案和报价，并推进成交。不先规划就直接销售，只会让你举步维艰，处处被动。只有先做规划再做销售，才能让你变被动为主动，设定标准，成为客户心目中的Mr. A。

LTC销售流程

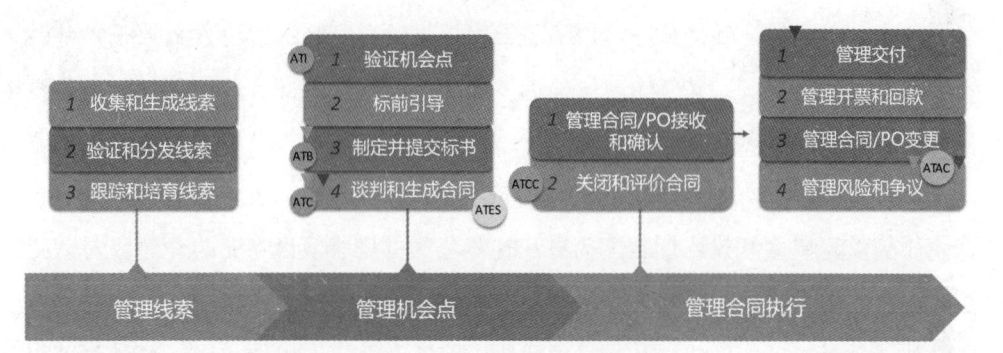

管理线索	管理机会点	管理合同执行
1 收集和生成线索	ATI 1 验证机会点	1 管理交付
2 验证和分发线索	2 标前引导	2 管理开票和回款
3 跟踪和培育线索	ATB 3 制定并提交标书	3 管理合同/PO变更
	ATC 4 谈判和生成合同	ATAC 4 管理风险和争议
	ATES ATCC 管理合同/PO接收和确认	
	关闭和评价合同	

以上两条行动准则，体现在企业的销售流程模型中，像一个导航地图，指引着销售人员一步一步地完成商机成交结案的动作。

统一的销售漏斗分析方法

作为一名称职的销售管理者，必须从全局和科学的角度，评估与管理销售漏斗的预计产出，同时针对漏斗预计产出与销售目标之间的差距，制订行之有效的改善计划，让销售目标的达成实现最大限度的可衡量、可管控。

但绝大多数的销售管理者还是习惯凭借自己的直觉与经验做分析和判断，甘于做"马后炮"：直到业绩结果出来了，才去想一堆理由来解释为什么"结果"与"预期"差之千里。

在IBM和华为等标杆公司，有一套科学的销售漏斗分析方法与关键商机检查辅导方法，并伴有统一的工具表格，从上到下，层层分解；从下到上，层层聚合。在进行业绩检视时，不讲废话和空话，多讲数据和事实。统一的管理语言，让公司的战略快速渗透到一线，也让一线的情报快速传递到高层。

销售漏斗管理，本质上是对销售过程进行管理。因为有好的过程，所以有好的结果。

统一的客户成功标准

所有的营销工作，最终的目标都指向客户成功。所有的营销工作者，最终的角色都是对客户成功负责的项目经理。因此，制定一个统一的客户成功标准，并以此来规范和评价解决方案的正确性，显得至关重要。

华为执行的是典型的项目型销售模式，其解决方案具有"定制"和"共创"两大特征。"定制"就是基于客户的需求，提供量身定制的解决方案，既要考虑满足客户现时的需求，又要体现可长远发展的"前瞻性"部署。"共创"则是要和客户一起进行解决方案的研讨与设计，而不是销售人员自己"闭门造车"，还自以为然。

什么样的解决方案才是最优选择？既要考虑自身对项目利润的合理需求，又要满足客户从哪些标准维度来衡量项目的成败。因此，每个项目在交付完成后，都要进行全面的复盘总结，看看是否达成了前期对客户做出的承诺；每个项目在进入正式运营阶段后，"铁三角"成员还会和客户定期召开价值实现衡量会议，真正地为客户成功保驾护航，陪伴客户的成长。

"客户成功"绝对不是一句空话，而是把"客户成功"形成一系列具体的、可衡量的预期改善指标，落实到解决方案的设计中，落实到对最终成果的衡量与检视中。只有这样，才能真正打动客户，赢得订单，更重要的是形成客户成功案例，以客户的口碑效应激发更多新的客户需求。

结语

除了明确统一语言，还有很多营销工作规划与执行的标准，如如何制订客户开发计划、如何定位客户的需求与痛点、如何衡量商机的结案强度、如何确定投标策略等。将营销工作标准化，在"铁三角"项目小组中形成统一的销售语言与行为标准，是大客户销售模式的大势所趋和最佳选择。

"铁三角"模式(3)：大客户销售中的"绩效激励"

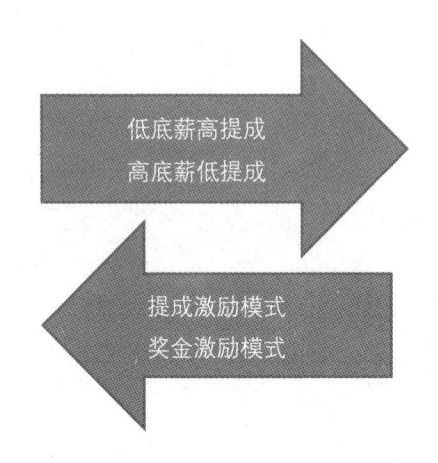

```
低底薪高提成
高底薪低提成
         →
         ←
提成激励模式
奖金激励模式
```

关于华为的"铁三角"工作模式，我前期已经论述了"协同致胜"与"统一语言"两个话题，本文着重谈谈"铁三角"中的绩效激励机制的设定方法。

华为的B2B生意，无论是运营商业务还是企业级业务，都属于典型的项目型销售模式，具有成单周期长、解决方案复杂且定制化程度高、需要高度紧密的内部协同作战等特点。其对销售人员（如AR）的绩效激励模式遵循"多劳多得"与"合情合理"的特点，做出的贡献的越多，回报就越大；既鼓励个人能力发挥，也充分考虑团队作战的整体努力。

和传统销售型组织一样，华为过往的销售激励模式，也由"基本底薪+绩效工资+业务提成+目标达成奖励+其他福利与补贴"组成。各激励项的设置依据与激励目的归纳如下。

"基本底薪"考虑的是对员工基本生活的保障，也是对员工工龄、学历、贡献度的综合评估。一般来说，销售人员的底薪高，意味着其承担的责任也大，销售目标也会设定得较高。

"绩效工资"更多的是考核员工的行为模式是否正确，是否合规，是否符合公司的价值观与企业文化；更多的是对销售过程性指标的考核与衡量，鼓励员工用正确的方式做正确的事情。

"业务提成"的设定与销售回款或利润值贡献的绝对值直接相关。例如，1 000万元回款的业务提成应该是100万元回款的10倍。当然，也可以通过设定阶梯式提成方案来进行优化，以体现回报与努力的正相关，而不是只体现回报与回款的正相关。因为结果可能与运气有关，为了1 000万元的回款付出的销售努力未必是100万元回款的10倍，甚至更少。

"目标达成奖励"可以根据实际情况进行多层设定。销售周期短的，可以设置月度目标达成奖励甚至是周目标达成奖励；销售周期长的，可以设置季度目标达成奖励，甚至是半年度或年度目标达成奖励。目标达成奖励一定跟目标达成比率直接相关，而不是与业绩实现的绝对值相关。这体现了因人而异的个性化激励思路。而目标高低的设定又与基本底薪及销售人员客户池资源的状况息息相关。

在各种激励项中，关于业务提成的设置争议最大，因为在华为现行的营销激励政策中，已明确取消了"业务提成"这个项目，取而代之的是体现团队协同作战的"奖金包"分配模式。不仅如此，我还发现，在一些业务模式相对成熟、目标客户资源也基本开发到位的标杆公司，鲜有看到"业务提成"的踪影。

这到底是怎么回事？究竟应不应该设置"业务提成"项目？如果没有"销售提成"这个与业绩贡献息息相关的"抓手"，又该如何设置绩效激励机制，既能充分激发销售人员的工作积极性，又能促进"铁三角"团队的协同作战热情与效能，还能充分体现绩效管理的科学性与合理性？

可以用辩证的思维，从正反面来分析一下"业务提成"模式的优劣。首先来看看"业务提成"项目优点及适用场景，看看为什么绝大部分B2B销售型组织仍然离不开"业务提成"这个激励项。

首先，"业务提成"模式体现了"多劳多得"的分配理念，能够鼓励销售人员多干活，多"产粮"。在团队中，20%的销售精英可以创造80%的销售业绩，也能够分配到80%的提成收益，这无疑是对先进者的肯定与表彰。

其次，"业务提成"模式体现了销售工作的差异化属性，符合其"攻城略地"和"开疆拓土"的任务特质。毕竟，不是所有人都愿意从事销售工作。即使知道销售工作意味着高收入、高回报，但业绩上的高压力，以及传统认知中的"用热脸贴别人的冷屁股"印象，还是会让大部分人对销售工作望而却步。企业希望用高提成、高收入来传递做销售工作的好处。

最后，"业务提成"模式能有效降低企业的固定人工成本负担。尤其是初创型企业或人员密集型企业，无法承担太高的底薪水平，转而选择"低底薪+高提成"的激励组合模式，颇有"重赏之下必有勇夫"的感觉。高提成机制一般不会出现养懒人和庸人的情况，因为此举必然令业绩优异的人收入更高，而业绩差的人也会因不堪忍受过低的基础底薪而自动离职。保险公司的"代理人绩效激励"模式采用无底薪制，就是该激励思路的极致体现。

当然，有利就有弊。随着企业业务的发展与组织能力的日益提高，"业务提成"模式也会出现很多劣势，列举如下。

首先，低底薪高提成模式不容易招到高素质、高学历的人才加盟。毕竟，高学历的人在选择工作时，往往会先判断一家企业的底薪水平是否与他们的学历正相关，是否能满足他们对物质和精神层面的基本需求。至于提成的高低、获得提成的难度大小，只有入职公司一段时间后才能慢慢感知到。因此，在个人收入兑现的时间上，底薪在前，提成在后。大部分人是不会将"提成比率"列入选择从事销售工作的优先考虑之中。

其次，"业务提成"模式容易滋生销售人员的盲目自大之心。业绩为零的时候，业务提成为零，只有取得高业绩才有高提成、高收入。渐渐地，销售人员会感觉拿到手的提成全是自己的心血，是自己应得的，与公司没有什么关系。尤其是当公司处于业务拓展难度高、为一线销售人员提供的支持有限时，销售人员的这种感觉会更加强烈。此时，销售人员会越加盲目自大，不会对公司心存感恩，甚至会跟公司斤斤计较，与其他同事争抢资源。公司虽然没少在"业务提成"这个激励项上付钱，却没有得到销售人员的尊重与珍惜。

再次，"业务提成"模式会加剧销售人员与其他支持部门人员的利益纷争。华为一直强调：组成"铁三角"的AR、SR、FR必须拧成一股绳，一起打仗，一起交流，甚至一起生活。白天大家都"泡"在客户那里，晚上则聚到一起分享各自的收获。试想一下，如果最终拿下了单子，但只有AR在那里吃香的喝辣的，而SR、FR却因为属于支持性岗位而只能分到"残羹剩饭"，这样的"铁三角"关系非但无法持久，反而会演变成"窝里斗"，最终失去战斗力，元气大伤。

最后，"业务提成"模式不利于关键人才培养与人才梯队建设。从逻辑上分析，业务提成与回款/利润的绝对值相关，而回款/利润的绝对值又与销售人员手头的客户资源和商机紧密相关。受"低底薪+高提成"的激励模式驱使，销售人员将手头的客户资源视为"私有财产"，而且随着销售工龄的增长，其个人利益与客户资源的连接越加紧密，就会出现围着老客户的老订单"啃老本"的现象。这个时候，如果公司想对销售人员实行轮岗制，想把他们调到别的岗位，或者想提拔他们到管理者岗位，销售人员会极力反对，宁愿一辈子被"锁死"在销售岗位上，也不愿意被人剥夺自己的"私有财产"。

读到这里，你是不是也开始有点质疑"业务提成"模式的合理性了？你是否也开始思考如何在企业中减弱甚至去除"业务提成"对企业发展的负面影响呢？

在华为有一些"任氏金句"流传甚广，如"胜则举杯相庆，败则拼死相救""铁三角不是三权分立的制约体系，而是紧紧抱在一起生死与共、聚焦客户需求的共同作战单元"。华为之所以能够摆脱对"业务提成"激励项的依赖，与其整体的、合理的绩效和激励体系密不可分，具体解析如下。

第一，不让销售人员为温饱问题发愁。虽然钱不是万能的，但是没有钱是万万不能的。华为虽然不断提倡艰苦奋斗的作风，但给销售人员的起薪普遍高于同业水平。按照驱动力3.0的原理，既然温饱问题和小康问题都解决了，"内在动机型驱动力"就会蓬勃而出，这是一种发现新奇事物、迎接挑战、拓展并施展才能、探索和学习的内在倾向。此外，高起薪也能让企业聚集高素质人才，而高素质人才又能引发高水平的业务竞赛与绩效产能。

第二，不搞"业务提成"模式，但可以搞"奖金包"模式。华为根据项目利润管控要求，留出一部分利润作为"铁三角"团队的短期激励奖金包，大家可以在奖金包中根据各自的贡献论功行赏，合理分配。当然，华为会给出一个在AR、SR、FR中可供参考的分配比率，但具体如何分配，由项目负责人灵活调配。在传统企业中，似乎只有AR在前方开疆拓土。而在华为，已经由AR的单兵作战转变成小团队作战，转变成面向客户的"铁三角"作战单元。奖励分配比率不会刻意向AR岗位倾斜，更多的是基于"铁三角"团队的岗位职责与业务贡献来确定。在华为，"以岗定级，以级定薪，人岗匹配，易岗易薪"也是执行"铁三角"激励制度的重要原则。

第三，执行差异化、多元化的激励模式。在华为，既有项目签约与交付成功的短期激励，也有完成年度目标的长期激励；既有对成熟市场深耕细作的激励，也有对空白市场和重点市场打攻坚战的额外激励。正如华为在2021年的内部文件中所指出的那样，要"建立当期激励和回溯激励相结合的机制""落实公司不让雷锋吃亏的激励导向"。你付出了，公司就会奖励你；你愿意勇挑重担，攻坚克难，公司就会重重地奖励你。而且，多元化的激励模式还有利于放大销售人员的视野与格局，使其不纠结于一时的个人得失，而是谋求个人与企业更长远的发展。

结语

事实上，无论是销售提成还是奖金包，归根结底都和销售人员的业绩贡献紧密相关。贡献越多，奖励就越高，只是在核算比率与分配方式上有所区别。当然，华为"铁三角"团队中的激励模式还与其面对的市场和客户特点有关，也与其企业文化和价值观息息相关，并不一定适合所有企业的销售管理模式。其他企业可以借鉴，但不可一味照搬。合适的，才是最好的。

搞错竞争对手是销售人员最大的失误

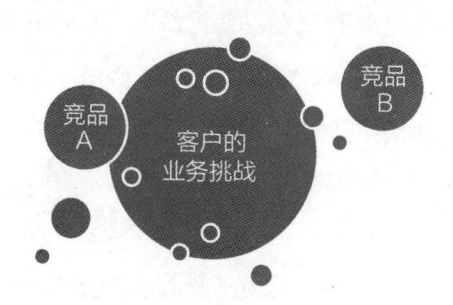

在B2B模式下,如果你问销售人员最烦和谁打交道,估计有两类人会榜上有名,一类是客户方的采购人员,一类是针锋相对的竞争对手。前者喜欢不由分说地对销售人员实施价格压榨,后者则可能直接抢走销售人员与客户的合作机会,让其白白辛劳一场。

本文主要讲一下竞争对手。

在同质化竞争日益激烈的今天,每次进行客户开发和商机推进,销售人员都要和若干个竞争对手一起向客户"争宠"。如果知道竞争对手具体有哪几个,还能有针对性地采取应对措施;如果无法知道竞争对手是谁,或者无法获取竞争对手的关键信息,那就只能盲人摸象了。

有很多销售人员告诉我:"我们的实力'用望远镜都看不到竞争对手',如果我们的产品和价格能够天下无敌该有多好!"这只是一个天真且美好的愿望,永远都不可能实现。而且,我发现,越是不愿意面对竞争对手,你的竞争对手就越层出不穷,无处不在,压得你喘不过气来。

能否摸清竞争对手的底细而"见招拆招"?能否找准竞争对手的"死穴"而一击即中?

我的答案是"能,也不能"。之所以说"能",是因为你可以通过发展客户方支持者来获取竞争对手的信息,从而有的放矢;之所以说"不能",是因为客户方关键角色众多且关系复杂,你根本无法全面知晓竞争对手在客户方的一举一动。很多时候，你只能靠经验判断来制定竞争策略与行动方案。

只有知己知彼，才能百战不殆。现在的问题是，你对竞争对手知之甚少，竞争对手的行动也让你防不胜防。如果你把工作重心放在提防竞争对手方面，最终的结局极可能是差强人意、稀里糊涂地输掉订单。

欧洲工商管理学院钱·金教授在《蓝海战略》（*Blue Ocean Strategy*）一书中，曾经提到"红海"和"蓝海"市场的概念。所谓"红海"，指的是已经充满激烈竞争的已知市场；所谓"蓝海"，指的是尚未开发的新的市场空间。该书对"蓝海战略"的阐述中有一个鲜明的论调："应该从与对手的竞争转向为买方提供价值。"

无独有偶，在一代"销售宗师"麦克·哈南所著的《顾问式销售》（*Consultative Selling*）一书中，也有几个鲜明的营销模式主张。

- 价格不再代表产品/服务或系统的成本，而是实现增值价值所需的投资。
- 竞争对手不再是同类产品的供应商，而是代表客户目前的成本与销售收入目标。
- 供应商的核心能力不再是销售优化的产品/服务，而是为客户创造更高的利润。

两位大师的论点竟然惊人的一致。原来，销售人员要抗争的是"客户目前的成本与销售收入目标"，要着力解决的是"客户正在面临的业务挑战和潜在风险担忧"，销售工作的努力方向不是"打败"与自己争夺客户业务的同行对手，而是致力于为客户创造更多的改善成果与增值价值。

一句话小结：你一直以为可怕的竞争对手其实并不可怕，你真正的对手是客户的业务挑战。只要你能够证明自己有战胜它的能力，就能获得订单。搞错了竞争对手，才是销售工作最大的失误。

理念转变了，接下来就要修正那些一直以来的行动误区。

我曾经辅导过一家企业，该企业长期受到"价格战"的困扰，最后终于明白了一个道理：不要让自己前进的脚步停留在与客户采购经理的"价格纠缠"上，因为销售人员的KPI与客户采购经理的KPI永远存在着不可调和的对立和矛盾。

该企业开始把目光从客户的采购和同行竞争对手身上移开，转而把工作重点聚焦到客户的技术经理、生产经理、项目经理等业务职能角色身上，与他们一起探讨如何通过供应商的技术，更好地提升客户方的收入、更有效地管控或降低客户方的成本，并且提出对"客户成功"负责的一系列有效举措。最终的商业结果是：销售人员的赢单率提高了一倍，客户成交单价相比之前提升了40%。

这家企业的销售负责人告诉我，客户方的业务职能负责人更加看重产品解决方案的适用性，以及能够给他们的绩效表现带来的预期改善成果。他们不关注采购的最终价格，也不会与销售人员讨价还价。他们只想找到"最好"的解决方案，并把他们的选择意见传达给执行层面的采购经理。这种自上而下的营销方式，被证明是行之有效和明智的业务策略。

下面来分析一下这种业务策略有效的缘由与合理之处。

首先，不论你与同行竞争对手的综合实力孰强孰弱，即使双方实力不相伯仲，只要你做好自己的本分，能够把自身产品解决方案的差异化卖点与优势向客户做出清晰、完整和准确的表达，同时能结合客户的业务实践，提炼出对客户的可预期、可量化的改善价值，就已经成功一大半了。

因为在大多数的情况下，你的竞争对手都是不懂得这样的道理和做法的。纵然他们与你实力相当，也无法做出这样的竞争优势与价值呈现，自然也无法像你一样获得客户的"芳心"。如果有一双千里眼或顺风耳，让你能够看到竞争对手在客户方的行为举止，你就会知道我这样的判断所言非虚。因为绝大多数销售人员都不懂得一个道理："狭路相逢勇者胜，勇者相逢智者胜。"这就是最朴实的竞争之道和成功秘诀。

其次，你要深刻地认识到，客户的购买行为是基于"痛则生变"的考虑。没有痛就没有改变，痛得越深，改变的动机就越强烈。客户之所以希望寻找一个新的供应商和一个新的解决方案，就是因为客户希望解决目前"火烧眉毛"的关键业务挑战，或者是因为客户对新的变革方案的潜在风险表示担忧。

解决这些挑战与担忧，并不是客户方采购经理的职责所在，而是由那些身处中高层职位的业务职能部门负责人负责。他们的KPI体系与这些亟待解决的业务挑战息息相关。因此，他们才是对供应商选型真正有影响力、有话语权的人。聪明的销售人员会独辟蹊径，在与客户方采购经理坦诚相待、处理好关系的同时，更多地和客户方业务职能部门负责人合作，为实现双方共同期待的业务改善成果而努力。

"知己知彼"中的"知己"，指的是销售人员要清晰地了解自身产品解决方案的差异化能力及优劣势。你当然能够获得公司的售前技术支持，但如果你让自己成为半个产品技术专家，就能在和客户交流的过程中，以及在对客户的需求洞察中，更加高效高能。

而"知彼"，不仅是指了解同行竞争对手，更重要的是多了解自己的客户：客户的业务挑战、客户的预期改善目标、客户方采购决策链上的关键角色、客户的评估流程和评估标准等。而对同行竞争对手的研究，不应该占用你太多的精力，因为最终做出购买决定的是客户，而不是你的同行竞争对手。

最后，还要把"知彼"和"知己"有效连接起来。就像"什么样的锁就配什么样的钥匙"，你能否把自身的解决方案与客户的业务挑战紧密连接，为客户提供有针对性的解决方案建议？你能否把自己解决方案的差异化优势与竞争对手解决方案的劣势紧密连接，确定最佳的竞争策略与标前规划？这些问题的答案才是你获胜的关键。

结语

销售人员需要摆脱"红海"竞争，找到新的"蓝海"，找到全新的解决问题的思路。因为，传统意义上的竞争对手不一定最具威胁性，只有不能有效帮助客户解决问题、创造价值，才是最彻底的失败。

一定要记住：真正打败你的，往往不是你的竞争对手；真正剥夺你达成生意的权利的，往往不是你的客户，而是你自己的不作为和作为不当。

防人不如立己，你真正的竞争对手就是客户当前面临的业务挑战；你最好的竞争策略就是帮助客户解决问题，实现客户想要的改善价值。

如何快速赢得客户的初始信任

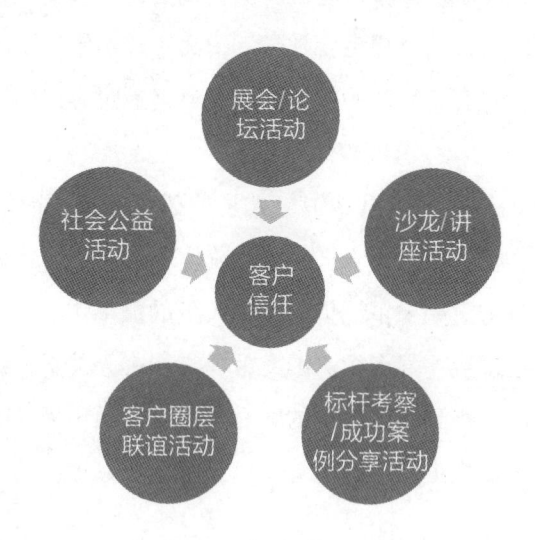

```
        展会/论坛活动
   社会公益活动        沙龙/讲座活动
          客户信任
   客户圈层联谊活动    标杆考察/成功案例分享活动
```

要想在销售竞争中立于不败之地，除了要有好的产品、好的服务、好的价格，更要有好的客户信任度作为基础。如果客户对你高度信任，合作推进就会变得顺风顺水；反之，如果客户对你半信半疑，甚至诸多怀疑，那销售过程就会举步维艰，处处受阻。

那究竟什么才是客户信任度？如何才能赢得客户信任呢？

有销售人员说："我天天去客户那里'泡'着，和客户成为好朋友，信任度不就有了吗？"

我想说，这只是培育人际关系的手段而已，并不等同于客户信任度。而且，你对客户过于殷勤，反而有可能让客户对你公司的真实能力产生怀疑。俗话说得好，只有实力价值不够，才用客情关系来凑。

建立客户信任度至少要注意以下几点。

第一，信任度与客户对供应商服务能力的认知直接相关。你的专业服务能力越强，实战经验越丰富，客户成功案例越多，客户就对你越加信任。说到底，客户最终购买的是你的解决方案与产品服务，而不是你与客户的人际关系。因此，仅依靠你与客户的私交，是无法建立真正的客户信任度的。

第二，信任度不是一朝一夕就可以形成的。客户对你从陌生到熟悉、从认知到认同的过程，需要你日积月累、持之以恒的品牌塑造与价值传递，这也是对你的耐心和信心的极大考验。而且，越优质的目标客户，其所接触的供应商资源就越多，对供应商的能力评估过程也就越长。耐力不够的销售团队在被客户拒绝一两次后就一蹶不振，只有高品质的供应商才能最终通过客户的层层考核，成功获得客户的信任。

第三，信任度的建立不能只靠销售人员的孤军作战。销售人员是公司的对外窗口，是公司在客户面前的代言人，此话确实不假。但销售人员的能力有高有低，其表现也有优有劣。如果单纯依赖销售人员的孤军作战，恐怕在大多数客户心目中建立的信任度都会差强人意。因此，只有从个人关系升级到组织关系，从销售人员的孤军作战升级到销售组织的联合作战，让销售人员既能在前方冲锋陷阵，又能得到大后方的炮火支援，借势营销，才能更好地推动与加速客户信任度的建立。

Easy Selling销售赋能中心曾长期跟踪与研究国内外众多标杆公司的业务拓展模式，尤其是它们在建立和强化客户信任度方面的成功实践，大致可归纳为以下几种营销活动类型。

- 展会/论坛活动。积极参加行业展会，或者以主办方或协办方的身份在有影响力的行业论坛中进行演讲活动，对于提升和扩大品牌影响力、建立客户信任度大有好处。关键在于，凡有此类品牌露出的机会，销售人员应尽全力邀请目标客户亲临现场感受与交流，并做好参会报道的后续二次传播。

  一般来说，展会/论坛活动的投入成本是最高的，人工成本、物件运输、场地租赁、展台搭建等，都是不菲的费用支出。既然投入了，就要将影响力做到最大。能够参加展会或主办大型论坛活动，也是企业综合实力与品牌影响力的直接体现，对建立客户信任度大有好处。

- 沙龙/讲座活动。你可以基于自己在特定解决方案领域的专业造诣与成功经验，策划或组织一系列专业度高、干货满满的线下沙龙或培训讲座活动，邀请目标客户中相关的重要人士参加。这时候，你的身份变成了"老师"和"专家"，可以对客户循循善诱和积极引导，最容易获得客户的认可与尊重。在疫情防控期间，更多的线下活动转为线上直播活动，其对客户的影响范围更广，活动组织成本更低，执行工作的难度更小。

有人说："我们的专业程度未必比客户方的关键人员更加专业，举办这样的沙龙/讲座活动会不会是'关公门前耍大刀——自不量力'呢？"其实，这种担忧实属多余。客户愿意来参加你的沙龙/讲座活动，就说明了他们对你的沙龙/讲座主题感兴趣，或者对你的专业服务能力感兴趣。而且，客户方中的有些人在专业上强过你，但不代表所有人在专业上都强过你。你要发展支持者，就要走群众路线，通过举办沙龙/讲座活动，获得更多的支持者和更高的支持度。

- 标杆考察/成功案例分享活动。耳听为虚，眼见为实。你可以从过往的交易中甄选出一批具有权威性和标杆示范价值的客户成功案例，发展成为相对固定的标杆考察基地，然后持续地邀请其他目标客户前来参观考察。这时候，你是"标杆"的创造者，受邀客户是前来向你学习和取经的，信任度自然就建立了。

当然，标杆考察活动必须精心策划，并形成可复制、可执行的活动流程。要知道，你可是付出了很大的努力，才把客户方的关键人员成功邀请来组团交流。如果考察活动的组织流程不顺畅、现场招待工作不周到，或者只是陪吃陪喝、走马观花，并没有让客户深刻地见识你的专业实力，那这样的考察活动就只会是赔本赚吆喝，并不能产生积极的效果。

- 客户圈层联谊活动。物以类聚，人以群分。人都有社交的需求，即使是有社交恐惧症的人，内心深处也希望自己能克服恐惧，与更多的人交流。同样的道理，客户也希望能与同行有更多的交流，以此积累人脉，分享信息。作为供应商，你正好可以起到牵线搭桥的作用，吹响客户圈层联谊的"集结号",以东道主的身份把相同行业、相同需求的客户聚在一起交流和分享。此时,你是"主人",客户是"客人",你处于人脉资源的金字塔尖,拥有能够影响客户的"王者荣耀"。

大多数标杆级的B2B销售型组织都乐于开展客户圈层联谊活动,而且形式多样,主题不一。在不同的区域、不同的行业客户圈层,融专业交流、休闲娱乐、人际社交于一体,既有对老客户的感恩,也有对新朋友的欢迎;既能传递公司的价值主张,又能加深和客户的人际关系。

- 社会公益活动。越来越多的企业热衷于投身社会公益事业,希望在公众心中树立有社会责任感的企业品牌形象,博得客户更多的好感与尊重。"带着私心做公益",不仅能把公益做好,还能间接地把品牌宣传做好,一举两得,事半功倍。当然,公益事业无须"偷偷地做",而要大张旗鼓地做,不仅要让客户知晓,还可以邀请客户一起参与,此举有百利而无一害。

能力越大,责任越大。试想一下,如果一家公司正面临关键的生存危机,恐怕只能看得到脚下的路,顾得上眼前的生意经营;而如果一家公司如果能够腾出精力积极投身公益事业,说明这家公司不仅三观端正,而且发展状况良好,实力出众。不用多说,客户一定更愿意和优秀的供应商携手合作。

以上这些营销活动,因为有公司层面的组织与运营,有更多的关键意见领袖(Key Opinion Leader,KOL)与强IP(公众人物)参与其中,所以规格更高,势能更大,对目标客户的吸引力与影响力也更强。此外,如果这些营销活动可以持续地规划与开展,销售人员完全可以此为主轴,不断地邀请客户方的关键人员前来参与,将其作为激发新客户好奇心与信任度、做好老客户关系维护与需求深挖的最好"抓手"。

有家公司的销售副总监告诉我,以前他们公司销售人员的工作模式非常单一,每天昼出夜归,不停地外出拜访客户,不停地游说客户。很多销售人员因为自身表达能力不佳,或者对公司的产品专业知识掌握不精,不仅无法打动客户,反而还会给客户留下不好的印象。后来，公司通过组织以上列举的市场营销活动，并邀请最具权威的KOL进行主题演讲和解决方案解析来打动客户，并给客户留下好形象。因为只要销售人员能够把客户邀请到公司营销活动的场域之中，就能更有效地把公司的价值与实力直接展现在客户面前，加速客户信任度的建立。也就是说，销售人员主要负责和客户搞好关系及邀请客户，公司负责选派"高手"进行现场讲解，大家互相配合，取长补短，相得益彰。

需要特别指出的是，在这样的营销活动中，销售人员能否邀请到保质保量的目标客户前来参加，能直接检验出销售人员的获客能力及与客户人际关系的品质。

结语

没有信任度，就没有成交的可能性。如果想在与客户接触的初期加速建立和强化客户的信任度，需要在"销售行为"与"市场行为"两个维度共同发力，两手都要抓，两手都要硬！

见机行事 vs 见客行事

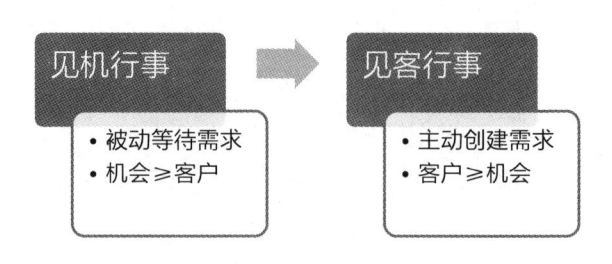

```
见机行事  →  见客行事
• 被动等待需求      • 主动创建需求
• 机会 ≥ 客户       • 客户 ≥ 机会
```

B2B销售型企业有两个同步推进的工作重点：新客户开发与老客户关系维护。前者关系到目标客户的覆盖面与市场占有率，后者关系到客户的合作深度与销量的稳定性。在市场竞争中，当面对新客户或老客户时，作为负责创造业绩的销售人员，到底是先盯着客户，还是先盯着销售机会？这是一个必须厘清且对可持续业绩产出有重要影响的思考点。

很多人会选择先盯着销售机会。因为他们认为在没有销售机会的客户身上付出努力无异于浪费时间。这样的做法是否有错呢？

在给一家建筑工程企业上课时，有位学员跑过来请教我："老师，我刚刚拿到了一家客户的招标通知书，我觉得我们的服务方案与客户的需求还是非常匹配的。我给客户打了几次电话，想做个登门拜访和面对面的需求沟通，但客户总是以各种理由拒绝和我见面，只告诉我做好标书正常参加投标就行了。请问老师，接下来我应该怎么做才好呢？"

我反问这位学员："你之前接触过这家客户吗？客户对你们有认知度和信任度吗？在这家客户，你有什么支持者吗？你在招标网站上发现这条需求信息之前是否对客户了解甚少？"

学员的回答也证实了我的判断。如果客户对你没有认知度和信任度，如果客户已经有了心仪的合作商，只是用招标模式走个过场，作为一个后知后觉的"迟到者"，你不仅难以得到客户的青睐，在竞标中获胜的希望也是微乎其微。

"先盯商机，再拓客户"的销售人员，平时不愿投入时间与暂无活跃需求的客户做关系维护。等到该客户有商机出现时，才想着投入精力与其建立关系和发展支持者，就容易遭遇"闭门羹"，被客户拒之门外。我称之为"见机行事"的销售行为模式。

而"先拓客户，再盯商机"的销售人员，会先用心地培育客户关系，建立客户对自己的信任度和支持度。当客户有商机出现时，自然就能占据先机，提高赢单率。我称之为"见客行事"的销售行为模式。

对"见机行事"说不

"见机行事"中的"机"为"商机"，是指客户主动向外寻求解决方案的活跃需求。以下3种拓客模式可以归结为"见机行事"。

- 对于工程类、设备类、项目类领域的客户需求，销售人员会通过一些政府/行业招标网站来获取活跃需求信息，然后制定相应的投标策略和投标方案，争取中标。
- 对于原材料、工业品或零部件领域的客户需求，老客户会循环不断地向供应商下订单，而销售人员更多的是做好老客户的订单服务跟进与关系维护工作。
- 由于公司的品牌宣传或市场推广举措，销售人员会接到一些主动送上门来的商机，如客户主动来电咨询产品解决方案等。销售人员会跟进这些机会，然后引导客户成交。

"见机行事"虽然也能侥幸斩获一些订单，但对公司销售业绩的可持续健康增长会形成巨大的"瓶颈效应"。可简要分析如下。

- 销售人员能捕获到的由客户主动发出的活跃需求只是少数，还有更多的目标客户处于"潜在需求"状态，并没有主动寻找新的解决方案。如果销售人员一味地守株待兔，被动等待，就意味着把绝大多数的潜在销售机会拱手让给了那些懂得"先下手为强"的竞争对手。
- 销售人员遇到活跃商机时，一定会全力争取赢单，但"闻到腥味前来夺食的绝对不止一头狼"。这无异于与竞争对手"近身搏杀"，状况必定惨烈之至。虽然说"狭路相逢勇者胜，勇者相逢智者胜"，但如果你没有数倍于竞争对手的差异化实力，大概率会"输单"。

- 客户有需求的时候，销售人员笑脸相迎；客户没需求时，销售人员置之不理。由于销售人员缺少与客户的"日久生情"，导致客户对销售人员没有信任度与人际好感。这会导致销售人员被客户"牵着鼻子走"、被迫低价让利、赢单率低等一系列严重后果。

我始终强调，化被动为主动，将"见机行事"的拓客模式升级为"见客行事"，这是在营销理念和营销行为层面的重要升级与必然趋势。

如何"见客行事"

"见客行事"的最大行为特征就是"主动出击"，即无论目标客户有无提出活跃需求，只要评估其符合你的目标客户标准，只要你认定客户可以用你的产品解决问题，就应该主动提前与客户接洽，建立和培育客情关系。这种行为模式，能有效地把目标客户从潜在需求状态推进到活跃需求状态，你也因此可以先入为主地成为客户心目中真正的优选合作对象。

如何要做到"见客行事"？以下3个最佳"战术锦囊"可以参考实施。

首先，企业必须建立一个科学的客户资源分配模式。确保主要的潜在目标客户正在被自己的销售人员尽责地跟进，做到"一个都不能少"，没有客户被怠慢和被忽视。

具体到行动上，有3个配套管理机制。第一个是客户优先跟进机制。销售人员A跟进的客户，销售人员B就不能重复跟进，更不能恶意抢单。这样的话，销售人员A就可以专心、耐心地对自己跟进的客户进行关系培育。第二个是客户档案完善机制。既然销售人员A拥有了对自己客户池中客户资源的优先跟进权益，那么他就有责任和义务按照公司要求，做好客户信息的录入工作，包括但不限于客户概况信息、联系人信息、客户跟进记录信息、商机信息，并做好及时更新。第三个是产出预测管理机制。对于分配给销售人员A跟进的优质客户资源，A应该向公司做出对每家重点客户的产出预测承诺，并全力达成。否则，公司为什么要把这么优质的客户资源优先分配给他跟进呢？

需要不断申明的是，客户资源是公司的资产。销售人员对客户的优先跟进权，是一种权力，更是一种责任。

其次，企业必须建立科学的客户验证与评估体系，以确保要跟进的目标客户是与企业的产品解决方案相匹配的。任何一家公司的产品解决方案都有特定的目标客户群体，没有任何一款产品能够满足所有客户的需求。

企业不仅要定位与自身能力相契合的目标客户，也要具体分析与客户的业务合作潜力，并据此把客户按照重要程度进行评估分类。许多销售组织都没有做到以上要求，常常导致"眉毛胡子一把抓"，客户开发无重点，营销投入无方向，最终只能是事倍功半、事与愿违。

有了合理的客户评估分类，企业就能审视销售人员手头的客户资源类别结构是否合理。设想一下，一位能力不足的销售人员如果占据着大量优质目标客户资源，那就可能"贪多嚼不烂"，导致客户难以被充分开发。而业绩产出不佳的销售人员，也可能是因为其跟进的客户资源品质不高。

最后，企业要根据不同类别的客户制定相应的覆盖跟进策略，并且坚决予以执行。越重要的客户，越难以接近与走近，但这种挑战对所有的供应商来说都是一样的。一旦攻克了优质的客户，势必给销售方带来更大和更稳定的回报。

正因如此，越重要的客户就越要投入充分的营销资源进行覆盖跟进。对于次重点客户，销售人员要做好时间与精力的合理分配，要把有限的资源投入到最有价值的客户和商机身上。对于非重点客户，则可以依靠市场传播手段与微营销工具，慢慢地熏陶和培育，就像煮一壶水，让水慢慢升温，不断累积热量，终有沸腾的一天。

结语

营销资源是有限的。只有策略性地投入,才能战略性地产出。

一个只会捕捉活跃机会的人,能力再强,也只能"近身搏杀"。纵然英勇非常,也难逃"杀敌一千、自损八百"的结局。只有善于捕捉潜在机会,方能占据先机,获得更多的客户生意参与机会。从"见机行事"到"见客行事"的转变,是销售人员拓客模式的重要转型升级,也是提高工作效能、实现业绩倍增的最佳营销战略。

B2B 营销模式必须"两条腿走路"

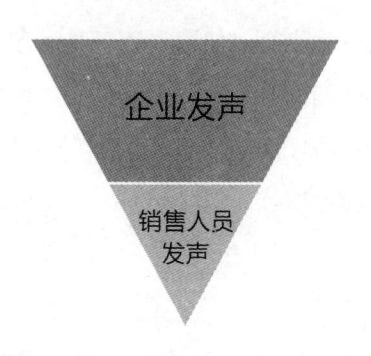

```
       ▽
    企业发声
      ▽
   销售人员
     发声
```

　　B2B和B2C是两种差异很大的销售模式。不难发现，在B2C模式下，消费者听到的更多的是企业的发声。他们通过各种广告与品牌事件营销，让消费者充分了解产品的功能卖点与品牌调性，从而产生购买行为；而在B2B模式下，消费者听到的更多的是销售人员的发声。他们在大量的客户接洽与拜访活动中，一对一地宣导公司的产品与服务价值，努力说服和打动客户，促成合作。

　　有意思的是，B2B模式下的企业似乎并不热衷以官方身份做太多"抛头露面"的活儿，可能是觉得那些B2C企业常用的宣传手段并不适合自己。B2B企业更多地依赖销售人员在一线"单打独斗"，而企业更多地隐居幕后，为销售人员提供所需的技术和价格支持。

　　可以把"企业发声"和"销售人员发声"作为向客户进行价值传递的两种渠道。

　　在B2C模式下，消费者更多的是冲着企业的产品特性与价格优惠来做出购买决定。而且产品的受众面广，广告效应可以渗透到千家万户，因此采用企业发声而不是销售人员发声的方式来设计营销模式是有很大的可行性与合理性的。事实上，B2C场景中并不存在真正意义上的专业销售顾问，线下更多的是导购员的角色，线上更多的是客服或店小二的角色。

　　而在B2B模式下，我特别强调"企业与销售人员必须同步发声"，要学会

"两条腿走路",齐驱并进,不可有失偏颇。这个观点还要从我亲历的一个真实客户案例说起。

疫情防控期间,我为一家设备工程类企业提供销售绩效改进的咨询服务。该企业主要有两种集客模式:一种是参加行业内的各种主题论坛,有时也会通过赞助方式获得一些登台演讲的机会,但更多的还是以参会者的身份去了解行业最新信息,也借此认识一些新的同行和目标客户;第二种是传统的客户拜访形式,销售人员从各种渠道获取新的目标客户联系人信息,从电话接洽到客户拜访交流,从结交一个联系人到认识多个联系人,一步一个脚印地在客户内部"攻城略地"。

该企业的集客模式也有两大特色:"线下接触"与"单兵作战"。也许是基于工程设备销售行业的传统做法,销售人员都不习惯通过社交媒体或电话形式维护客情关系,而是更习惯与客户做面对面的交流,也因此产生了大量的差旅费用。

我多次走进该企业的销售团队办公区,所有的办公硬件配置一应俱全,但办公区总是空空荡荡的,见不到销售人员,甚至连本应"运筹帷幄之中,决胜千里之外"的销售管理人员都了无踪影。另外,该企业的市场部门几乎从来不主动组织有规划性的市场营销活动,即使收到一些行业论坛信息,也只是由销售人员自行决定是否参与及如何参与。

我很快就发现,这家企业集客的速度与质量几乎全部依赖销售人员的个人能力与积极性。此外,因为缺少组织层面的营销推广举措支持,企业品牌的知名度与美誉度、商机的质量与赢单率、综合销售成本、企业内外部的沟通效能都处于一个非常低效和糟糕的水平。

更严重的是,行业内充斥着针对该企业的大量负面言论,如质疑该企业技术能力不强、交付质量不好、很多客户工程出现返工事故等。这些不利的信息,如发酵一般在目标客户群中快速传播,直接导致该企业的业务拓展工作处处受阻,甚至在某些重大商机项目中,连参与投标的资格都无法获得。根据销售人员反馈的情况,这些信息有很多是竞争对手恶意散播的。虽然销售人员在客户面前极力解释和证明，但还是无法得到客户的理解与接纳。

造成该企业如此经营困境的根本原因在哪里？应该如何破解？而且该企业的情况并非个例，大部分B2B销售型企业都可能或正在经历这种情况。

因此，企业与销售人员必须同步发声。单靠销售人员一张嘴，势单力薄；只有有了企业的强势发声支持，才能势如破竹，拨乱反正。这就是解决问题的关键。

下面来分析一下"企业发声"的巨大威力吧。

想象一个常见的工作场景。

销售人员李明好不容易电话接洽了一家新客户的采购经理王强，约了对方多次，终于获得了见面交流的机会。李明做足了功夫，"跋山涉水"，带着厚厚的公司宣传册与产品样本登门拜访。与王强的首次见面，只用了30分钟不到。之后，李明继续公关，不懈努力，不仅和王强交上了朋友，还被其引荐给客户的采购总监刘军。总监显然比采购经理更难接近。李明与刘军的每次沟通都是匆匆忙忙，草草结束。李明心里很清楚，要想与对方建立合作关系，必须"搞定"刘军。除了搞定采购部门，还要搞定该客户的业务、生产、研发、总经办等多个部门的负责人，这注定是一个漫长和艰辛的"拓荒"征程。

看看这个场景，你感觉怎样？如果你是李明，你是否有一种无力感？你是否希望得到更多的支持，以加速和强化对该客户的开发速度？

事实上，这是B2B场景中极为普遍的"自下而上"的业务开发模式。销售人员从客户采购链的基层人员开始切入，一层一层地往上突破，直到见到客户的决策者，并获得采购链上绝大部分人的支持和共识，最后大功告成。

这像极了"推着石头上山"，越往上走，精力耗损就越大，人也会越疲惫。更加吃力的是，客户方的关键人员越是"位高权重"，就越会给人一种"居高临下"的压力。我见到过太多的销售人员，他们经验不够丰富，心态不够自信，专业不够厚实，在独自面对客户高层时，连说话都会变得结结巴巴，手足无措。

此时，如果那些习惯"躲"在销售人员背后的企业能够站出来，调动更有力度的营销资源，发挥更具权威性的官方影响力，与销售人员一起，直接向客户发声，势必建立和强化客户对企业更大的信任度和好奇心，让销售人员的市场拓展工作更加顺风顺水、得心应手。

在互联网和社交媒体盛行的今天，通过举办市场营销活动来实现集客与创建需求的目的，已成为大部分B2B销售型企业的战略共识。如常见的沙龙、论坛、直播、展会、客户答谢会等，无论是采用线下活动还是线上活动形式，都有着很强的实战效能与可操作性。

最近，有位B2B客户高层通过他们的最佳实践向我揭示了"企业发声"的操作原理。在疫情防控期间，该客户的市场部组织了一系列在线直播活动，邀请了公司内部众多的高管人员与技术大咖，轮流"开坛讲座"，把公司最新的产品技术与方案价值一一向目标客户传播。其作用具体如下。

首先，在直播间里侃侃而谈的都是在其公司或行业内有着不错声誉的个人IP或KOL。他们的专业能力与表达能力相比普通销售人员更强。而且，在这种"一对N"的宣导模式下，主讲者有着天然的"高光效应"，其观点与主张更容易得到客户的认可与信任。

其次，来到直播间的观众都是收到企业销售人员的邀请，以及被本次直播的嘉宾咖位与主题内容所吸引而自愿参与的人群。没有人强制他们前来参加学习与交流，也没有人干涉他们自由进出直播间的权力。观众恰恰因为具有"想学习""爱学习"的主动自发性，所以更容易、更愿意接受直播嘉宾传递的信息与思想。这一点与学习技术中强调的"主动学习才是有效学习"观点不谋而合。

再次，企业的直播活动具有裂变级的传播效果。虽然在直播当天，受主客观因素的影响，直播间里未必有成千上万名观众，但是在直播结束后，公司仍然可以借助官网、公众号、第三方公众媒体进行二次传播。销售人员也可以把本次直播的图文信息及直播链接精准地推送给更多对此话题感兴趣的目标客户。这样做的好处就是，把直播影响力扩大了十倍、百倍甚至更多，而传播的成本近乎为零。

最后，企业直播与销售人员的地面渗透形成了有效互补。现代战争都强调"海陆空协同作战"，力求战斗效果更好、获胜周期更短。对客户的开发工作也是同样的道理。活动中，公司的责任是规划和组织有品质、有价值的市场营销活动，而销售人员的责任是努力邀约目标客户联系人前来参加。活动结束后，销售人员可以借势出击，基于在市场营销活动中建立的客户信任度，更容易获得客户方的关键人员的接纳与认可。

结语

其实，不管是线上的直播活动，还是线下的营销活动，其共性都是利用企业的权威发声，为销售人员的市场开拓动作加油助力，让"推着石头上山"变成"推着石头下山"。以前是"自下而上，举步维艰"，现在是"自上而下，全面开花"。如此有力的营销模式，是B2B销售模式中提高客户开发速度与质量的最佳举措。

急功近利的市场营销活动要不得

激发客户兴趣 ＋ 创建客户需求 ＝ B2B市场营销活动目标

上一篇文章《B2B营销模式必须"两条腿走路"》，强调了企业与销售人员同步发声的重要性。很多企业因此受到鼓舞，纷纷开启了举办市场营销活动以助力销售的节奏。有些企业做得很好，也坚持得很好；但也有不少企业举办几场活动后便偃旗息鼓，重新回到靠销售人员在前方单打独斗的老路，原因无外乎活动效果不好、团队内部意见不一、销售人员参与热情不高、参加直播活动的客户人数太少等。

为什么在执行同一件事情上会出现"几家欢喜几家愁"的局面呢？

根据Easy Selling销售赋能中心的调研，B2B企业市场营销活动成败的关键首先在于是否急功近利。如果企业过于急功近利，认为只要投入就必须马上有回报，大概率会以失败告终；如果企业目光长远，持续开展市场营销活动，谋求中长期回报，就会取得好结果。

急功近利的市场营销活动为什么要不得？

首先，B2B销售模式最典型的特点就是客户采购周期长、采购评估中的参与角色众多。例如，某客户采购决策链上的张科长参加了你公司举办的市场营销活动，对你公司赞赏有加，也愿意成为你公司的支持者。但客户方还有李科长、王处长等其他关键人员没有来参加活动。因此，要想获得客户方的最大支持和共识，你还需要持续开发和保持耐心。可喜的是，有了张科长的支持，对客户的深度开发就会变得容易起来。

其次，市场营销活动的主要目的应该是激发客户兴趣，创建客户需求，而不是简单的成交。在B2C模式下，消费者在参与活动时，可能会做出很多感性购买决策。而在B2B模式下，客户做出的更多的是理性决策和集体决策，因此要实现现场成交极为困难。此外，前来参与活动的客户未必都是带着活跃需求来的，更多人只是有潜在需求，或者只是出于好奇心来看一看，做个初步了解。在这种情况下，成交哪有那么容易呢？

最后，中国人讲究"日久见人心"。要想让一个陌生人对你从认知到认可，再到坚定地信任，需要经历多次接洽与沟通了解。例如，张科长第一次参加你公司举办的活动，印象还不错。接下来，张科长和他的同事还可以第二次、第三次甚至更多次地参加你公司的活动，不断加深对你公司的好印象。等到这家企业有活跃需求时，你公司就会成为他们首选的合作对象。试想一下，如果企业的市场营销活动搞了一两次就再偃旗息鼓了，又如何与客户"日久生情"呢？

由此，如果要对市场营销活动的目的做出正确定位，那一定是影响更多的客户、激发客户兴趣、建立客户信任度、获得中长期回报等。

好了，既然有了正确的定位，接下来就从5个方面详细论述市场营销活动正确的"打开姿势"。

首先，要建立愿景共识，不能因循守旧。在B2B销售型企业中，如果只有市场部门有意识、有计划组织开展市场营销活动，其他部门只是冷眼旁观，或者干脆就等着看市场部门的笑话，这事一定做不成；如果刚做了一次市场营销活动，企业领导就追着你问现场成交了多少订单，如果订单少，就对你冷嘲热讽和质疑你，这事也做不成；如果市场部门拟订了一系列活动计划，邀请公司一众高层轮流"站台"担任分享嘉宾，但大家纷纷推诿，不愿抛头露面，这事更做不成。当然，还有很多"做不成"的情况。究其原因，归根结底就是缺少愿景共识。

正确的"打开姿势"应该是：从企业层面到部门层面、从核心高管到普通员工，从营销战略到行动举措，大家必须对市场营销活动拥有正确的认知与坚定的必胜信念。事实上，来自企业决策层的倡导、支持与关注，是项目成功的最重要保证。

其次，要目标导向，不能高举低打。不少的企业习惯做"语言上的巨人，行动上的矮子"。好不容易计划了一场市场营销活动，时间、地点、嘉宾、主题甚至宣传海报都出来了，好戏终于要开场了。但遗憾的是，接下来似乎没有人对这次活动的效果与结果负责。市场部"行尸走肉"般地把活动预告信息挂在官网和公众号中，或者花点钱在一些行业网站平台上投一些广告，便"静等花开"；销售部门也没有积极响应，也不全力去邀约客户，或者只是敷衍地转发一条朋友圈信息就草草了事。结果是：活动现场或直播间的客户稀稀拉拉，龙蛇混杂。一场看似高大上的活动策划，却成了一场高举低打的笑话。

正确的"打开姿势"应该是：即使你的市场营销活动属于中长期投资，不能带来立竿见影的签单回报，也应该为本次活动制定可量化的过程性目标，如邀约客户标准、参会人数、平均在线时长、问卷回收数量等。此外，对于活动结束后还要做哪些后续跟进动作、哪些效果转化举措、哪些效果衡量活动，都要规定清楚、执行到位。这样才能目标导向、知行合一，不走形式化。

再次，要脚踏实地，不能求全责备。有一家B2B企业，终于鼓起勇气要开展市场营销活动。但第一场活动怎么搞？怎样才能"开好第一炮"？大家讨论了很久。最后的共识是活动必须求高、求新、求全，不出手则已，一出手必须名震天下。因此，活动计划中明确了找哪个五星级酒店、邀请哪位行业领袖出席、设计哪些有格调的会议流程等。但到了执行环节才发现：酒店租赁费用太高申请不到预算，行业领袖没空出席，过于花哨的流程也缺少相应资源的支持……因此，所有"高逼格"的设想都只能作罢，大家只能回到起点，重新规划。一来二去，大家的热情消逝了，最佳的活动举办时机错过了，当初的雄心壮志也变成了不了了之。

正确的"打开姿势"应该是：无须求全责备，走出第一步至关重要。追求极致的想法本身没错，但如果因此而张不开嘴、迈不开腿，迟迟难以付诸执行，就不应该了。而且，企业的市场营销活动不是浅尝辄止，而是会在未来持续地举行。即使第一次未能做到最好，也可以吸取经验教训，后续改进。毛主席说过："在战争中学习战争。"只要不偏离主要行动目标，脚踏实地，勇敢实践，就能迈出第一步。

再次，要分工明确，做到人人有责。市场部门是企业层面市场营销活动的规划者与组织者。从现实情况来看，无论市场部门的工作有多杰出，无论其手中持有的传播平台资源有多大威力，但其也无法保证将市场营销活动的邀约信息传达给每个目标客户。谁能做到这一点？是的，销售人员。因为销售人员天天与客户打交道，他们知道哪些客户对这个话题感兴趣，哪些客户正在寻觅这样的解决方案。销售人员可以通过微信、电话或实地拜访等方式一对一地进行活动信息的传播与邀约，这样才能真正确保客户邀约目标的顺利达成。

正确的"打开姿势"应该是：明确本场活动的邀约到会目标，然后将目标分解到每个销售团队和销售人员手中，要求大家全力达成，并辅以奖惩措施。另外，还要制定一个销售人员在信息传播过程中的行为标准，如何时在朋友圈分享及分享多少次，对不同类别的客户联系人应采用怎样的接洽与传播方式，要将活动信息覆盖到多大范围的目标客户，等等。有了目标和行为标准，再做好过程中的检查与反馈，就能保证市场营销活动成功举办。

最后，要做好规划，避免杂乱无序。企业在规划市场营销活动时通常会犯两个错误。一个是"总分不明"，即总公司的市场营销活动与各区域分公司的市场营销活动缺少统一的规划。有时候只有总部在热火朝天地做规划，而分公司只是被动地等待总部的指示与安排；有时候总部在规划，分公司也在规划，因缺少有效的整合与调度，出现了严重的资源浪费。另一个是"缺少节奏"，即一段时间市场营销活动频频开展，大家为此疲于奔命；另一段时间市场营销活动却又迟迟不开，销售人员的工作缺少来自企业发声的势能支持。这种忽紧忽松、心血来潮般的市场营销活动，会严重干扰和打乱正常的销售工作节奏，还会成为一种人人厌烦的工作负担。

正确的"打开姿势"应该是：既要有企业总部层面的活动规划，也要鼓励各分公司独立开展有区域特色的市场活动。分部向总部做活动规划报备，总部对分部做出工作指导与活动排期的统一调度。另外，还可以分季度做市场营销活动规划，提前向全体营销团队发布规划，方便销售人员提前做出工作规划，以企业的市场活动为主轴，做好活动邀约，最大限度地支持新客户的需求创建与老客户的关系维护。

结语

从单靠销售人员发声到企业同步发声，从一时冲动的发声到科学且持续地发声，市场营销活动已经成为B2B销售型企业最重要的营销策略，加速了客户的开发与关系的培育进程。

最后，送给大家美国著名军事统帅乔治·巴顿将军的一句名言："我宁愿有一个被很好地执行的好计划，也不要一个完美的却从来没有执行过的计划——你必须准备好把计划付诸行动，否则什么也不会有！"

我们不是销售人员,只是价值的搬运工

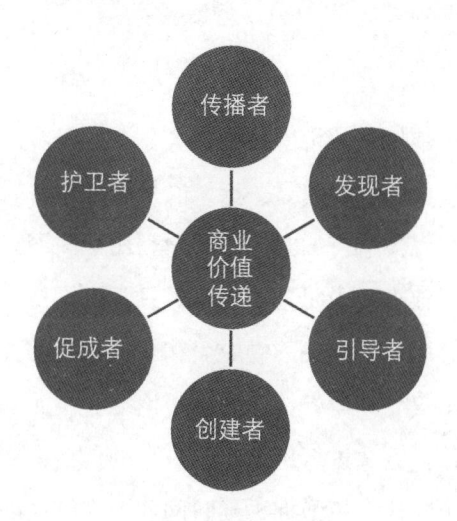

```
        传播者
   护卫者    发现者
        商业
        价值
        传递
   促成者    引导者
        创建者
```

农夫山泉的广告语是:"我们不生产水,我们只是大自然的搬运工。"这句广告语朗朗上口,让人记忆深刻。有一天我在给某企业上专业销售方法课程时,突然当场冒出来一句话:"我们不是销售人员,我们只是价值的搬运工。"居然引起了学员们的强烈共鸣,被誉为我培训课程里众多"金句"中的"年度最佳"。为什么大家这么认同这句话?这还得从我对销售工作的本质的探寻开始说起。

一般人认为"销售工作就是卖东西",把产品卖给客户,获得收入,就这么简单。

也有少部分人认为"销售工作应该是帮助客户解决问题,创造价值,从而获得收入回报",这种回答显然比第一种的境界高出很多。

而我的理解是,"销售工作就是传递价值"。与之相应,销售人员最应该扮演的角色是"商业价值的传递者",把产品价值传递给客户,转换成可量化、可实现的客户价值。

打个简单的比方,客户花100元购买了你的服务,也因此多挣了200元收入或降低了200元的成本,投入回报比为100%。这就是从产品价值向客户价值转化的体现，是买卖双方都期待看到的结果，让人振奋。

但是，从产品价值向客户价值的传递与转化，绝对不是一件容易的事情，因为客户可能不相信你说的话，不愿意尝试新的改变。怎么才能让这些不愿意改变的目标客户最终鼓起勇气去改变，并且实现其预期的改善目标呢？这恰恰是销售工作最大的价值所在。

要成为商业价值的传递者，至少要在以下6个方面展开努力。

第一，销售人员必须做好"价值的传播者"。激发客户兴趣，建立客户的好奇心与信任度，永远是成功销售的第一步，也是极为重要的一步。

这是互联网和社交媒体盛行的时代。客户利用互联网获取信息的能力越来越强，也因此变得越来越独立和聪明。他们不再只听信销售人员的一面之词，而是能够从各种途径、多维度地获取关于供应商和解决方案的关键信息，以自我引导采购进程。因此，你不仅要利用好传统的线下论坛、沙龙、展会、培训活动，还要积极使用各种在线传播方式进行价值主张信息的传播，如微信、邮件、直播、讲座、连麦等。在这个时代，拒绝拥抱互联网和社交媒体的销售人员，注定只会事倍功半，最终被时代淘汰。

谁是你的目标客户？他们正在面临怎样的业务挑战？他们对工作中的什么话题感兴趣？他们需要得到怎样的引导与帮助？你能够提供怎样的解决方案与改善价值？这些问题的答案是你设计和传播价值主张信息的指导方针。客户成功案例、行业白皮书、行业发展趋势报告、最新的技术方案解读、原创思想文章等，都是最好的价值传播内容。

第二，销售人员要做好"价值的发现者"。销售人员要对销售机会有敏锐的嗅觉，像狼一样快速闻到肉的味道。在锁定目标客户、做好价值主张信息传播的过程中，要不断地培育和强化客户关系，与客户"泡"在一起，时刻关注客户的最新业务发展规划与变革动向，第一时间捕捉到与你的解决方案相关的销售机会。

好的机会是不会轻易主动送上门的。主动送上门的机会，也并非各个都质量上乘，更多的是龙蛇混杂。因此，销售人员不能一味地、守株待兔式地"坐等靠",而要主动积极地在客户身上创建和发现优质的销售机会。此外,"火力"要刻意集中,把80%的时间和精力投入到客户资源池中约占20%的优质目标客户身上,从根本上确保销售机会在数量上的稳定与充盈,以及在机会质量上的高品质、高回报。

第三,销售人员要做好"价值的引导者"。越是偏技术导向的、复杂程度高的采购项目需求,客户越是难以独立地制定科学合理的需求标准。正因如此,客户才愿意和供应商主动接触,以了解市面上都有哪些主流的技术及可行的解决方案,进而明白对供应商的能力资质应该设定什么样的门槛,对供应商的解决方案应该提出怎样的具体要求。

三流的企业卖产品,二流的企业卖服务,一流的企业卖标准。"先入为主,设定需求标准,成为客户心目中的Mr. A",这是我在培训课堂上强调最多的一句话。销售人员不能一见到客户就开始"卖东西",而要以行业顾问或解决问题的专家的身份,帮助客户定位问题,分析问题,进而帮助客户构建一个既科学合理又倾向于己方解决方案能力的需求标准。这才是双赢合作的真正开始。

在价值引导环节,如果销售人员自身的技术素养不足,就要善于整合公司的售前技术支持资源,与客户开展深度的技术交流对话。从某种程度上,甚至可以认为售前技术人员是一群"披着技术外衣的销售工作者"。从技术口实施的价值引导,威力无穷。

第四,销售人员要做好"价值的创建者"。什么样的解决方案对客户最有价值?那一定是基于客户的需求量身定制的解决方案。解决方案做得太大,是对客户资源的浪费,会增加客户不必要的成本投入;解决方案做太小了,表面上看是帮客户省钱了,但是没有顾及客户的全部需求,尤其是一些必要的、前瞻性的需求,无形中又为客户未来的规划与发展埋下了隐患。这就好比你要定制一条裤子,你的腰围明明是30码,所以大于或小于30码的腰围设计都是不可取的。

因此,我特别强调:解决方案不是让销售人员与技术人员"闭门造车",而是让销售人员与客户一起积极研讨、充分共识。客户参与的程度越高,对销售人员最终形成的解决方案的认可程度就会越高。所以,不要动辄就抛出所谓的解决方案与报价。要知道，解决方案的共创过程，就是大客户销售中的"隐形成交"过程。在销售人员的努力之下，公司的技术部门最终能为客户出具最适合的解决方案，这个过程就是在为客户创造价值。

第五，销售人员要成为"价值的促成者"。如果没有成交，一切都是枉然。只有与客户成交，你对客户做过的所有承诺，才有可能最终实现与得到验证。"不要让即将到手的金牌溜走"，不要在关键的成交环节变得不自信和犹豫不前。只有大胆地向客户提出成交要求，才有机会最终捕获客户的"芳心"。

我在前文提到，成功的销售人员必须拥有3条从业信念：我相信我的产品解决方案是最好的，我相信我是最棒的销售顾问，我相信向我购买的客户是世界上最幸福的客户。这些从业信念可不是自欺欺人或阿Q精神，而是要真正融入销售人员血液中。相信"相信"的力量。只有秉持这样的信念，你才能自信地与客户成交，才能让价值在成交中获得实现的可能。

第六，销售人员要成为"价值的护卫者"。事实上，客户真正要购买的，不是你的产品，也不是你的服务，而是客户想要的改善结果。再好的解决方案，如果在项目执行或使用体验过程中让客户大失所望，都是失败的。签完合同，并不意味着销售工作的完结，而是标志着价值实现的开始。

护卫价值的最终实现，是销售人员的使命。成为对客户成功负责的项目经理，是销售人员义不容辞的责任。因此，销售人员要始终与客户在一起，成为客户与公司交付部门联系的纽带，积极地帮助客户解决问题，快速响应客户，并与客户做好定期的价值回顾与成功标准衡量。只有客户成功了，销售人员才能获得真正的成功，也才会有更多新的合作机会，才能拥有可持续的生意发展模式。

结语

综上所述，销售人员卖的不是产品，而是客户价值；客户支付的价格也不再代表供应商产品服务或系统的成本，而是客户为实现增值价值所需的必要投资。销售人员面临的竞争对手，不再是传统认知中的"友商"，而是客户面临的业务挑战和希望达成的改善目标。

从产品价值过渡到客户价值，这是一条充满艰辛但又富有成就感的道路。永远要记得："我们不是销售人员，我们只是价值的'搬运工'。"

管理方法篇

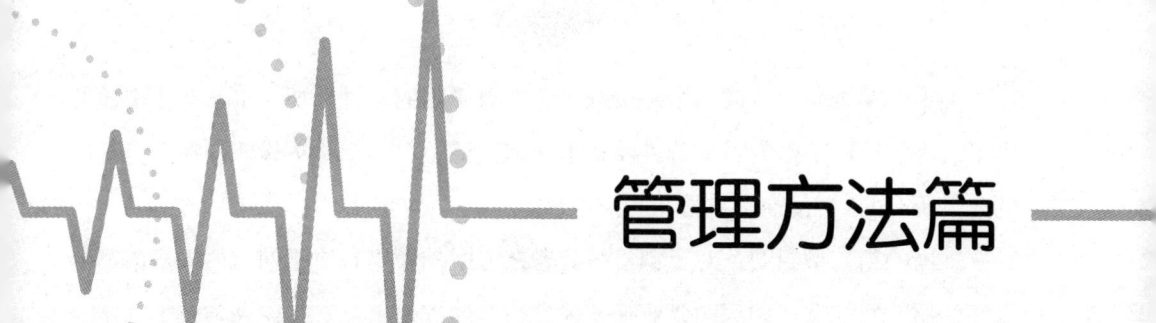

绩效考核不应止于考核结果

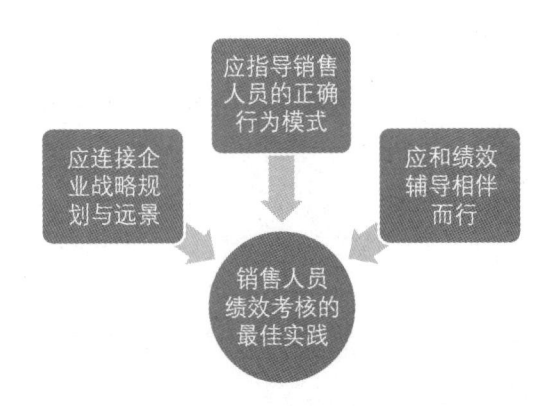

```
        应指导销售
        人员的正确
          行为模式
            ↓
应连接企业         应和绩效
战略规划   →  销售人员  ←  辅导相伴
与远景        绩效考核的      而行
              最佳实践
```

如果要在企业中找到一个最适合实施绩效考核的工种，那一定非销售岗位莫属了。因为销售工作的最大特点就是用业绩说话，以结果论英雄。销售人员肩负的几乎所有的KPI都能够被量化和被考核。

不同的销售型组织，对于销售绩效考核方案的设定有所不同，但大多数都会以签约额、回款额、利润额等业绩结果性指标为考核重点，很少评估打电话量、拜访量、商机发现数量等行为过程性指标。为什么会这样？这其中又体现了哪些管理目标与行为动机？结果性指标的功效大致可以归纳为以下3点。

- 可以衡量销售人员的工作效能。大部分销售工作的工作时间、工作地点和工作任务都存在很大的灵活性。管理者由于与销售人员"聚少离多"，很难确定销售人员是否在勤奋工作和有效工作，而不是偷懒混日子或无效工作。

  管理者认为，既然"过程"难以衡量，那就管控"结果"。好的结果虽然有运气的成分，但也很可能与好的过程有关。因此，在绩效考核中用"回款额"这样的结果性指标衡量销售人员的工作效能，颇有"以不变（结果）应万变（过程）"的合理性。

- 可以作为奖惩激励的执行依据。奖惩激励是公司价值观的体现，也传递着管理者对团队绩效表现的直接诉求。如果仅依靠管理者的直觉或根据过程性指标来进行奖惩，容易在激励执行中出现主观臆断或公信力不足的问题。而以回款额/利润额等业绩结果性指标来做奖惩依据，则更加简单实用，几乎不会存在争议之处。业绩表现好就奖励，业绩表现差就惩罚，这种价值观导向与绩效诉求，也与外部投资者对企业的市场绩效表现所给予的反馈保持高度一致。

- 可以传递对业绩提升的鞭策与压力。管理者都知道，在B2B业务场景下，尤其是那些销售周期很长、客户决策行为很复杂的项目型销售工作，要想让销售团队中的每个成员都能月月有新的签约和新的回款，确实是一件很难的事情。但"很难"不代表"无目标要求"，企业希望销售人员将业绩目标时时刻刻记在脑子里，体现在行动上。督促的办法就是借助绩效考核方式，定期向销售人员施压，把企业对目标业绩的鞭策与压力传递下去，持续培养和强化销售人员对目标的重视度与敬畏心。

以上对结果性指标的3种功效分析，我认为都合情合理，而且非常必要。但如果只停留在对以上管理目标的设定上，就很容易出现"为考核而考核"的现象。我最近在为一家企业提供销售业绩改进咨询服务时就发现了这个问题。

这家企业属于典型的B2B销售型组织，主营软件工程方案服务。该企业每个月都要对销售团队开展绩效考核，考核的指标只有"回款额"。每月月初，人力资源与财务部门就会将上个月的回款明细数据发给销售人员和管理者进行核对，然后将双方确认无误的数据作为最终实施奖惩激励的依据。

有意思的是，虽然该企业的绩效考核工作坚持得很好，逢月必考，但在整个考核实施过程中，销售团队负责人与销售人员从来没有面对面深入沟通的环节，只是由人力资源部门在双方之间进行业绩数据的传递与核对，仅此而已。

该企业的做法，如果就上述提及的绩效考核管理目标而论，确实也能产生相应的功效：可以衡量销售人员的工作效能，可以作为奖惩激励的执行依据，可以传递对业绩提升的鞭策与压力。但这些就是绩效考核工作的全部吗？

Easy Selling销售赋能中心认为，如果绩效考核只考核结果，那是远远不够的。企业应该站在更高的角度，以更多元的维度来升级定位绩效考核工作的更大功效。

首先，绩效考核可以与企业的战略规划和发展愿景相连接，为销售工作指引重点与方向。

在常态化竞争与同质化竞争加剧的时代，很多企业纷纷提出"抢跑道，换赛道"的战略规划，加速转型升级，不再单纯地追求回款额与利润额等财务维度业绩指标的增长，而是更加关注营收结构方面的合理性与健康度，更加关注未来的可持续发展与竞争优势的确立。

在对业绩结果性指标的设置上，直接表现为从财务维度考核向经营维度考核延伸。例如，通过新增"存量客户业绩与拓新客户业绩"指标来强调对新客户开发的重视及对老客户挖潜的要求；通过新增"成熟型产品业绩与战略型新品业绩"指标来确保对战略性新产品推广工作的营销资源投入；通过新增"普通型客户业绩与战略型客户业绩"指标来落实对重点客户与普通客户实施分层经营管理，等等。此外，企业还可以通过不同考核维度分别设定提成比率与考核权重等方式，把销售人员的工作重心吸引到公司期望的战略规划新赛道上来。

其次，绩效考核需要强化销售人员的正确行为模式，让他们"用正确的方式与正确的人做正确的事情"。

在大客户销售场景中，人人都追求最好的结果，但结果有时候与运气有关，而过程一定与努力和付出有关。好的结果不一定有好的过程，但好的过程一定会导向好的结果，即使不会立竿见影，也必然会水到渠成。

因此，在绩效考核工作中，不能只对回款额/利润额等业绩结果性指标进行检视，还要加强对打电话量、拜访量、线索量、转化率、客户满意度等过程性指标的检视。在B2B大客户销售模式下，销售人员即使在短时间内拿不出让人满意的回款业绩结果，也必须拿出达到甚至超越企业要求的行为过程数据。好的过程数据与好的业绩结果之间一定是正相关关系。

我经常说，经营看"结果"，管理看"过程"。因为经营者更多的是企业高层，负责做战略规划与重大决策，不可能关注执行层面的过程性指标。而管理者更多的是企业的中基层，其使命就是把企业的战略规划通过团队的过程行为来实现。如果管理者只看结果，不看过程，那就会出现"亡羊补牢"或"马后炮"的局面。

最后，绩效考核不应止于"考核"，还要与绩效辅导紧密结合起来，双剑合璧，相得益彰。

我常说："绩效考核是冷冰冰的，绩效辅导是暖人心的。人们不是因为被考核而成长，而是因为被辅导而进步。"企业的管理层，不能只拿绩效考核数据来对销售人员进行"杀伐决断"，而应该走出办公室，走到销售人员的面前，和他们坐下来，认真地分析他们的绩效表现与可改善之处，在理念认知与行动计划上达成高度共识，既能解决业绩问题，也能帮助销售人员发展与成长。

人对了，事就对了。人的理念与能力提升了，做事情的效率和效能也就随之提高了。因此，销售绩效考核工作归根结底还是要落到人才发展的重心上。如果在整个考核执行过程中，管理者与销售人员都没有进行深度的绩效辅导沟通，那么这样的绩效考核工作只做对了50%，连及格线都没有达到。

结语

在实现业绩目标的过程中，销售人员可能会有畏难思想，可能会自驱力不足，可能会掉以轻心，也可能会自暴自弃。但无论怎样，销售绩效考核工作不仅应该有效促进组织的业绩增长，更应该有效促进销售人员的工作活力与能力发展。

让销售绩效辅导面谈多些仪式感

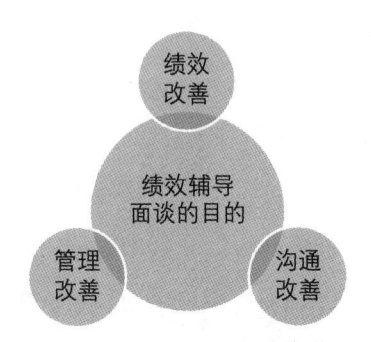

```
         绩效
         改善
     绩效辅导
     面谈的目的
  管理           沟通
  改善           改善
```

前文深度探讨了"绩效考核不应止于考核结果"的观点，本文则谈谈"绩效辅导面谈"的话题。我经常打比方说，缺少绩效辅导面谈的绩效考核工作就是"耍流氓"。绩效考核必须伴随着绩效辅导面谈，两者密不可分，缺一不可。

为什么要如此强调绩效辅导面谈的重要性呢？至少有3个理由。

一是基于绩效改善的需要。如果下属的业绩表现不佳，而管理者只是一味地通过批评与惩罚来鞭策下属，其结果可能会事与愿违，大多数下属会在这种负激励的高压下不堪重负，选择自暴自弃或直接"躺平"。如果下属的业绩表现很好，而管理者只是简单地用加薪晋级予以鼓励，而不和绩优下属探讨有哪些好的经验值得复制与传承，那么就会错失很多让团队效能快速提升的机会。

在销售辅导面谈中，管理者可以和下属一起探询业绩优劣背后的经验与教训，共创绩效改善的策略与行动计划。对于错误和低效的行为能够及时发现和及时叫停，对于正确和高效的做法能够及时强化与大力弘扬，表面上的奖惩激励是做不到这些的。

二是基于"沟通改善"的需要。我曾经提过，在外勤任务居多的销售工作模式中，职场中的管理者与销售人员总是"聚少离多"。时间一长，双方之间免不了产生一些误会或分歧，缺少一些共识与齐心。即使是在团队例会上，管理者有机会当众"慷慨陈词，尽抒己见"，却没有机会了解每位下属心里的真实想法。

在绩效辅导面谈中，管理者终于有机会与下属单独相处、促膝长谈了。平时大家不方便说的话，现在都可以尽情交流；平时更多的是管理者的"一言堂"，此刻管理者可以充分倾听下属的建议与反馈。要提高工作效能，制度与流程固然重要，但人际好感与心领神会也同样不可或缺。

三是基于"管理改善"的需要。我常说，客户是销售人员最好的老师，下属同样也是上级管理者最好的老师。向客户学习，倾听客户的反馈，可以帮助销售人员更好地成长；向下属请教，获得下属对团队管理状况的真实反馈，可以帮助管理者更好地进行团队管理的系统性思考，找到更好的工作改善方法与路径。

有智慧的管理者会珍惜和把握向员工"请教"的机会。他们信奉"教学相长"的原理，不但能对下属循循善诱，还能够在绩效辅导面谈中，实时获得对企业或团队管理工作的改善思路。应该说，学习的方式有很多种，不仅要向书本学习、向标杆学习，也要向身边的人学习。

有的管理者可能会问："我和下属平时都有很多交流。一起吃饭的时候有交流，一起见客户的时候有交流，下属们在工作中如果遇到问题也会第一时间找我来协助解决，在团队的大会小会上我也没少和下属们做分享和交流。你觉得这样的沟通还不够吗？这和你提到的'绩效辅导面谈'有什么不同呢？"

在回答这个问题前，我想先引领大家读一段英特尔创始人安迪·格鲁夫先生说过的一段话："在英特尔的管理哲学中，主管和下属间的例行性一对一会议是基本功课之一。它的主要目的在于彼此传授技能及交流信息。通过对特定问题或状况的讨论，主管传授下属所需的技能并教他们如何切入。与此同时，下属也提供主管所需的信息，让主管了解他们如何开展手头的工作。"

看到了吧，格鲁夫先生提到的"例行性一对一会议"正是我倡导的"绩效辅导面谈"工作。它的特别之处可以归结为如下几点。

第一，绩效辅导面谈一定是一次正式的面谈，而不是一次非正式的面谈。非正式的交流场景有很多，但更多的是随意的、轻松的、短暂的、没有特定目的和共识要求的沟通方式。但正式的面谈一定会有特别的仪式感，就好像一对步入结婚殿堂的新人，尽管他们在结婚前有过数不清的私下交流与表白，但此时此刻，他们还是要向对方说"我愿意",做出最神圣和负责任的一世承诺。

绩效辅导面谈就是这样,管理者在指定的时间和地点,围绕确定的交流主题与对话框架,在一个不被人打扰的环境,和一位特定的下属进行一次正式的沟通交流。在整个谈话的过程中,管理者和下属都能做到安驻当下,专心致志,彼此的眼里和心里都只有对方。也只有这样的正式,才会让双方静下心来,推心置腹,交流更多有价值、有深度的内容。

第二,绩效辅导面谈一定是一次只和一名下属面谈,而不像开部门会议那样一对多地交流,除非管理者出于某种特别的"公示"目的。

一般来说,很多员工都不喜欢在公众场合表达自己的真实观点,如在团队会议上不愿意主动发言,尤其是当涉及与自己利益相关的或相对敏感的话题时,更是谨言慎行。如果想让更多的员工畅所欲言,言无不尽,一对一的绩效辅导面谈是一种更好的选择。

除此之外,一对一也体现了管理者对员工的关注与重视。我经常教导销售人员要多花时间与客户相处,只有这样才能获得客户的信任与支持;作为管理者,也应该多花时间与自己的下属相处,因为下属就是管理者的"内部客户"。按照"7个直接下属"的标准管理幅度,管理者每个月与每位下属做一次1小时左右的一对一交流,虽然一共要投入一个工作日的时间,却能让7位下属活力满满、干劲十足一个月,这样的管理时间投入太值得了。

第三,绩效辅导面谈要谈的不只是业绩指标,还有"诗和远方"(下属的综合表现)。大家都知道,只有好心态才会有好状态,只有好状态才会有好行为,只有好行为才会有好结果。"以结果论英雄"固然是商场上公认的规则,但只有关注员工的心态、状态和行为表现,才能确保结果最大限度地产生和可持续产生。

因此,管理者不仅要和下属检视其结果性指标的达成情况,更要和下属检视其过程性指标的达成情况,如有效的拜访量指标、需求创建数量指标、优质新客户开发指标、市场活动中的客户邀约质量指标等。一分耕耘一分收获,"耕耘"是过程,"收获"是结果。

除了对过程性指标的检视，管理者还应该就下属的价值观表现进行交流。好的员工，首先应该是认同和践行企业文化与价值观的员工。例如，下属在过去一个月的工作中自信心如何？与同事的相处是否融洽？自我学习与成长的时间投入如何？是否遵守公司规章制度？等等。这些都要在绩效辅导面谈中重点沟通。按照国内标杆企业顺丰速运的"双价"理念，员工不仅能为公司创造价值，其行为模式还要和公司的价值观保持一致。

第四，绩效辅导面谈必须形成一种例行的机制，成为将企业文化有形化的重要组成部分。

设想现在是一个月度或季度结束的时刻，作为销售团队管理者，你应该基于绩效考核的结果与下属好好面谈一下。最佳的绩效辅导面谈频次为一月一次，至少也要一个季度一次，千万不能拖延到一年一次，不然黄花菜都要凉了，你的下属估计也会因为受不了你的"冷暴力"而离职。

"例行的机制"有两重含义。第一重含义是"到时到点就要做面谈"。虽然这是一件重要但不紧急的事情，与下属今天谈和明天谈的差异性貌似不大，但是管理者如果一味地拖延，甚至养成了拖延的习惯，就会让绩效辅导面谈在自己和下属的心目中变得无足轻重，失去意义。

第二重含义是"从上到下都要做面谈"。经理要找员工面谈，总监要找经理面谈，副总要找总监面谈，总经理要找副总面谈。各层级的管理者都要与其直接下属进行月度绩效辅导面谈，上行下效，一以贯之。管理者应以此方式向下属传达一种"你在我眼中是最美的"理念，真正把下属当成最重要的人才资源进行爱护与尊重。

结语

关于绩效辅导面谈的理念与方法还有很多。但行胜于言,最好的辅导面谈方法一定是在实践中不断总结和优化得来的。

如果你认真地读到了这里,不妨拿起笔,写下向你直接汇报的下属名字,安排与他们面谈的时间和顺序。接下来,真心地把你的下属当成客户,在与下属的绩效辅导面谈工作中与对方共同成长与进步。

团队会议究竟能干什么

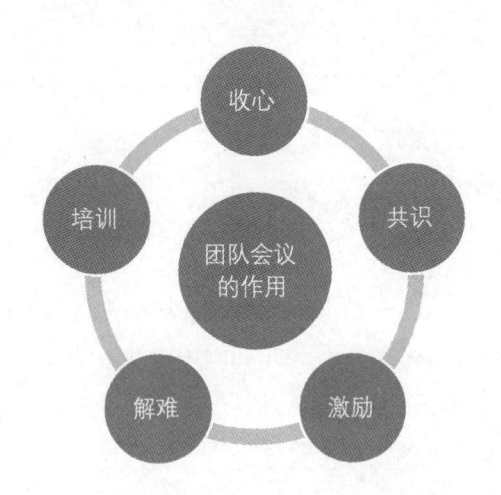

```
        收心
   培训       共识
      团队会议
       的作用
   解难       激励
```

我曾经看过一段小视频，拍摄的内容是某上市公司董事长的一天。看得出来，这是一位日理万机又精力超常的高层管理者，从早上8点到接近半夜12点，他不停地从一个会议室转换到另一个会议室，足足开了十几个会议。对于这位董事长，我除了表示佩服得五体投地，还想问一问：这是他常态化的工作节奏，还是偶尔为之？如果是后者，姑且坚持一下也能扛得住。但如果是前者，那就让人生无可恋、痛苦万分了。

首先申明一下，我没有特指这是哪家企业。事实上，在大多数企业中，"文山会海"已经成了司空见惯的事情。从上级领导到一线员工，从白天到黑夜，大家不是在开会，就是在准备开会的路上。

管理大师彼得·德鲁克先生曾经说："如果一个经理人将超过25%的时间用在开会上，这个组织就有问题。"其实我并不完全认同此观点。但现在很多经理人被会议占据的时间又何止25%，可能是50%甚至更多。

我也常问这些企业的管理者，真的需要开那么多会议吗？他们回应说，其实他们也不喜欢开会，也认为有很多会议是低效或无效的。但他们也无力改变。

因为在这些企业中已形成了一个不成文的职场文化：开会就是工作，工作就是开会。如果一个人没有会议要参加，他就会觉得心里空落落的，就会感觉无所适从，甚至觉得别人会用异样的眼光审视他，仿佛在说："你看，这个人连会议都没得开了，估计在企业的地位要保不住了。"

以上这些描述，似乎都揭示了"文山会海"的"罪大恶极"。但事物都有两面性。团队会议作为一种应用最广泛的管理手段之一，其积极作用还是不言而喻的，尤其是对销售团队的管理工作而言。

团队会议的第一个作用是"收心"。由于工作任务的特殊性，销售人员很多时候都要在外东奔西跑，对企业的归属感要大大弱于在办公室长期驻守的行政职能人员。有些企业甚至倡导销售人员把自己的办公室设到客户那里，应该将大部分时间用于和客户待在一起。我也考察过很多企业的销售部门办公室，发现偌大个办公空间，不仅见不到销售人员，连销售团队的管理者都极少露面。当然，如此稀散的销售团队，战斗力和凝聚力普遍都存在大问题。

在这种情况下，如何增加销售人员的团队归属感？如何让他们更好地得到企业文化与价值观的熏陶？团队会议就可以成为最好的"感召方式"。无论是线下会议还是线上会议形式，无论是每日的晨会和夕会还是每周和每月的例会，只要大家能"聚"在一起，就能让销售人员时时刻刻感受到组织的召唤，融入团队的氛围之中。"聚是一团火，散是满天星"，团队会议就是最好的"凝心聚力"。

团队会议的第二个作用是"共识"。何为团队？团队就是大家能心往一处想，劲往一处使；团队就是能减少或消除分歧，有统一的沟通语言与行为标准；团队就是能够及时和快速地达成共识。而团队会议就是高势能的共识方式。

我在很多企业的销售会议上都发现了一个有意思的环节，那就是与会者都会公开分享他们在市场上收集的重要信息，如竞争对手的新动态、客户的新需求信息、区域或行业市场的新趋势等。这些信息零散且五花八门，但对销售工作的影响很大。例如，某竞争对手又推出了新的竞品方案，团队该如何应对？如果置之不理或加以掩饰，就可能会削弱团队的自信心，造成不必要的猜忌和恐慌。但如果在团队会议中积极面对和善加引导，销售人员就能在未来面对客户时拥有统一和正确的应对方法，获得成功。

除了市场信息方面的共识，还有来自企业战略与营销层面的各种重要通知与策略计划，需要销售人员及时获知并采取统一行动。如果没有团队会议这样权威和集中的信息发布窗口，就会造成销售人员意见不一、各说各话的情况，势必对企业的品牌一致性造成极大的伤害。

团队会议的第三个作用是"激励"。激励有正向激励，也有反向激励。对表现好的人和符合企业价值观的行为与结果，就应该大张旗鼓地表彰和肯定。反之，对于表现不佳的人和事，也要旗帜鲜明地批评与制止。

但如何激励才有效？是偷偷摸摸关起门来激励，还是在团队会议中面向全体成员公开激励？答案十分明确：必须公开激励，而且要尽可能做到公开、公平和公正。激励就是一种管理手段，以激励之名，传播和强化企业价值观。既然歪风邪气容易"传千里"，那就让好人好事通过团队会议来"传万里"。

越来越多的企业已经把"表彰先进"作为团队会议中最重要的环节，周周树立先进典型，月月奖励优秀标杆。先进的事迹可大可小，奖励的额度有高有低。不管怎样，表彰先进总能让团队成员倍受鼓舞，并感受到组织的要求和期许。至于在团队会议上是否可以公开"批判后进"，可具体情况具体分析。一般来说，在公开场合多做正面激励，在私下场合多做批评指正较为合适。如果一定要在团队会议上公开批判，那也应该出于某种必须"公示或震慑"的目的。

团队会议的第四个作用是"解难"。在销售实践中，销售人员会遇到各种各样的业务挑战与困难。有些是来自外部市场的难题，有些是来自企业内部的麻烦。有些是销售人员自己能独立应对的，有些则需要通过跨部门的沟通与协作才能解决。只要问题涉及两名或以上下属，或者解决问题需要拉通跨部门的人事资源通力合作，就需要用团队会议的方式来解决问题。大家当面锣对面鼓，把问题摊在桌面上，参会者开诚布公地交流。这种方式不仅能集思广益，而且会最终有决断，有后续的行动计划予以跟进和落实。

相比一对一的沟通，用团队会议的方式解决公共问题，效能明显有大大提升。但要注意的是，必须考虑采用团队会议形式的必要性。因为大家聚到一起开会，尤其是在工作时间召开会议，时间成本很高，所以会前的准备、会中的组织、会后的跟进必须要筹划完备，缺一不可。否则，就会让团队会议流于形式，不仅议而无果，还会造成企业人力、物力的极大浪费。

团队会议的第五个作用是"培训和赋能"。人们常说"以会代培"，意思是培训工作不一定要在教室里完成，也可以通过团队会议的方式执行。

为什么要在销售团队会议中植入培训模块？这里有几个实际的考虑点：首先是销售人员平时难以聚在一起，但是在季度会议或年度会议这样的"黄金时刻"，聚会的时间相对较长，最适合举办一些有深度的、系统化的培训赋能活动；其次是有很多营销协同部门，如产品研发、技术支持、交付管理、售后服务、人力资源、财务管理部门等，他们有很多重要的专题内容需要向销售团队宣导，如果能够在销售团队会议中插入一个专题培训议程，那就再好不过了。

在"以会代培"方面做得最好的当数各大保险公司。在每天的保险代理人职场晨会上，你就会看到公司总部不同的职能部门代表争相亮相。寿险部门、意外险部门、团险部门、新人招募部门、理赔部门等，你方唱罢我登场，都争抢着机会给保险代理人讲解最新的投保政策、促销计划、业绩竞赛活动方案等。这种将销售团队当成"内部客户"的全员营销做法，值得大家借鉴与学习。

结语

无效的会议要少开，有效的会议可多开。会议数量不在多，而在精、在高效。你无须对团队会议持负面情绪，而应该正确定位会议的作用与目标，科学策划会议的议程与内容。既然要开会，那就用你在会议中投入的时间和精力换取更大的工作改善产出。

不懂开会就不是好的管理者

过程导向型会议	任务导向型会议
80%	20%

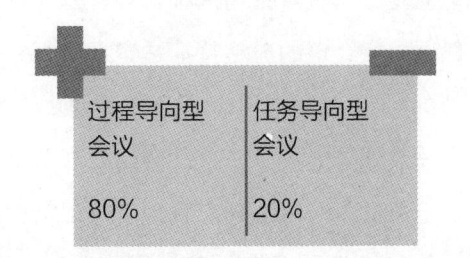

我在上文定义了销售团队会议的五大作用，分别是收心、共识、激励、解难、培训。接下来谈谈哪些行动策略可以让团队会议更加高效、高能。

有一家国内企业请我担任销售业绩改进顾问，其中一个改进专题是如何开销售团队会议。事情的起因是这样的：该企业的CEO每个月都会召集麾下7个事业部的负责人开会，逐一听取大家的上个月工作总结和下个月的工作计划，也希望能解决一些跨部门的、重要的业务难题。

每次会议都是从早上开始，一直持续到黑夜降临。大家除了上洗手间，几乎所有时间都是在会议室里度过的，连快餐都是让人直接送进会议室"就地解决"。虽然会议时间长，但CEO对会议的质量极不满意，抱怨大家的汇报内容不着边际和没有重点，而且每个月反馈的问题都差不多，似乎是一遍又一遍地重复做功。CEO向我诉苦：每次会议现场都很热闹，但会议成果很苍白。

作为专业的顾问与清醒的旁观者，我很容易就发现了该企业在会议的组织工作中存在的问题，并协助他们进行了改善。但如此的低效会议不是个案，而是在大部分企业的销售团队会议中都存在的。接下来，我将遵循"会议前、会议中、会议后"的顺序和大家谈谈如何高效地开会。

凡事预则立，不预则废，会议前的计划性最为重要。

首先，会议数量不在多，而在于有目标、有规划、有节奏。团队负责人应该把必须开的会议写进工作日程中，通过会议的组织让自己的管理工作体现出某种"管理节奏"：什么时候要开什么会议？什么会议要实现什么共识目标？什么样的会议需要什么样的人参加？有了这样的节奏感，下属和同事就能安排好自己的时间，跟上团队负责人的节奏"一起摇摆"。

综观团队中的大小会议，大致可分为两种：一种是过程导向型会议，一种是任务导向型会议。过程导向型会议的典型特征是定期举行、例行性召开、以信息分享为主，如部门内部的晨会/夕会、周会/月会、定期的工作总结与计划会议、管理者和下属的一对一绩效辅导会议等。这种会议要有节奏、有规律地举行，不能心血来潮时就开会，心情低落时就不开。管理者可以借助此种类型的会议，把对团队的管理思想与行动方向进行快速贯彻与共识。

而任务导向型会议的典型特征是不定期举行、基于突发的问题寻求解决方案。正常来说，突发的、需要通过会议形式来解决的事情不可能太多、太频繁，所以过程导向型会议可以解决团队中80%的常态化问题，剩下20%的突发性问题要靠任务导向型会议来解决。

其次，会议前的准备要充分，忌"临阵磨枪"。灵光一闪固然可贵，但胸有成竹才更加可靠。头脑风暴是会议中常见的一种团队智慧共创形式。但如果与会者对会议议题没有提前思考和准备，而是头脑一片空白地参与到会议讨论中，寄希望于当场的观点交汇来达成共识，最终会议输出的成果质量根本无从保证。尤其是作为会议核心的团队管理者，更是应该在会前就对各项议题做出研究，要有主张、有预案，才能在会议过程中充分"驾驭"与会成员的不同观点，最终导向高质量的共识成果。

我曾服务过一家外资企业，该企业每周一早上会按时举行销售团队的周例会，进行上周销售漏斗数据分析与本周工作计划安排。管理者会在上周五下班前获取团队的销售业绩数据报表，对表现优秀与不足之处进行重点标注，也会提前准备好对团队的改善期望与下阶段的工作部署。这样的话，管理者在步入周一早会会场时，就有了更多的从容与自信，对会议效果也更加有把握。

好的会前准备还包括制定清晰的会议议程、明确的会议议题、向参会人员布置会前"作业"、做好参会者的角色分工等。准备工作越充分，就越能成竹在胸，信心百倍。

再次，对会议中的管理也极为关键。每次团队会议的执行，都可视为一个项目管理的全过程，务必让各个环节目标导向，有序推进。

会议开始时的仪式感一定要有，而且不可或缺。什么是仪式感？就是让人们觉得这是一个不寻常的时刻，让人不由自主地被吸引，愿意主动参与，而且印象深刻。试想一下，大家稀稀拉拉地走进会议室，头脑里还充斥着会议室外面的各种事务。一个富有仪式感的开场环节能让大家快速进入参会状态，起到"转换频道"的作用。

例如，请大家全体起立，诵读一段企业文化与价值观文案；大家一起做一个简单的健身操或小游戏；会议主持人对与会嘉宾发表一段精心构思且幽默风趣的出场引荐等。这些举措都会让与会人员"提神醒脑"，继而身心合一地投入到会议之中。磨刀不误砍柴工，以好的仪式感开场，就是好的参会状态的充分保障。

会议中，"谁来唱主角"也是一个很有学问的安排。我见过不少"勤奋"的管理者，在会议中从头到尾事无巨细地安排与部署，整场会议基本上都是他一个人的"秀场"，其他参会者更多的是倾听与记录，没有什么互动参与的机会。虽然会场纪律很好，会议时长也可控，却不会有真正的共识产生。

也有一些"懒政"的管理者，在会议上把更多的表现机会予下属，鼓励下属代替自己进行销售数据和政策的解读，鼓励下属多站在管理者的角度思考和分析问题。这些管理者在倾听更多不同的声音后，才会说出自己的观点，做出最终的决定。这样的会议，虽在场面上"放任"下属的发挥，却能收放自如，真正做到集思广益。

俗话说："强将手下无弱兵。"现在看来也不尽然。如果管理者的个人表现力太强，事事都要撸起袖子亲自上阵，下属就失去了表现和进步的机会。只有那些愿意让下属"唱主角"，又能花工夫指导下属的管理者，才能真正打造出一支既有向心力又有战斗力的好团队。

除了以上两点，会议现场还要设置"记录员"角色，负责进行会议共识成果的记录。好记性不如烂笔头，不要高估自己的记忆能力。如果人们在会议现场说过的话没有被当场记录，在几小时后就会被忘得七七八八，后续能付诸行动的更是寥寥可数。下次再开会，曾经讲过的话再讲一遍，曾经表过的态再表一遍，如此反复，会议就变得极其低效和无趣了。

当然，我不是倡导大家记录"流水账"，而是实时地记录和整理出会议中形成的重要共识与做出承诺的行动计划。而会议的有效性恰恰在于会议中输出了多少后续可以跟进与检查的行动计划共识。作为会议的组织者，管理者此时需要做的就是控制会议的节奏，但凡有需要被记录的共识点出现，就要及时地按下会议进程的"暂停键"，当众重复和强调这个共识成果，并提醒会议记录员进行实时记录。

最后，来关注"会议后"的执行策略。有头有尾，才是完美。首尾相接，方为闭环。

会议后最要紧的事情就是输出会议纪要。一份好的会议纪要，不在乎行文的长短，但要简明扼要、重点突出、条理清楚、富有真知灼见。会议记录员应该在会议结束后1~2小时内，整理出会议纪要，发送给与会的所有人员并请求确认回复，同时抄送相关的上级领导。管理者也应及时查阅和指正会议纪要，确保其内容的真实性、准确性和全面性。

另外，会议后的执行检查与反馈也极为关键。再好的行动计划，如果不被执行，就像打了水漂，白忙活一场。正确的做法是：根据会议纪要中列明的各项行动计划与相关责任人，大家分头行动，以目标为导向，并做好过程中的检查与纠正。在下次会议上，应该设立对上次会议中行动计划执行结果的检视环节。只有这样，才能前后呼应，形成闭环，真正做到言行一致，有担当，有进步。

结语

本文对高效会议管理技巧的介绍，不仅适用于销售团队会议，也适用于其他职能性组织会议；不仅适用于企业内部的工作会议，也适用于和客户一起召开的项目需求沟通会议。

事实上，开会是一项成本很高的工作，参会人数越多，与会人员职级越高，投入的时间和精力成本就越高。无论是会议的召集者，还是会议的参与者，都应该以最好的状态投入其中，让会议变得更有成效。

如何保质保量地招募销售人才

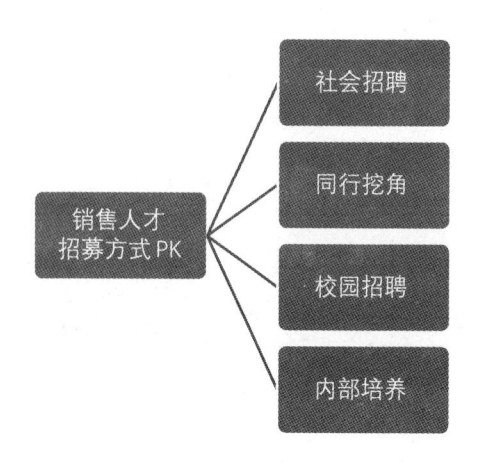

```
销售人才招募方式PK
├── 社会招聘
├── 同行挖角
├── 校园招聘
└── 内部培养
```

"易老师，我们公司今年有很多销售人员空缺，你能不能帮我们转发一下招聘广告？"

"易老师，我们好几个区域的销售总监都离职了，你这里有没有合适的人选推荐呀？"

由于提供企业销售业绩改进咨询服务的缘故，我经常接到客户的上述求助信息。我发现，企业可以从大专院校轻松招募到愿意从事技术、生产、服务或行政等职能类别的人才，但有意愿从事销售工作的人员少之又少。可能很多人会觉得销售工作不稳定、压力大，所以不会将其作为择业的优选项。"育人难，招人更难"已经成为制约企业快速发展的重要因素。

有家设备制造企业CEO告诉我，他们公司的产品服务和交付能力都很不错，市场空间也非常广阔，但人力资源部门就是无法按公司要求招募到足够的销售人才。不仅招聘的速度慢，入职新人的数量稀稀拉拉，应聘者的质量也不尽如人意。这位CEO感慨地说，企业发展是"万事俱备，只欠东风"，而这里的"东风"就是保质保量的销售人才供应了。

以下先来看看企业招聘销售人才常用的3种传统方式，以及它们各自的优劣势。

最主要的招募方式非社会招聘莫属。企业会通过各大招聘网站发布人才招募信息，或者参加区域内、园区内的线下人才招聘会议，希望招到更多适合从事销售工作的应聘者。这种方式虽然使用广泛，但效果越来越不理想。一是应聘销售岗位的人数少，二是应聘者的质量良莠不齐。

如何识别出有真才实学的销售人才？很多工种都有自己的专业技能认证项目，如财务岗的注册会计师证、法律工作者的法律职业资格证等，但遗憾的是，销售人员没有任何专业职业技能评估项目。因此，企业在甄选销售人才时更多的是靠面试官的直觉与经验，从而直接导致"识人不准、用人不当"的被动局面。

除了社会招聘，同行挖角也是快速补充销售人才的常见方式。当然，挖角的成本是极高的，多用于对高级别销售人士与销售管理者人才的招募。

要肯定的一点是，从同行挖来的人才肯定是业绩表现优异的人，来之即用，不需要太长的培养周期与太高的培训成本。但这些"精英"也会给企业带来很多负面影响。例如，他们会对企业的文化、薪酬政策提出挑战，他们会和现有的销售人员争抢客户资源，他们会自我夸耀过去的表现而拒绝接受新的理念和新的工作模式，等等。而且，这些"空降兵"的职业稳定性很差：既然他们会因为较高的薪酬诱惑而选择你，那他们就有可能因为更高的薪酬诱惑弃你而去，只留下"一地鸡毛"。

应该说，同行挖角的后果不亚于饮鸩止渴。大家都知道，销售工作历来就是用业绩说话，以结果论英雄。企业花重金挖来的"精英"，其业绩表现未必强过现有的销售团队成员。而且现有销售团队会感受到公司的"喜新厌旧"，认为受到了"厚此薄彼"的不公平待遇，因此也会蠢蠢欲动，有样学样地在同行业中攀上另一根"高枝"。而有此想法的人，更多的是企业目前堪当顶梁柱的骨干人才。因此，同行挖角的做法大多是得不偿失，不应该成为企业招募销售人才的主要方式。

最近几年，校园招聘也成为很多企业补充销售人才的新通道。当然，这更多的还是属于大企业的"跑马地"。例如，腾讯、阿里巴巴、华为等标杆企业采用校招方式招聘销售人才，场面一定是人头攒动，趋之如鹜。但如果中小企业采用这种招聘方式，那场面估计只会是来者寥寥、门可罗雀了。

企业内部如果已经拥有了一套完善的销售新人育成体系，那么校招方式还是一个非常可行的做法。因为应届毕业生的可塑性强，新人育成就是一个"入模子"工程。如果招募的应届生确实有从事销售工作的意愿，而且拥有不错的销售潜质，再加上具有与企业产品解决方案相匹配的专业优势，那么培养起来就会非常容易。

招募应届生也会存在诸多风险。我曾经提及，有意愿从事销售工作的人本身就不多，而且初入社会后，大多数学生都存在"这山望着那山高"的择业心态，入职后的工作稳定性让人担忧。因此，虽然每年的应届毕业生就业需求旺盛，但企业只能"望洋兴叹"，不会把校园招聘作为引入销售人才的主要方式。

除了以上提及的3种销售人才招募方式，接下来，还想和大家分享一种更高效的招募方式，那就是内部培养，这一方式越来越受到企业的热衷与应用。

销售人才虽然难招，但技术人才招募的难度相对会小很多。因此，不少企业会选择大量招聘技术类人才，让他们先到各个技术部门工作，如售前支持部、解决方案部、项目交付部、售后支持部等。

这些人才的技术功底扎实，在向客户传递产品和服务价值时，更容易得到客户的认可与接纳。而内部培养的做法就是从企业的这些技术部门中甄选一些有意愿、有潜质的人才转到销售岗位工作。他们对企业的忠诚度较高，稳定性也不错。更重要的是，他们因为长时间与销售人员协同作战，对销售工作也不会有什么畏惧感和陌生感。

"从技术转销售"的人才培养方式一旦成功，就能大大解决企业销售人才招聘速度慢和流失率高的问题。但要如何提高这种人才选育方式的成功率呢？以下几个维度的工作必须得到重视和正确执行。

首先，要判断这个技术人才是否有做销售工作的潜质与意愿。

每个人都有不同的内在性格特质，销售工作也有与其他行政职能岗位不同的能力要求，如乐观积极、有上进心、愿意与人打交道、喜欢用语言说服和打动别人、敢于挑战、目标导向、自信心强、有较强的抗压性、对财富和成就感的追求比常人更强烈等。如果一个人的性格特质与销售岗位的能力要求高度契合，那么他转到销售岗位的意愿和留存率会更高一点。当然，这些特质往往隐藏在"冰山以下"，难以被察觉，但企业可以通过长期的行为观察并采用当下主流的人才特质测评工具来实现较为精准的洞察。

其次，要有一套科学定义的销售流程来实现成功经验的快速复制。

虽然技术人才的专业功底扎实，但往往也会过于技术和产品导向，商业敏感度与商机把握度不是特别的好，也容易被客户"牵着鼻子走"。

如果企业能够基于过往的成功销售经验和做法，提炼出一套科学定义的销售流程和销售辅助工具体系，那么就能像导航地图一样，帮助这些技术人才快速掌握销售技能，清晰地指引他们少走弯路、高效工作。

目前，不仅那些历史悠久、根基深厚的世界500强企业，还有国内众多快速成长的民营企业，甚至是只有几名销售人员的小微企业，都越来越重视可复制的销售流程。

最后，还要有一个合理的从技术到销售的人才轮岗与薪酬激励机制。

人力资源部要提早做好技术人才引进规划。一是在招聘技术人才时，要一并辨识出对方未来有没有从事销售工作的发展潜质。二是做好前期的沟通与心态引导，让员工认识到技术工作和销售工作只是从不同的维度为客户提供服务，从而让他们接受未来的轮岗机制和人才培养规划。

另外，还要注意不要把技术支持部门和销售部门的薪酬与激励机制设计得过于悬殊。否则，员工从技术岗转到销售岗后，就会面临薪酬待遇层面的巨大差距，间接给转岗工作制造不必要的障碍。有些企业对技术岗位采取高底薪低奖金模式，但对销售岗位采取低底薪高提成模式。试想一下，让一个拿惯了高底薪的人去从事一份低底薪又高压力的销售工作，不是难上加难、徒增烦恼吗？

结语

在大客户销售型组织中，销售团队往往执行的是"精兵战略"，不是"人海战术"。招来一个人，就要育成一个人，让他能稳定地为客户提供服务，为企业创造销售业绩。"相马不如赛马"这句话并不适合在刚入职的销售新人中应用。因为大批量地招募销售新人，然后又大批量地进行人员淘汰，在B2C消费品营销领域也许行得通，但在B2B大客户销售领域，却是一种极其粗放的人才管理模式，会造成大量的企业资源浪费，甚至会对企业品牌造成不利影响。

如何保质保量地招募到企业需要的销售人才，支持企业的战略规划与发展速度？本文所述的4种方式都可以采用，而内部培养方式因为是从企业内部取才，所以更有持续性，成功率也更高。

甄选销售人才的 3 个标尺

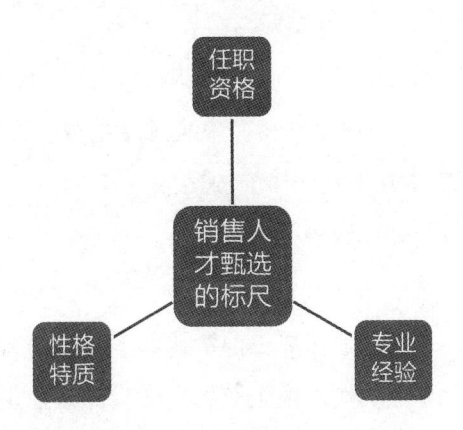

```
        任职
        资格
         │
    销售人才甄选
       的标尺
      ╱      ╲
   性格        专业
   特质        经验
```

上一篇文章《如何保质保量地招募销售人才》，重点讲述了应聘人数少和应聘者质量低的问题。如果你现在已经有了足够的应聘者，有机会三选一或五选一，那又该如何去伪存真，优中选优，甄选出最适合你公司的销售人才呢？

有人建议说，去伪存真的最好办法就是在实践中检验。在面试过程中无法搞清楚应聘者到底行不行。是骡子是马，拉出来遛遛就知道了。

这种说法确实有一定的合理性。因为销售工作最终都是用业绩说话的。做不出业绩来，一切都是空谈。用真实的业绩表现来评判销售人员的胜任度，是最简单、最实用的办法。

但凡事无绝对。倘若真的把这些应聘者直接放到销售实践中去检验，在真实的客户接洽实战中观察销售新人的胜任力如何，其对组织造成的负面影响可能会远远超出你的想象。

以下先来看几组来自Easy Selling销售赋能中心的调研数据。

- 50%以上的在职销售人员其实不适合从事销售工作。
- 30%左右的在职销售人员不适合销售现有企业的产品解决方案，但适合销售其他行业企业的产品解决方案。

- 20%左右的销售人员创造了80%左右的团队业绩，而80%左右的销售人员只产生了20%左右的团队业绩。
- 在B2B大客户销售型组织中，从新人入职到独立作战，所需时间最少为3个月，最长需要1~2年。而销售新人的流失率也是居高不下，入职后6个月内的流失率甚至高达70%以上。
- 由于用工成本飞速上涨，而不合格的销售人员还会造成销售机会的丢失，甚至会对企业品牌形象和客户满意度造成更大的危害，所以现在的销售人员流失成本几乎是10年前的10倍。

这些数据都在提醒企业要重视两个人才管理指标：人均效能与成材率。如果企业能够提前精准地甄选出那些有意愿也有潜质的销售新人，把他们投入到销售实践中去锻炼和培养；如果企业可以提前淘汰那些与销售岗位胜任标准不吻合的应聘者，避免他们消耗企业资源、拖企业的后腿，那么企业就能大大提高销售新人的人均效能与成材率。

因此，企业在面试阶段就要开展严格的甄选，而且要从多个维度来进行科学的甄选。一般来说，企业在甄选销售新人时可以设定3个标尺：任职资格、性格特质与行为模式、行业经验与专业能力。

任职资格

任职资格就是指企业要求的学历、专业、工龄、语言能力、办公技能、性格偏好等条件，这是一个准入门槛级别的评估标尺。下面重点讲讲学历和专业。

学历对销售工作的影响还是很大的，因为学历可以比较直接地反映一个人的学习意愿与学习能力，也会对其工作能力的可塑性和未来的可持续发展造成影响。当然，对于产品解决方案的标准化程度高、客户的认知程度也高的销售场景，如快速消费品和耐用消费品领域，对销售人员的学历要求就相对较低。但如果产品解决方案的客单价高、定制化程度也很高，对销售人员的学历要求就要高一些。另外，如果你希望在销售队伍中培养几个后备的管理人才，那么这些高潜力人才的学历要求也要比其他人高一些。

专业学科的适配性也非常重要。很多人认为市场营销专业的人最适合从事销售工作，其实是误解。因为市场营销的工作内容与销售的工作内容并不是一回事。越是专业技术导向的销售工作，越要去找那些专业学科对口的人才。例如，化工产品的销售人员，要优先招募化学专业或高分子专业的人才；电气设备产品的销售人员，要优先招募电力专业或机电一体化专业的人才。这些专业对口的人才，很容易理解与掌握公司产品的技术特点，还能与客户进行技术性对话，解决专业问题，也更能得到客户的信赖与认可。

如果应聘者的任职资格达不到公司要求，面试官就尽量不要亮"绿灯"，只有在极特殊的情况下才能做出"委曲求全"之举。总体来说，销售工作任职资格的设定，会直接影响团队的整体素质与未来的人才发展，因此至关重要。

性格特质与行为模式

性格特质与行为模式是一种隐形能力，难以被觉察与发现，但是对销售工作有着深远的影响。

例如，一批销售新人入职，公司给了他们相同的工作环境与市场资源支持，以及同样的培训赋能与目标任务要求。大家虽然同时起步，但在接下来的几个月内，各自的业绩表现有好有坏，工作的积极性也有高有低。甚至有些人信心倍增，大步前进，有些人自我怀疑，自暴自弃，甚至被淘汰。

为什么同一批销售新人，各自的行为表现却大相径庭？究其原因，就是各自的性格特质和行为模式存在较大差异。

性格特质是指一个人在自然状态下最常表现出来的行为特点与事务处理模式，也就是心理学中的"本我"。一个不爱说话的人可以因工作岗位的要求而当众积极表达，但在独处时或没有工作压力时就会回归本我，沉默少语。

销售岗位需要怎样的性格特质与行为模式呢？

以下通过列举一些心理学中的形容词来描述，如勇往直前、不甘平凡、目标导向、积极乐观、乐于表达、喜欢人际交往、有服务意识等。

如果企业招募的销售人才，其本我特质与销售岗位匹配度高，就可以做到本色演出，全无压力，轻松愉快；如果匹配度不高，则销售新人势必为了适应工作的要求而做出行为模式的改变，也因此会带来更多的能量损耗与压力风险。

这就给了企业一个提醒：既然大家都喜欢本色演出，那就尽可能地识别出有销售岗位所需特质的人才加入，皆大欢喜。一般来说，老虎型和孔雀型性格特质的组合是销售人才模型中的经典组合。而猫头鹰型性格特质的更偏向技术导向型销售工作，熊猫型性格特质的更擅长服务导向型销售工作，且职业稳定度高。

除了考虑销售岗位能力模型与应聘者性格特质的匹配，还有必要关注应聘者的自信心指数和抗压力指数两个指标。

自信心指数就是对自我能力的认知及对物质和精神层面的期望值水平。自信心指数越高的，越喜欢挑战更高的目标。例如，领导给每个团队成员都下达了100万元的业绩指标，自信心指数高的人就会觉得领导低估了自己的能力，甚至会在心里暗暗给自己下一个200万元的业绩指标；而自信心指数低的人，就容易小富即安，知足常乐，如果领导给他下达100万元的业绩指标，他会觉得自己根本就完成不了，能做到60万元就已经相当不错了。

抗压力指数是对外部环境带来的压力的承受水平。高抗压力的人能够承受长时间的加班或高强度的工作；低抗压力的人则较为脆弱，在高压力环境下需要持续的心理辅导与排解压力的措施。对于以"卷"为特征的销售型组织，如果没有高抗压力做支撑，估计是做不好销售工作的。

性格特质与行为模式属于隐性能力，难以发掘与捕捉，但可以借助一些科学的性格测评工具来做出判断。尤其是在互联网和大数据时代，有很多在线方法可以实现对以上评估维度的评测。

行业经验与专业能力

许多企业喜欢去同行挖角，因为这样的销售人员可以即来即用，快速出业绩。说白了，企业看重的还是这些"空降兵"带来的客户资源与行业经验。相对于把一个行业小白培养成行业顶尖高手，采用同行挖角方式获取人才更加直接和快速。但企业必须认识到，这样的人才引入方式，也有诸多弊端与隐患，而且引入的人才表现不佳，请神容易送神难，麻烦不断。这一点，我在前文中已有论述，此处不再赘述。

如何看待销售人员的行业经验与专业能力？在人才招聘中又该如何把握此维

度的权重与要害呢？

首先，不同于性格特质这样的隐性能力，行业经验与专业能力属于显性知识，是可以通过后天的学习与培训来改变和提升的。销售组织中具有良好的培训体系与支持员工按需学习的知识库，销售新人也有着良好的学习能力与学习意愿，两相结合，企业完全可以让一个新人在3~6个月的时间内，具备独立"扛枪打仗"的能力。因此，人才招聘的关键在于，不是对没有行业经验的人说"不"，而是要加速新人的成长速度，提高成材率。

其次，不同企业的销售人员所需具备的行业经验与专业能力都会不同，即使是直接竞争的两个同类型企业，甲企业的销售人员跳槽到乙企业继续从事销售工作，不仅面临企业文化和价值观的冲突与融合，而且在客户知识、产品知识、销售方法、合规制度等方面也需要学习更多新的东西，才能完成真正的"华丽转身"。试想一下，如果同行企业的销售人员跳槽到贵公司，而其掌握的绝大部分知识体系都可以通用，只能说明贵公司不具备差异化竞争优势，只是行业中随波逐流一分子而已。

另外，企业还需要警觉和提防一类特殊的应聘者：他们常自称销售经验丰富，之所以处于无业状态是因为时运不佳或怀才不遇。一般来说，在大多数情况下，一位优秀的销售人才是不会让自己沦落到无业的被动状态的，其真实的失业原因更多的是在上家企业的绩效表现不好而被淘汰。如果企业"饥不择食"地招募这类人，不仅无法产出业绩，留存率低，还会造成企业大量的资源消耗与成本支出。

事实上，过于重视行业经验与专业能力，只会导致企业人为地制造销售人才导入速度的"瓶颈"，也间接地养成了销售型企业急功近利的短视思想与拿来主义。我在前文中提及，越是技术导向的产品销售，越要甄选专业对口的人才加入，这是我们的行动准则。除此之外，行业经验的缺失，不应该成为企业向应聘者关上大门的理由。

结语

综上所述，可以得出如下结论。

- 任职资格是准入门槛，也是最基础的要求。不要随意放低门槛，否则后患无穷。
- 从人才与组织的长远发展角度来讲，性格特质与行为模式的匹配比行业经验与专业能力更重要。
- 具有行业经验与专业能力的人，来之能用，可快速上手；符合性格特质与行为模式要求的人，需要后天培训行业知识与专业知识，虽然起步稍慢，但发展后劲很足。如果两个方面都能合格，就是最佳的选择了。
- 使用专业的性格特质测评工具作为面试甄选的参考，相比凭借直觉选人更加精准。但要注意测评工具的选用，简单、直接、快速、精准、易辨识是最受业务部门管理者欢迎的特点。
- 如果你现在苦恼的是缺少销售人员前来面试，那请调整好心态，不要随意放低甄选的标准，因为不合适的新人，会对整个销售团队的文化和管理者的信心带来致命的打击，所以宁缺毋滥。你需要做的不是放低标准，而是坚持标准，但要更积极地拓展招聘渠道与方式。

销售人员是不是学历越高越好

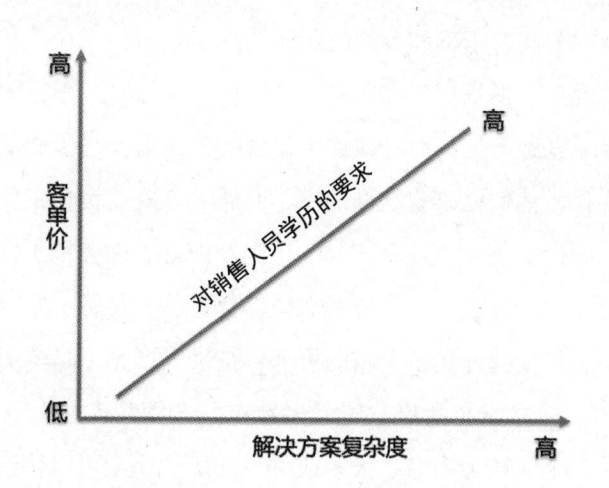

（图：纵轴为"客单价"低到高，横轴为"解决方案复杂度"低到高，斜向上箭头标注"对销售人员学历的要求"由低到高）

这是一篇我很早之前就想写的文章，我也觉得自己有足够的阅历与思考来谈论这个话题。也许，接下来我要表达的事实和观点会和你过往的认知相左，但无论如何，"销售人员是不是学历越高越好"这个问题，必须有个清晰的价值主张与方向指引。

10年前，很少有人重视对销售人员的学历要求。甚至有人会说："有鼻子、有眼睛、会说话的人就可以做销售。销售工作对情商的要求高，而智商则并不重要，智商是天生的，情商是在社会上历练出来的。"言下之意是，学历高低与能否做好销售工作，完全就是两码事。

2016年，我给一家美国高科技企业的销售团队做培训，猛然发现课堂上的销售人员80%以上都是博士学历，这让我特别震惊。因为按照常理，读完了博士，怎么都不应该走上销售这条道路呀！

无独有偶，2019年下半年，我在给国内一家高科技企业做销售业绩改进咨询项目时，发现该企业的销售团队里竟然90%以上的成员都是"985"高校毕业的研究生，而且都是工科毕业，各个都有着非常高深的专业学识造诣。

我忍不住问这些高学历销售人员："你们读了那么多年书，学历那么高，为什么选择做销售工作呀？有没有觉得很亏呀？是不是遇到了什么重大人生变故，或者有着难以诉说的无奈与委屈呀？"

他们回答我说，刚从事销售工作时，内心中确实有过一些犹豫和纠结，但现在他们觉得这是一个非常正确和英明的职业选择。

我又开玩笑说："做销售工作可是一条'不归路'呀。很多人毕业后选择做销售工作，就会一直做下去，而且很难再找到一个非销售岗位的工作机会。"

他们却告诉我，他们就喜欢这样的"不归路"。既然销售工作越做越好，越做越得心应手，为什么还要想这个"归"字呢？而且，做销售工作所带来的成就感、自由感、价值感，远远高于办公室文员、公务员、科研工作者等传统职业。

以上这些经历，让我开始了全新的思考：销售人员是不是学历越高越好？

在我接触的中国本土企业里，绝大多数在甄选销售人员时，并不会对学历提出太高的要求。企业认为中专、大专或本科学历就完全可以达到销售岗位的要求，如果应聘者是"211"或"985"高校的毕业生，企业更是如获至宝。至于让硕士或博士做销售工作，企业一方面觉得大材小用，另一方面也认为这些高学历人士会心比天高，吃不了苦。而且高学历人士对薪资的要求也会让企业不堪重负。因此，大部分企业都不会有这种"奢望"。

首先要澄清的是，不同的营销模式对销售人员的学历要求不同。

最典型和最有说服力的一个行业就是保险业。中国人寿保险集团和平安保险集团各自都拥有近百万名的保险代理人。这些代理人不属于公司的员工编制，没有基本底薪，仅依靠与保险公司签订的"代理协议"获取保单背后的佣金与奖励。在这个行业，保险公司会提供强大的后台服务支持、前台品牌与产品支持，剩下的就要靠代理人自己的人脉资源与勤奋努力，因此对学历的要求会放得很低，甚至没有要求。近些年，保险公司开始意识到学历对业务团队人才梯队建设的重要性，设置了如"储备经理人计划"等代理人培育项目，希望能够吸引一些高学历人士成为保险代理人，未来将其培养成为有领导能力和远见卓识的高级主管。

还有一个对销售人员学历要求不高的行业就是快速消费品行业和某些标准化程度较高的耐用消费品行业。这两个行业的地推销售人员人数众多，而且工作任务较为简单与重复，对于所推销的产品服务无须过高的专业解读和表达能力，甚至更强调服务意识与不屈不挠的精神。而这些特点，反倒是学历较低的人更容易接纳与适应的。

与上述两种情况不同的是，在B2B大客户销售领域，尤其是在客单价高、解决方案复杂、需要基于客户需求量身定制的销售场景下，对销售人员的学历要求就会"高人一等"。接下来，我和大家详细分析一下其中的门道。

高学历对销售工作真的有帮助吗

从业至今，与我共事过或深度参与过我的培训项目的销售人员应该有上万名了。说句实在话，我发现，在大部分情况下，学历高的人，其做销售工作的方式和思维模式确实有诸多过人之处。

首先，高学历的销售人员，学习能力特别强，对新知识的理解、吸收、掌握和运用能力比学历较低的销售人员更强。大家都知道，能够考上"985"和"211"高校的人，其学习能力要比普通人高出很多，而能够继续攻读硕士、博士学位的人更是人中龙凤，不可多得。销售工作本身极富创造性与挑战性，企业要求销售人员能够举一反三，灵活应变，能够快速习得与转换，高学历的人对此更能轻松驾驭，信手拈来。

其次，高学历的销售人员，更容易激发客户的兴趣与好奇心，更能够展现个人品牌与专业学识魅力，更容易建立客户的信任度。我曾经见过一位把"博士"学位印在名片上的高学历销售人员，他每次向客户递出名片时，都会让客户为之震惊，继而对他产生更多的好奇与尊重。当然，高学历并不是用来制造噱头的，只是在与客户的交流中，高学历的销售人员更能成为客户心目中的行业顾问与解决问题的专家。

再次，高学历人士通常会设定更高、更远大的事业目标。同样是做销售工作，高学历的人会认为如果自己不能做得比一般人更好，不能脱颖而出，似乎对不起自己多年的寒窗苦读。一般来说，人们学历越高，年龄就越大。尤其是那些硕士、博士毕业的人，当他们走出"象牙塔"时，已然进入谈婚论嫁的年龄。要获取更高的收入，要让家人过上更有品质的生活，销售工作自然成为最佳选择。特别要指出的是，高学历的人不会小富即安，通常会给自己设定更高的奋斗目标，获取更大的成功。

另外，高学历的人能构建高层次的人脉资源。在高校毕业生中，一般只有少数人选择从事销售工作，更多的人还是会遵循常规，走趋于稳定的职业道路，如考公务员或找一个不错的公司从事技术研发工作等。高学历的销售人员会很快发现，他的同学们大都在自己要接洽的客户企业中扮演着重要的关键联系人角色，甚至他的导师们也是这些客户企业中的顾问专家或独立董事。基于这么好的人脉资源与人际关系，把业务做好自然就不在话下了。

最后，学历越高的销售人员，其未来可持续发展的潜能越大。职位越高，对人的综合素养与学习转化能力要求就越高。对高学历的销售人员来说，做销售只是他们事业发展的起点，他们希望自己未来能做到销售总监、销售VP甚至公司的总经理或总裁级别。有了基层销售工作的历练，未来负责企业高层管理工作时，根基会更加深厚。毕竟，世界500强企业的CEO有80%左右都是从销售战线一步一步晋升上来的。

综上所述，招聘高学历的人士从事销售工作，尽管会带来一些短期的用工成本压力，但从人才与组织长远发展的角度来看，是一种投入产出比更高的双赢选择。

低学历销售人员的自强之路

我们必须承认，目前确实有很多低学历人士，其从事销售工作的动机，就是为了解决生存问题，或者是希望比其他同样低学历的人赚得多一点。如果出于这样的择业目的，人们就很容易进入一种自我满足的状态，甚至在是从事了两三年销售工作后，变得非常"油腻"，习惯待在一个"实现现有业绩目标就知足常乐"的舒适区，不思进取，小富即安。

我们常说，不想当将军的士兵不是好士兵，不想有更高追求的销售人员也不是好销售人员。要想成为一个将军，你首先要有成为将军的理想与抱负，其次要有成为将军的实力与能力。既然"低学历"已是既成事实，那就以勤补拙、奋起直追。虽然你无法拥有更高的学历，但可以在"社会大学"这个新平台上继续自我提升和成长。

我有一个好朋友，因为家里经济条件不好，初中毕业后报考了中专，但后来他又参加了成人高等教育自学考试，凭借自己的努力拿到了本科文凭，后来还通过了国家统考的研究生入学考试，以半工半读的形式获得了硕士研究生学历和学位，现在已经是一位让人景仰的社会成功人士了。

所以我认为，人生从来就不应该轻易地向命运低头，就像是2019年国产动漫巨作《哪吒》在国外上映时的名称——*NE ZHA：I am the Destiny*，命运是掌握在自己手里的。如果一名销售人员甘于平庸、甘于油腻、不思进取，那谁也帮不了他。但如果他能够奋发图强、勇猛精进，即使学历不高，照样可以和其他高学历社会精英在职场上一较高低。

结语

我认为，销售人员的学历越高越好。学习好，也是个人能力强的真实表现。

我也认为，低学历的销售人员，只要奋勇直追，也一样能拥有精彩和成功的人生。

从女排精神看销售团队管理心法

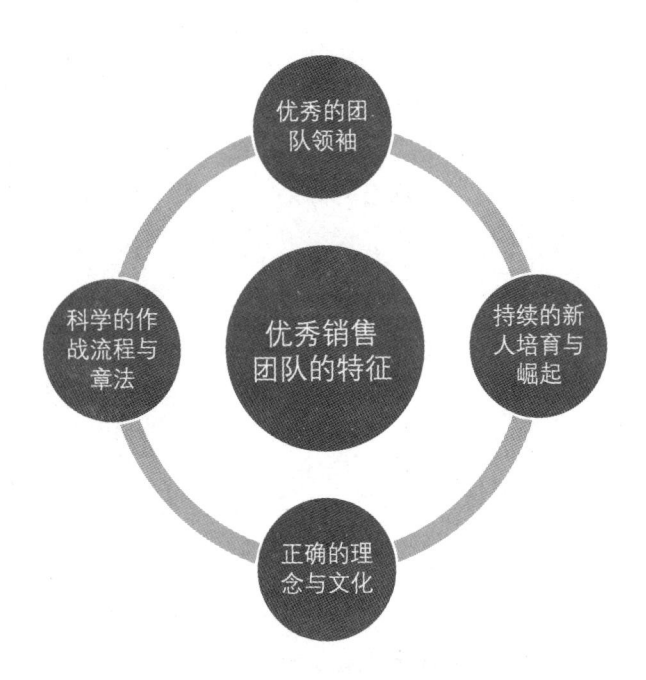

```
        优秀的团
        队领袖

科学的作            持续的新
战流程与  优秀销售  人培育与
  章法   团队的特征   崛起

        正确的理
        念与文化
```

　　写这篇文章的时间，是2021年8月初，中国女排在东京奥运会赛场上接连输给土耳其、美国和俄罗斯队之后，却以3∶0战胜了实力强大的意大利队，迎来了期待已久的全面爆发。

　　在这场对阵意大利的比赛中，终于获得休息机会的队长朱婷，全程在一旁为队友呐喊助威，她受伤的右手在和大家击掌加油时痛到只能握成一个拳头。那一刻，所有人都能深刻地感受到这是一支真正的团队，有战斗力，有激情与活力，更有使命与担当。虽然中国女排最终以五战两胜三负的成绩未能出线，但女排姑娘们的顽强拼搏精神得到了大家的一致肯定。向中国女排致敬，向女排精神致敬！

　　作为一名研究和传播专业销售方法论的老师，我有幸接触了无数形形色色的销售型组织。我从中国女排的成长历程中领悟了更多关于销售团队的管理升级心法。

首先，作为一支优秀的团队，必须有一流的领袖和带头人。

从中国女排第一代的袁伟民教练与郎平队长，到第二代的陈忠和教练与赵蕊蕊队长，再到第三代的郎平教练与朱婷队长，这些领袖级的人物，不仅专业技能过硬，而且极具人格魅力，能够在危难之中显出英雄本色，力挽狂澜，在赛场浮沉之中带着团队砥砺前行，创造一个又一个胜利与奇迹。

销售团队亦是如此。人们常说，"没有不好的士兵，只有不好的将军。"销售领军者的能力强弱，直接影响整个队伍的作战能力与精神风貌。

我经常接到企业的求助电话，请我帮他们推荐合适的销售总监人选。我只能表示爱莫能助。因为企业真正需要的领军者，一定是生长与植根于现有的组织之中的。外来精英固然能解燃眉之急，但也有饮鸩止渴的诸多隐患。

因此，企业一定要加强对自有销售管理人才的培养，从初级销售人员的招聘甄选，到高潜人才的特殊培养，每个管理层级都要形成对"关键人才梯队建设"重要性的认知，更要有配套的培养机制与考核机制。只有把销售领军者的人才梯队建设落到实处，才能避免"人才荒"和"病急乱投医"的尴尬局面，才能确保销售团队战斗力的延续与升级。

其次，作为一支优秀的团队，必须有一流的新人培育和崛起。

我清晰地记得，在我们《协同式销售》课本中印有这样一段话："从销售精英的单打独斗到销售组织的整体成长转变。"一支球队的建设与一个销售团队的打造，均应遵循该理念。

对于朱婷，郎平是欣赏的、认可的，也是最倚重的。除了郎平教练，朱婷在球队中的"主心骨"地位无可非议。但机器运转久了也会有劳损，更何况血肉之躯？朱婷右手伤势的详情我们无从知晓，但在对抗如此激烈的国际赛场，看到这位绝对主力居然在右手手腕处绑上护板上阵，不由得让人潸然泪下，也连连感叹："让新人上吧，相信她们也能扛此重任"。于是在对阵意大利时，我们终于"放下了"朱婷，也欣喜地看到了又一批新的年轻的巾帼英雄荣耀诞生。

销售团队的新老更替又何尝不是如此？不少销售团队负责人津津乐道于自己的团队成员流动率不高，队伍超级稳定。稳定固然重要，但如果过于稳定，团队就极易进入舒适区，对达成现有业绩目标有知足常乐、小富即安的心态。此外，过于稳定，还会滋生保守主义、帮派主义，甚至对公司、对领导、对客户再无敬畏之心。

当然，我不是否定既有团队与既有机制的功效，而是要让团队永远保持历久弥新的鲜活状态。我经常说："人若青涩便还能成长，人若成熟，便只能腐烂。"一支优秀的销售团队，必须有"优胜劣汰"的机制，必须有"新鲜血液"的导入。"年轻就是最大的资本"这句话，不能只放在嘴上，而要体现在对新人选育的实际行动之中。

再强大的个人英雄，也会迎来"迟暮之年"。作为销售团队的领军者，无论你对团队中的少数业务精英有多倚重，也应该将更多的精力投入到对新人的招募与培养上。因为，有新人，才会有未来。

再次，作为一支优秀的团队，必须有正确的理念与文化。

在中国女排憾负俄罗斯奥委会女排后，队员们非常沮丧，甚至痛哭流涕。这个时候，郎平教练告诉大家要抬起头来，不要被失败打倒，而要快速调整心态与状态，把下一个挑战当成全新的挑战。我想，这就是中国女排的精神。中国女排并不是常胜将军，也不是孤独求败。伤病困扰、新老更替、对手的崛起，都让中国女排的前行之路荆棘丛生、举步维艰。但无论处于何种境地，中国女排精神都在，并一直激励着一代又一代的运动员们前赴后继。

销售团队更是如此。缺失了价值观和团队文化的销售团队，是没有灵魂的，更像一个团伙或一群散兵游勇，一旦遭遇将帅更替或市场波动，就很容易一击即溃。

很多销售管理者心里只有业绩和目标，没有价值观与企业文化。他们嘴上应付式地念叨着企业的价值观和文化，在团队管理的行动举措中却对此只字不提，甚至认为企业文化这个东西华而不实，没有用处。我认为，这恰恰是不合格的销售管理者的典型表现。我不禁要问当下的销售管理者以下几个问题。

- 你在带一支怎样的队伍？
- 你要把队伍带往何处？

- 你的队伍的精气神在哪里?
- 你的队伍应信奉什么、敬畏什么、接受什么和拒绝什么?

销售管理者必须旗帜鲜明地回答这些问题,并且将自己的理念体现在日常的管理与沟通过程中。

我在观看了央视献礼热剧《觉醒时代》之后,突然对"主义"这个词有了全新的认知。"主义"对一个国家来说非常重要。销售团队中也必须有"主义",只有这样,团队成员才能用正确的方法做正确的事情,才能将小团队的力量融入大团队之中,才能培养对企业的归属感与忠诚度,才能胜不骄败不馁,才能心往一处想、劲往一处使。

最后,作为一支优秀的团队,还要有科学的作战流程与行动章法。

销售团队的行动章法,简单来说,就是"用正确的方法做正确的事情",就是科学的销售流程与专业的销售管理方法。任何体育比赛队伍,如果没有战术的执行与优化,就无法取得好成绩。任何销售组织,单靠直觉和经验做业务或带团队也是绝对行不通的。销售人员的直觉和经验固然重要,但只有导入科学的销售方法论,才是团队发展之本、成功复制之本。

在团队形式的体育比赛中,人们总是把注意力放在少数几个超级明星身上,而忽视了一个事实:最可持续的胜利来自整个团队的协同配合与战斗能力提升。一个"巨星"的诞生,需要更多的天赋异禀与后天努力,但一个"王牌团队"的诞生,则需要更多的统一作战语言与行为标准。

作为专业销售方法论的研究者与传播者,我始终强调在销售组织中导入和固化一套科学的销售流程与工具方法。它就像一个导航地图,指引着团队中的每个人,在每个客户和每个商机的服务跟进上,目标明确,步骤清晰,行动有效,阶段性推进与客户的合作进程。此外,这套销售流程与工具方法应该在团队中得到最大限度的复制与传承。我希望看到的是,在这样的方法论指引下,人人都能独当一面、扛起重担,形成销售组织生生不息的业务拓展能力。

结语

　　本文从中国女排在东京奥运赛场上的比赛经历中领悟到销售团队管理升级的成功心法，值得企业营销高层们反思与借鉴。我相信，一次东京奥运之旅，一次遭遇三连败后的涅槃重生，必将对中国女排的未来发展与可持续的成长有着深远的影响。我更有理由相信，只要有一流的团队领袖、一流的新人培育与崛起、一流的团队价值观与理念，再加上一流的作战流程与行动章法，纵使遭遇挫折和打击，销售团队也能快速崛起，再次跻身强者之列，笑傲江湖。

你公司的 CRM 系统用得怎么样

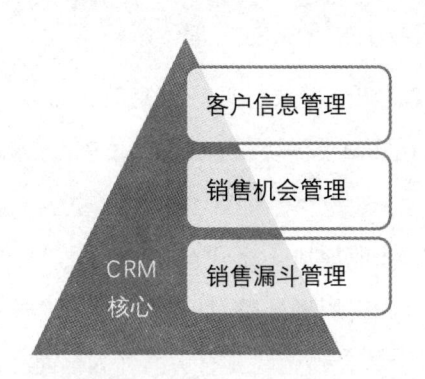

```
        客户信息管理

         销售机会管理
  CRM
  核心   销售漏斗管理
```

CRM系统即客户关系管理（Customer Relationship Management）系统。企业还有另一个管理系统叫作企业资源计划管理系统（Enterprise Resource Planning，ERP）。很多人搞不清CRM系统与ERP系统的区别，也不知道两者分别能起到什么作用。

以下先来"敲黑板"，对两者做个基本概念普及。

ERP系统主要用于企业内部的供应链管理与财务管控，企业在与客户签订合同后，所有后续的交付管理与订单管理都会通过ERP系统来执行。

而CRM系统更多地用于销售团队对外部客户的开发与关系培育管理。在与客户签订合同之前，所有的营销与销售行为都会在CRM系统中体现出来，留下数据与信息。

通常来说，企业先引进ERP，做好基础的交付结算管理，然后引进CRM系统，关注协议与订单生成之前的客户关系管理。这也许是"攘外必先安内"思维逻辑的体现：通过ERP系统把内部管理做好，再通过CRM系统把外部管理做好。

近年来，CRM系统渐渐成为企业销售团队管理体系中的标配。但在应用CRM系统的时候，却是几家欢喜几家愁：有的企业用得很好，促进了销售管理水平与绩效提升；但有些企业用起来困难重重，甚至最后以失败告终。

CRM系统究竟能对销售管理工作起到哪些作用？在应用的过程中又常常会遇到哪些问题和挑战？有哪些行动策略可以提高引进CRM系统的成功概率？对于这些疑惑，我会在本文中一一解答。首先从CRM系统的核心功能模块开始讲解。

CRM系统的核心功能与应用价值

CRM系统有3个核心功能模块：客户信息管理模块、销售机会管理模块、销售漏斗管理模块。如果这3个模块没有用好，CRM系统90%的应用价值就无法体现。

先来看看客户信息管理模块。企业会要求销售人员将3类基本信息上传至CRM系统，分别是客户的组织概况信息、客户的关键联系人信息、客户的有效联系记录信息。信息的上传必须做到及时、准确和全面。

企业必须旗帜鲜明地表明一个观点：销售人员所有正在跟进的客户资源，无论是企业指派的，还是销售人员自行开发的，都属于企业的重要资产，而不是销售人员的个人财产。因此，销售人员有责任、有义务将其所获取的所有客户信息上传至CRM系统。这个观点，可以写进企业的"基本法"（员工守则）中，不容违背与质疑。

再来看看销售机会管理模块。企业应预先在CRM系统中设定好销售流程执行框架与标准步骤，然后让销售人员输入其跟进中的所有商机项目推进信息。销售人员与管理者都可以借此评估销售周期的可控性，进行商机的结案强度分析，确定下一步的商机推进策略等。

在大客户销售场景中，销售人员更多的是在工作场所之外与客户接洽，其销售行为很难被监控，工作效能也很难被衡量。通过CRM系统中上传的商机跟进信息，管理者可以更好地评估销售人员的工作有效性。例如，在拜访完客户后，能否上传经客户确认的沟通会议纪要、能否完成获得客户认可的联合行动计划等，都可以作为判断销售人员工作有效性的依据。管理者也能从中发现销售团队存在的一些技能短板，以及销售管理机制中的可提升空间，进而采取相应的改善措施。这一切，都有赖于CRM系统的平台信息承载功能。

另外，还可以将企业内部其他协同部门的人员设定为商机项目联合跟进人，在CRM系统中形成一个虚拟项目小组，从而实现信息共享、高效沟通，以便更好地提高协同效率与商机赢单率。

最后来看看销售漏斗管理模块。先有销售流程，再有销售漏斗。所有的销售机会都是从漏斗的顶部一级一级地往下沉，最终从底部漏出来，变成一个成功的合同订单。基于CRM系统中的商机信息汇总，销售团队管理者可以进行销售漏斗中的商机数量管理、商机质量管理、目标产出预测管理和销售工作问题诊断等。

很多中大型企业，尤其是上市企业，非常重视销售业绩预测工作。而产出预测的准确性也是判断一个企业销售管理水平成熟度的依据。以前企业做销售预测基本上凭直觉、拍脑袋，到最后做到多少算多少。而有了CRM系统的销售漏斗管理模块，通过设定赢单率、区分批量商机和特殊商机、确定预计结案时间与预计成交金额等数据维度，企业就可以更科学地进行产出预测，避免主观因素对预测结果的干扰。

提升CRM系统落地转化成功率的关键举措

既然CRM系统如此强大，为什么有那么多企业在引进CRM系统之后遭遇"滑铁卢"呢？有人开玩笑说，他们在引进CRM系统之初踌躇满志，引进CRM系统之后却万念俱灰。这到底是CRM系统的错，还是使用CRM系统的人的错？有哪些关键举措可以提高CRM系统的落地转化成功率呢？

第一个关键举措是获得来自企业战略层面的重视与支持。可能有人会说，CRM系统只是一个在销售管理部门使用的二级应用系统而已，无须上升到战略层面。这种想法其实大错特错。首先，销售部门负责为公司创收，而对销售管理模式的任何变革，都有可能影响企业的正常造血功能。CRM系统的导入，不仅是增加了一个IT系统，更意味着一种先进的销售管理模式的植入，以及对销售团队工作模式的重要改变。这必将使CRM系统在推行的过程中遇到诸多阻力，所以需要企业用最大的决心和毅力来保障。如果没有来自企业高层的重视与支持，CRM系统在企业中的命运多半是无果而终。因此，CRM系统的导入，应该是一项"一把手"工程。

第二个关键举措是强调"业务支持多于行为管控"。很多管理者引进CRM系统时动机就不纯,满心想着"我终于有机会把销售人员脑袋里的客户资料挖出来了""我终于可以通过CRM系统来监控销售人员在外面的所作所为了"。然而,有攻就有守。你越是拼命地管控,就越管控不住。通则不痛,痛则不通。最好的办法是,引导销售人员认识到CRM系统对他们做好业绩的价值,如可以更有效地做好客户经营,更好地提高商机赢单率,更好地提升沟通效能,更好地获得企业的资源支持,等等。只有销售人员觉得CRM系统不是来管他的,而是来帮助他成功的,才会心甘情愿地使用。另外,还要不断提高销售人员对CRM系统的使用频率,就像每天多频次使用微信一样地使用CRM系统。使用次数多了,销售人员对CRM系统就不陌生了,接受程度自然就会越来越高。

第三个关键业务举措是从管理者开始,以身作则和率先垂范。企业常把CRM系统落地转化失败的原因归咎于销售人员的不配合,但"没有不好的士兵,只有不好的将军"。消极对待CRM系统的人往往是销售团队的管理者。他们中有一部分人口头上表示拥护企业的决定,欢迎CRM系统的入驻,但总是"口是心非",在执行过程中各种敷衍对待与"负隅顽抗"。为什么呢?其实,管理者和销售人员一样,对变革和挑战会天然地反感与抗拒,宁愿待在舒适区,也不愿意主动把自己曝光在阳光之下。尤其是他们已经习惯了以往的"人治"管理模式,现在要通过CRM系统中的数据和事实来管理员工,会让很多管理者难以适应。

企业不但要让管理者认清企业推进CRM系统的决心与信心,还要从理念与愿景上对管理者进行疏导。同时,企业可以将CRM系统的推行效果纳入管理者的KPI,甚至在导入CRM系统的第一年时设定相关的对管理者绩效评定的"一票否决权"。

第四个关键业务举措是"在做中改,在改中做"。绝大部分企业都会选择购买成熟的、标准化的CRM系统产品。企业也可以通过后台的字段定制,让CRM系统更加贴近真实的应用场景。但无论初期如何配置,CRM系统在使用过程中还是会存在诸多问题。这都是正常的现象。关键在于，发现问题后是埋怨指责，还是积极反馈？其实，CRM系统与大家常用的手机App一样，刚开始上线时都有各种不完善之处，但通过后续的改进，就会越用越好用。因此，要倡导所有的人不做旁观者和冷嘲热讽者，可以多提改进建议，与企业的CRM系统一起成长、进步。

结语

"你爱与不爱，它都在那里，不悲不喜。"CRM系统对当下的销售团队而言，早已不是什么新鲜事物，而是营销体系升级变革的大趋势，是销售团队走向可持续健康发展的必然选择。越早接纳和成功导入CRM系统的企业，越能在激烈的竞争中占据先机，获得可持续的业绩增长优势。

有位朋友在公司创建之初，当时公司只有他一个人，就主动引进了CRM系统，对手头的客户资源进行管理与维护。他告诉我："CRM系统的使用，真正体现的是一种客户经营意识，是一种科学管理思想，而与企业规模的大与小无关。"

销售总监最要紧的"三力模型"

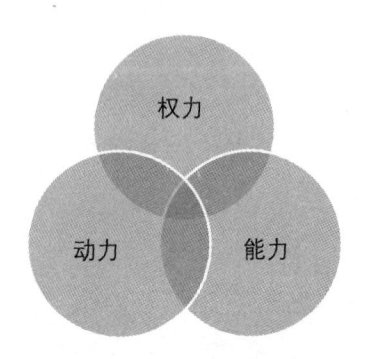

```
        权力
    动力    能力
```

在为企业提供销售培训与咨询服务过程中，我经常接到很多企业高层的嘱托，希望能够帮忙推荐和物色一些好的销售总监人选。原因就是这些企业对现有的销售总监不满意、不放心，不愿意继续把带领销售团队发展的重任交给他们。

Easy Selling销售赋能中心的权威调研数据显示，在企业的销售团队负责人中，有80%以上的销售总监不胜任现有岗位的工作要求；有75%以上的销售总监无法有效地辨识自己的管理行为对提升销售团队业绩的贡献度。换句话说，这些销售总监每天虽然忙忙碌碌，却经常质疑自己在组织中的存在价值。

我进一步发现，大部分销售总监都是从一线销售人员一路奋斗，成长为销售主管、销售经理，再到现在的总监位置。随着管辖的范围越来越大，他们过往引以为傲的个人业务经验却越来越派不上用场，越来越难以在团队中复制。

最近有家企业的董事长向我抱怨说，找个合适的销售总监比找个企业接班人还要难。原来，在企业初创期，企业规模不大，销售总监的位置都是由老板直接兼任的。当队伍壮大起来，老板要退居二线时，就希望提拔一个销售总监来委以重任。很可惜的是，老板有自己的一套打单方法，提拔上来的销售总监又有另一套业务模式，而且带着很明显的个人色彩。老板发现他根本无法将自己的做事方式复制到销售总监身上，而销售总监也无法将自己的成功秘籍复制到团队中的更多人身上。如此下去，一人一套打法，五花八门，销售人员从思维到行动都难以做到统一，队伍就越来越难带了。

另外，导致销售总监失职与不胜任的重要原因还有一个，就是他们对销售团队未来发展的方向和重点不够了解。我经常问一些销售总监："你知道你的这支销售团队在1年后应该发展成什么样子吗？3年后呢？5年后呢？"事实上，很多销售总监都不知道、也几乎从来没有想过这几个问题的答案。

由于缺少这样的发展规划，就会出现很多"头痛医头，脚痛医脚"的短视型管理行为。处理了一个问题，又会引发一个新的问题；刚刚处理完的问题，过不了多久又死灰复燃，销售团队重蹈覆辙。

近些年，中国很多民营企业愿意花重金从一些外资或跨国标杆企业中高薪聘请职业经理人。其实这些外企职业经理人并不见得有多强的个人能力，民营企业老板更看重的是他们对标杆企业运营模式的了解。在这些民营企业老板的认知中，标杆企业的今天，就是自己企业发展的明天。知道了明天是什么样子的，也就知道了自己今天应该做些什么。由此可见，销售总监对销售团队未来发展方向的认知与重点把握，是多么重要。

那么，如何才能成为一名优秀的销售总监呢？以下用一个"三力模型"来诠释这个问题，"三力"具体是指权力、能力和动力。

权力

所谓权力，是指销售总监在企业里被赋予了怎样的授权，包括但不限于人员的选用和任免权、激励与考核权、营销策略的制定权、营销资源的分配权等。销售总监获得的授权大小，与其对企业的忠诚度、企业对其的信任度直接相关。

应该说，在职时间不仅可以用来衡量一名职业经理人对企业的忠诚度，也是职业经理人对企业及行业深度了解的必要过程。首先，任何销售变革举措都要和企业的愿景与使命相符，也必须与企业文化和价值观保持一致，更要考虑企业所处的外部竞争环境及内部组织发展阶段特征。俗语说得好："三年入行，五年懂行，十年成王。"没有三五年的时间，销售总监根本无法彻底了解和融入企业，更无法制定出成熟的、兼顾当下与未来的管理政策。"空降兵"的最大风险就是在履职之后，还没有搞清楚东南西北就开始指手画脚，最终的结果往往是惨淡收场，而销售团队也在经历了一次又一次折腾之后元气大伤。

我经常奉劝销售同人："'这山望着那山高'的上一句就是'东家不知西家苦'。"也就是说，在销售生涯中，不要老想着从这家企业跳槽到另一家企业。只要你所处的企业是一个走正道、图正果的企业，只要现在这家企业里有你学习与效仿的标杆，你就应该学会安驻当下，踏踏实实地工作，陪伴这家企业成长。正是因为你的这份坚持，企业才会看到你的忠诚，也才愿意授予你更大的职权与担当。

对"权力"的另一个理解是要有大局观和诚信度，不能短视，不要贪小便宜，事事都应以企业的大局为重。以前人们习惯用"职业经理人"这个名词，现在更多地用"事业经理人"这个称谓。一字之差，反映的是人们把眼下这个工作机会当成一个跳板，还是当成一份可以中长期为之奋斗的事业。没有人会承诺在一家企业干到底，但至少应该在任职期间心无杂念，视企业为家，视工作为事业，既要和下属并肩战斗，同甘共苦，也要学会站在老板和决策层的角度思考与处理问题，这才是老板心目中的可成大器的人才。

能力

这里所指的能力，并非强调个人的业务打单能力。因为一个人能走上销售总监这个位置，说明个人能力是过关的。但作为管理者，当下的任务是带领整个销售团队走向成功，管理者此时的能力水平应该通过团队的能力成长体现出来。

因此，不要继续停留在"用直觉与经验打单"的沾沾自喜上，而要把直觉与经验上升为一种方法论，定义一套科学的销售流程与方法体系，在组织中导入一种共同的销售语言和行为标准。有了这样的方法论做基础，未来不管是谁担任销售总监，团队的工作节奏就不会乱，团队做事的方法就会一如既往地有传承。这才是一个健康向上的、可持续发展的团队。

我把管理人员分为两种：事务型管理者和策略型管理者。事务型管理者着眼于当下的事情，做最紧急的事情，只顾低头走路，走一步看一步。陪同销售人员打单，帮助销售人员处理各种内外部纠纷，一天到晚地催逼销售人员的业绩，是事务型管理者最主要的工作内容。而策略型管理者更加注重那些重要但不紧急的事情，关注团队的发展与业绩的健康和可持续提升。在团队中制定运营规则，导入高效的作战模式与工作方法，训练和辅导下属的能力发展，做好中长期规划与短期工作计划，是策略型管理者工作日程中的重要事项。

我发现了一些很奇怪的现象：我在给一些企业做销售培训时，坐在教室里的都是"冲杀"在一线的销售人员，而带领他们的销售经理和销售总监却不见踪影。我问学员："你们的领导哪里去了？"学员们告诉我："领导们在开其他的会，赴其他的约，没有时间来参加培训。"让我很诧异的是：作为销售团队负责人，如果不坐在教室里和大家一起学习，不了解销售人员在学什么样的技能，又如何在培训结束后指导他们使用新技能、采用新的作战模式呢？所以我经常说，最应该坐在这个教室里学习的，其实是销售经理和销售总监。

一个不爱学习的销售总监，一定不能被委以重任，因为他们已经渐趋油腻、故步自封。如果有更合适的人才，就要坚决地将他们进行撤换。

动力

销售总监除了要有能力，还要有动力，尤其是使用科学销售流程方法的内在驱动力。没能力有动力，是有心无力；有能力无动力，是知行不一。再好的方法与流程，如果不能转化到销售团队成员的行为模式中，也只是徒劳无益。而这种行为转化，非得借助管理者最大的决心与坚持方能成行。

很多时候，企业要推行一套新的销售流程体系，却发现一些销售总监口头表示认同和拥护，背后却以各种各样的理由进行抵触和敷衍对待，令新的销售流程体系在企业里难以落地转化，企业的成长发展也因此停滞不前。

为什么销售总监会有抵触情绪？其实不难理解。销售总监一步步打拼和晋升到目前的岗位，更多的是靠自己过人的个人能力，而不是接受过多少系统的销售方法论培训，更不是应用过多少经典的销售流程方法。换句话说，销售总监内心中就不认同有一种连他自己都要重新学习的方法论，可以帮助他和他所带领的团队变得更好。况且要学习新的知识，做出新的改变，对一个"功勋卓著"的人来讲真不是一件容易的事情。

华为公司一直是大家心目中推行流程变革项目的成功典范，IBM帮助其导入的IPD产品开发流程更是让华为公司一战成名，被人们竞相传颂和效仿。但我们必须清醒地认识到，IBM帮助很多中国企业导入过IPD流程，但真正算得上成功案例的只有华为公司。我们可以这样认为：不是IBM这个老师有多厉害，而是华为公司这个学生有多强悍。这种强悍，体现了华为公司变革升级的强大动力——纵使粉身碎骨也在所不辞。

所以说，"变化才是永恒的不变"，销售总监唯有发自内心地相信科学销售方法论的力量，甚至将其上升到信仰的高度，才有可能产生强大的自驱力，才能自动自发地带头执行新的流程方法，并以此来推动整个团队朝着科学与健康的方向发展。

结语

我们必须承认："权力+能力+动力"的修炼，知易行难。但正因为难，才会有凤凰涅槃、浴火重生、一飞冲天的荣耀历程。

让听得见炮声的人做决策。我真心希望所有希望成长为销售总监或已经是销售总监的精英们，能够以更高的标准要求自己，以"三力模型"为标准，成为企业未来可堪大任的将才、帅才。

销售业绩目标必须做"三年规划"

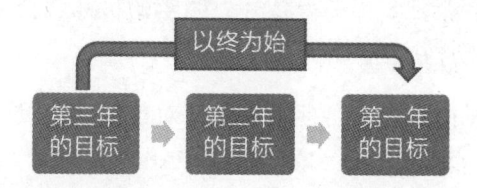

```
        以终为始
   ┌─────────────────┐
   ↓                 │
第三年  →  第二年  →  第一年
的目标     的目标     的目标
```

每到年头年尾，都是各家企业制定年度营销规划的高峰期。其主要议题无外乎在新的一年里，企业应该卖什么、卖多少、怎么卖，以及要投入多少资源。年初的规划做得好，接下来的工作才能有方向、有重点、有策略，业绩目标的实现也才更有确定性。

营销规划首先要确定销售业绩目标。世界知名作家爱默生说过："一个目标导向的人，全世界都会为他让路。"老子在《道德经》说："道生一，一生二，二生三，三生万物。"这里的"道"，可以用来隐喻企业中定义清晰和使命必达的"业绩目标"。

站在公司的角度，业绩目标自然是定得越高越好。《孙子兵法》有云："求其上，得其中；求其中，得其下；求其下，必败。"目标定得高一点，即使最终达不到，也会与之相对靠近，结果应该不至于太差；但如果目标定得偏低，一则团队容易麻痹大意，出现轻敌思想，二则无法激励团队的斗志，有溃不成军的风险。

一家通用设备制造企业的老板，有两个惯用的招数让销售团队接受公司确定的高业绩目标。第一招是在酒桌上和销售骨干拼酒量，然后乘着酒兴让销售骨干当场做出目标承诺；第二招是把销售负责人一个个请进房间，苦口婆心地开导和劝说，在一番心理博弈后，最终让销售负责人对业绩目标做最终确认。渐渐地，这位老板发现，这些方法表面上看似乎有效，但员工在酒桌上的承诺毕竟当不得真，而员工在老板软硬兼施下的妥协也未必是出于真心的。

以下先来看看在每年的营销规划环节,销售团队对"目标"反馈最多的意见是什么。

- 企业把目标和预算都定好了,但是对于怎么达成,好像没有人愿意花时间讨论。
- 目标年年都会涨。今年做得越好,明年的目标就会越高。早知道这样,今年还不如少做点业绩。
- 上层领导都在拍脑袋定目标,我们反对也没用,只能逆来顺受,爱咋咋地。
- 我不清楚企业对我负责的部门的发展规划要求。我也不清楚未来是什么样子的,还是走一步看一步吧。

以上这些意见在很多企业都存在,集中反映了企业领导层与执行层在目标确立方面的对立情绪,以及员工对达成年度业绩目标的"无所谓"态度。如果以上这些抱怨没有被很好地化解和消除,如果企业下达的目标没有被团队认可和接受,目标就成了水中月、镜中花,难以实现。

为什么每年的营销目标规划都会遭遇如此多的负面"抵制"?可以从各家企业确定目标与激励机制的通行做法中找到原因。

大多数企业在定目标时,都会选择在去年实际达成的业绩水平的基础上设定一个增长率,保守一点的是10%~30%的同比增长,激进一点的是50%~100%的同比增长。增长率的设定,有一定的思考依据,如企业高层的直觉经验判断、与同行标杆企业比发展速度、根据企业过往的业绩增长规律来推算。但不管怎样,只要第一年业绩做得好,第二年的目标就会同比更高;但如果第一年业绩做得差,企业对第二年的目标增长预期也会同比下调。

目标增长是大势所趋,但关键是,许多企业的销售激励机制都与销售目标的达成率紧密捆绑在一起,这势必会引发一个恶性循环:同样是实现某个业绩额,目标定得越高,达成率就会越低,销售人员的收入就会随之降低。反之,如果目标定得不高,达成率就会提高,销售人员的收入也会随之增加。因此,销售人员不愿意冲击更高的业绩,因为他们不希望来年自己的目标水涨船高;而企业希望有更高的业绩增长，但又会引发销售团队对目标值的讨价还价。

如何才能让销售团队心甘情愿地接受企业下达的目标，并且愿意为之努力和奋斗？Easy Selling销售赋能中心认为，人无远虑，必有近忧，企业应当基于3年的中长期规划，确定最近一年的目标及实现首年目标的保障举措。这个主张的合理性与必要性分析如下。

首先，三年期目标规划是企业在发展愿景中的重要里程碑要求，容易被团队接受和认可。在激烈的市场竞争中，企业如同"中流击水，不进则退"，必须在指定的时间内达到一定的市场份额，才能站稳脚跟，获得再发展的机会，否则就会沦为被"快鱼"吃掉的"慢鱼"。例如，企业要在第三年实现10亿元的业绩目标，那么第二年就要努力做到7亿元，而第一年就必须做到5亿元，尽管上一年只做到了3亿元。这是一个以终为始的简单算法推演，既统一了大家对企业中长期发展愿景的共识，也让所有人自然接受了三年期目标规划中的首年目标，并为实现第一个目标里程碑而全力以赴。

其次，有了三年期目标规划，就明确了三年内的发展方向。在发展历程中的最大敌人就是"朝秦暮楚"：发展方向和重点年年都在变，执行层感觉无所适从，疲于应付。当然，我们并不是抵制变化，也认同"世间之事，唯一不变的是变化"的道理，但如果先明确了大方向，因应时事而做出的局部变化与调整就可以赢得组织的理解与支持。最佳做法是：第一年"战斗"结束后，根据目标的达成情况及当下的竞争情势分析，往后顺延调整，制定一个新的三年发展愿景。这样就可以先看三步再走一步，走完一步再看三步，把"下象棋"过程中的预见性用在制定企业年度目标规划上，再合适不过了。

再次，企业有了三年期目标规划，各营销团队也就有了相应的三年发展规划。每个团队都能预见自己三年后要达到的发展规模，每名销售人员也能知道自己三年后的成长目标与能力提升要求。这样的话，其努力方向会更清晰，更有预见性。即使上一年的业绩做得非常好，也不会担心企业因此而无节制地、"变本加厉"地压指标。只要符合三年目标规划的增长速度，跟上企业整体的发展步伐与节奏，就是一个好团队，就是一名好员工。当然，"紧跟大盘不掉队"是基本要求，企业会鼓励业绩表现优秀、能力超群的团队和个人挑战更高的目标，如设定"勇挑重担奖"，对勇于承担更高目标且能全力达成的优秀分子给予额外激励与表彰。旗帜鲜明地鼓励这种主动超越自我的行为，能够唤起团队业绩增长的强大内驱力。

最后，有了三年期目标规划，销售人员才知道今天应该做什么、不应该做什么。低头走路，抬头看路，在实现三年期目标规划的过程中，销售人员可以更前瞻性地制定营销策略组合，可以将更多精力投入到那些重要但不紧急的策略型工作项目上。要判断现在做的事情是否正确，就看它是否与中期和长期发展规划相契合。有了"远见"，才有"卓识"。

很多营销管理者每天都忙忙碌碌而不自知，最后让一贯的"忙"变成了习以为常的"盲"，所作所为大多是"头痛医头，脚痛医脚"的短视举动。大多数人如此，大多数团队如此，整个企业也会陷入低效能的危险境地。因此，企业的决策层一定要从繁杂的琐事中脱离出来，站在更高的视角，为组织勾画出清晰的发展愿景与中长期目标规划。

需要注意的是，营销规划绝对不是一个"孤岛"，它是和整体的战略发展规划保持一致的。如果整个企业的战略规划不明确，营销工作规划就只能被动应对，听之任之。以此类推，如果销售团队的发展规划不明确，销售从业者就只能"做一天和尚撞一天钟"，得过且过。

结语

我在为企业提供销售业绩改进咨询服务时,有一项重要的内容就是指导企业高层制定三年发展规划。从三年的目标预期反推每年的目标里程碑;从每年的目标要求反推应该配备怎样的计划策略与行动保障举措。尽管这很难,尽管还有很多的不确定性,但"有总比没有好","用三年规划来指导第一年规划"总比"做到哪儿算哪儿"要好。只要目标明确、达成共识,销售人员总能找到实现目标的资源与方法。

可能有人会问,为什么要强调"三年",而不是"五年"?这里没有特别确切的解释,需要基于企业的发展成熟度而定。但从实操性与有效性来分析,五年太长太久,三年不长不短,正好合适。总之,无论是三年还是五年,适合的就是最好的。

还是那句话:"预则立,不预则废。"但"预一年"和"预三年"的效果一定会天差地别。

路在何方,还是"光杆司令"的销售管理者们

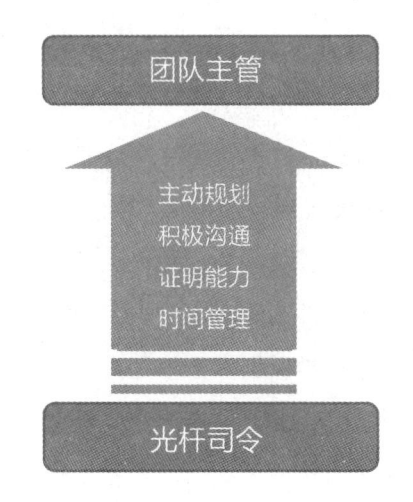

```
          团队主管
            ↑
         主动规划
         积极沟通
         证明能力
         时间管理
          光杆司令
```

我经常在企业中遇到一些很"特别"的销售主管,他们管理的销售人员数量很少,有的甚至是"光杆司令"。他们都是因为个人业绩优秀而获得提拔的,但拥有了管理者的身份后,仍然摆脱不了继续做顶级销售人员的命运。团队规模虽小,但目标不少,所以这些销售主管只能拼命做好个人业绩以弥补团队的目标差距;也因为在个人业绩上投入了太多的精力,这些销售主管也就更无暇招募与培养下属了,团队迟迟难以发展和壮大起来。

很多处于"光杆司令"状态的管理者向我请教:"我现在究竟算一个管理者,还是一个超级销售员?这样的'孤勇者'状态究竟还要持续多久,我才能真正升级成一个不用挂个人业绩目标的、真正意义上的团队管理者?"

对以上问题的回应先按下不表。但必须申明,这是一个现实且普遍的现象,对组织和个体而言,都是必须面对的关键业务挑战。因为如果上述问题得不到解决,这些"管理者"就会对自己"名不符实"的身份失去兴趣,发展团队的信心也会逐渐丧失,进而对自己在企业的发展前景失去信心。如果长期处于这种信心缺失、六神无主的状态,最终的结果只能是这些管理人才的无奈流失和组织发展

的停滞不前。

如果你恰好也是处于此等困惑中的销售团队管理者，可以认真看看以下几个职业发展忠告，它们可以为你答疑解惑，指引方向。

首先，不要被动地等待企业的关注与指示，而要积极地和企业沟通你的发展规划。机会总是留给有准备的人的，也是留给那些敢于积极创造和发现机会的人的。你可以向上级领导主动表达你的发展意愿，探询他们对你和你的团队未来的发展期望，提出你的团队发展规划和行动计划，大胆地要求有助于你发展团队的资源与政策支持。你的领导每天日理万机，其注意力自然会更多地投入到那些有高产出的大团队主管身上。作为刚刚起步的管理者，如果你不明白"会哭的孩子有奶吃"的道理，不主动发出请求，而是被动地等待领导的支持，还真的有可能被领导忽视和遗忘。

要知道，既然你被晋升为管理者，就代表了企业领导对你的认可与赏识，也意味着成为卓越管理者的光明大道已为你开启。但是，并不是每个业务天才最终都能成长为卓越的管理者的。接下来的路要靠你自己走，只有那些不甘平庸、积极进取、既有规划也有行动力的人，才是可堪培养的将才人选。

值得注意的是，你的领导愿不愿意支持你现在发展团队，还取决于他对你的管理才能是否充满信心。那在"光杆司令"的状态下如何体现你的管理才能呢？我认为"自我管理"与"事务管理"是两种最好的管理潜能体现。举例如下。

- 只有管理好自己的时间效能与言谈举止，提高自己的执行力，不推诿，不拖拉，言行一致，才能在未来身先士卒，垂范他人。
- 只有在一些小的具体项目上认真负责，与同事们友好协作，善于整合各种资源以达成目标，才有可能在未来被委以重任。
- 只有不随波逐流，一直保持对绩效改进的敏感度与积极思考，对企业的管理现状提出独到的见解与改善建议，甚至愿意做试点，趟新路，才能显示你的卓越不凡与勇猛精进。
- 只有充当一个传递正能量的"发光体"，把自己过往的经验与见识整理成可复制的方法流程，在组织中积极分享，才能彰显你的领导魅力与影响力。

其次，不要被眼前的团队窘境吓倒，要开展主动的管理者自我角色转型。这里，我要特别强调一个三年期团队发展规划的重要性。你可以问自己：三年后，我带的团队应该达到什么规模？应该为企业创造多大的业绩贡献？应该覆盖和服务多大的客户群体？应该培养出怎样的团队素质与人均效能？然后，以终为始，推导第二年要达到的发展里程碑，确定当下这一年的发展目标。

以上这些问题必须有思考、有规划。只要能够主动规划和付诸行动，即使你现在还是一个"光杆司令"，也能说明你开始了真正的管理者角色转型。人们常说，梦想有多大，舞台就有多大。你未来的事业应先从敢于梦想开始。

有了三年期团队发展规划，你就能目标导向，不会再囿于自己做个人业绩的现状，而会刻意预留出充分的时间和精力来做团队成员的招募和培养。人们常说，万丈高楼平地起。要想构建一支你心中的理想团队，就得从眼前做起，从当下做起。不能只做语言上的巨人，行动上的矮子。

以下的时间与精力分配方式可供大家参考。

- 当你还是"光杆司令"时，必须拿出30%左右的时间和精力来招募团队，余下的70%用于做个人业绩。
- 当你已经有了一两个下属时，应该拿出50%左右的时间和精力来做团队发展。
- 当你的直接下属超过5人时，必须拿出70%以上的时间和精力来培养下属。
- 当你的下属超过7人时，你完全可以不再挂个人业绩指标，而应全力以赴地支持团队的发展壮大，从而成为一名真正的团队管理者。

这是一个渐变的、从销售天才向销售帅才完美蜕变的过程。其中，发展团队的意愿度与投入度是成功转型的关键。

再次，不要被眼前不可能完成的团队目标困住，而要为第二年和第三年的目标达成提前做好充分的团队战斗力准备。作为管理者，你不应继续因优秀的个人业绩而沾沾自喜，而要视团队和下属的成功为自己的成功。哪怕因为团队羸弱，造成今年无法达成目标，你也一定要狠下决心，在接下来几年内通过团队能力的提升而打好"翻身仗"。

有不少团队建制不全的管理者问我："公司给我定的业绩目标与其他编制健全的团队一样多，是不是不公平？"我的回答是"很公平"，而且很有必要。为什么呢？

领导们之所以一视同仁地分派目标，主要出于两种考虑。一是公平起见。你现在的职级与收入水平和其他管理者无异，你要承担的团队业绩目标自然也要和别人一样多。试想一下，如果领导因为你现在弱小就让你少担当，那其他团队也会有样学样，纷纷扮弱小装可怜，以承担更少的目标。二是催你奋进。领导当然知道你目前的团队实力无法完成既定的业绩目标，但他希望借此鞭策你尽快把团队发展起来，把团队成员的能力提升起来。有了强大的团队，才可能有业绩的可持续增长和长远发展。另外，你要相信领导的智慧：即使你今年完不成目标，但只要团队成员的能力与人均效能获得了成长，你也一样会得到领导的肯定与赞扬。因此，为了"扬眉吐气"的那一天尽早到来，你现在必须卧薪尝胆，发愤图强。越早行动，就越能早见到成效。

"升维思考"也是你现在必须具备的管理者思维。我经常倡导"让员工像主管一样思考"，你也可以要求自己像上级领导一样看问题和处理问题。虽然你现在还只是一名销售主管，但你完全可以用销售总监的能力标准要求自己；若你以后成为销售总监，就可以用副总经理的能力标准要求自己，并以此类推。让自己升维思考、加速成长，是成为一名卓越的销售团队管理者的必要保证。

最后，我还要对所有立志成为卓越销售团队管理者的人说一句："你的三年期团队发展规划不应只是对未来团队人数和业绩产能的设定，还应包括你个人在此过程中的自我学习成长的规划。"例如，你当下和未来应该看什么书？参加什么培训？向什么人请教？获得什么实战经验？等等。随着你麾下的人员越来越多，你会发现自己过往的知识经验储备越来越不够用了。你需要持续"充电"，在学习意愿与学习能力各方面要比你的下属做得更好，付出更多。

结语

现在,让我们重新思考这个问题:一个仍然挂着个人业绩指标的管理者,究竟算不算一个真正的管理者?我的主张是:没有绝对的正确答案。主要看你想不想发展团队。如果你只是一味地被动等待,沉湎于个人业绩不能自拔,那么你只是一个有着管理者头衔的业务精英而已;如果你有且正在为发展团队而制定规划与付出行动,虽然短期内仍会被个人业绩压力所困,但你已经是一个有理想、有追求、未来可期的合格的团队管理者了。

敢问路在何方?路在脚下!

可复制的执行力（1）：从"头"开始

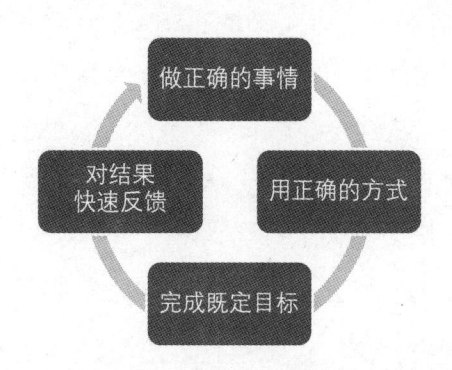

```
做正确的事情
   ↓
用正确的方式
   ↓
完成既定目标
   ↓
对结果快速反馈
   ↑（循环）
```

"执行力不足"，这可能是大家对销售团队诟病最多的话题。我在给企业做销售培训需求诊断时，企业高层也总是反复强调：要提高销售团队的执行力，要让他们更加"狼性"。但当我问及对执行力和"狼性"行为的具体理解和期望时，他们又无法详细和具体地表达出来。

首先，必须承认，执行力确实很重要。就像在行军打仗时，如果士兵们有令不从、临阵退缩，再好的作战方略也会形同虚设。销售工作也是一样，无论你开发了多好的销售流程与销售辅助工具，如果不能得到最好的执行，最终还是无法见到效果。很多销售管理变革就是因为执行力不足，最后不了了之，企业继续"一条老路走到黑"。

那究竟什么是执行力？

我的理解是：把一件正确的事情，用正确的方式，按时、保质、保量地完成，并达到既定目标的能力。不难发现，这个定义用了很多形容词，而这恰恰就是做好执行力建设的关键所在。

首先，要搞清楚什么是"正确的事情"。其实"正确"与否只是一个相对的概念，或者说，是否"正确"只存在于人们的认知与判断之中。人们会为了自己认为正确的事情而全力以赴，也会对自己不认同的、强加在自己身上的任务指派心生不满。

"正确"也代表人们认知中的"有意义"和"有价值"。如果大家认为这件事情没意义、没价值，但又不得不做，那接下来的行动响应就是"行尸走肉"，全无热情；但如果大家觉得这是一件对客户、对社会、对自己有意义的事情，则不需要管理者过多的激励，他们也会铆足了劲往前冲。

建立"认知共识"的重要性可以从很多对"95后"和"00后"的行为模式分析中得出。新生代年轻人在对待工作的态度上，与"60后"和"70后"相比，发生了很大的变化。他们同样吃苦耐劳，但不会逆来顺受，他们最想要的工作感觉就是一个字——"爽"。做他们喜欢的事情，就是"爽"；做他们不乐意的事情，就是"不爽"。他们的思维逻辑很简单，却为管理者在当下做好团队的执行力建设给出了清晰的指引。

作为管理者，你的首要工作是让团队在任务安排面前感到"爽"。在马斯洛需求模型中，真正的"爽"一定来自更高的需求层次，如基于被尊重和社交需求、基于自我价值实现的需求。同理，管理者在分配目标与分派任务时，应该同步做好对目标与任务的解释和发动工作，帮助整个团队理解任务的正确性，并诠释此任务可以带来的预期价值，从而建立团队成员最大的认知与共识。

在面向销售团队管理者的课程中，我提出了一个"向下汇报"的概念。以前，大家习惯"向上汇报"，有什么想法与建议就会主动地和自己的主管沟通，希望得到主管的赏识与肯定。但这样的行为模式更多地出现在"70后""80后"员工身上存在。新生代员工不愿意奉承上级领导，不愿意和自己不喜欢的领导共事。如果领导还是用过时的权谋之术来掌控和压制新生代下属，那最后的结果一定是事与愿违，适得其反。所以，我强调团队主管在新生代下属面前，不要颐指气使，不要高高在上，不要有官僚作风。主管们应主动地向下"汇报"，不能坐在办公室里等下属来主动请示，而要主动走出办公室，走到下属中间，把自己的想法及期望和大家开诚布公地沟通，甚至虚心地向下属请教。只有将部门员工的个体意志、管理者的意志、企业意志实现最大限度的融合与统一，才能让员工们"爽"起来，满心欢喜地干起来。

其次，要搞清楚什么是"正确的方式"。人们常说："条条大路通罗马。"

同一件事情，可以找到不同的方法来完成。但关键是，你希望团队成员用什么样的方式来完成任务？很多情况下，"执行力不足"的原因并不是员工不想做，而是不知道怎么做，以及不知道哪些可以做、哪些不可以做。因此，"正确的方式"同样需要团队达成最大的共识。

作为管理者，不能让团队的运作停留在自己的经验层面，不能仅靠情商或直觉来做决策。管理者需要进一步将自己过往做事情的成功经验梳理成可以复制的流程与标准，形成标准化作业流程，并在团队中进行培训赋能和通关考核，确保人岗匹配、有模有样、有规有矩。

一件事情能不能最终做成，取决于很多因素，有的是可控的，也有很多是不可控的、不确定性的因素，如政策环境的不确定性、竞争对手的不确定性、客户采购的不确定性、技术趋势的不确定性等。但如何制定确定的规则来应对不确定的结果，是管理者最应该投入时间和精力去做的事情。

在这里，不得不提一下日本的企业，日本企业的管理层在给下级交代工作任务时会进行5遍确认，以确保下属能真正地领会这项工作任务的要求、标准和做法。而在中国的很多企业，领导们最常说的话却是"你自己看着办""不要让我再说一遍"。如果下属在执行任务过程中出错，领导们又会说"这么简单的事情为什么不会做""你为什么不早点来问问我怎么做"。如此这番，难怪员工的执行力如此糟糕。

不能触犯"高压线"也是"用正确的方式做事情"的行为底线。阿里巴巴就有着业界极负盛名的"高压线"规定，简单地说，就是"不能触碰，触碰则死"。如不能虚假拜访、不能考试作弊、不能行贿受贿等。员工如果触犯了高压线就必须主动辞职、被劝退、被开除等。设置这些"高压线"的目的更多的是防微杜渐，看似不起眼的规定，却塑造了整个销售团队过硬的作风与严明的纪律。

再次，要确保"按时、保质、保量地达成既定目标"。我想，这才是大家如此重视"执行力"的终极原因吧。对企业外部的投资者而言，信奉的是结果导向，不管黑猫白猫，能抓到老鼠的就是好猫。但对企业内部的经营者与管理者而言，要想按时、保质、保量地达成目标，执行力就成了最重要的管理内容。

在课堂上，我会反复强调一句话："销售人员不会做你希望他们做的事情，只会做你即将检查的事情。"你交代下属去办一件事情，如果完成任务的周期很短，复杂度也不高，你只需检查最终的结果达成情况；但如果完成任务的周期很长，或者任务本身的复杂度很高，你就需要在过程中给予下属适时的检查与反馈，这既能助力此项任务的继续推进，也对下属做了一次教练辅导，事半功倍，何乐而不为呢？

最后，一定要对任务目标的达成结果给予快速回应。春秋战国时期的商鞅在变法初期策划了一起轰动全国的"立木取信"事件。商鞅派人在都城南门竖起一块三丈高的木头，发布公告称："如果有人将此木从南门搬到北门，赏十金。"老百姓皆不信，无人从之。后加到五十金，终于有一个人抱着试一试的态度完成了徙木任务，立得五十金奖赏。此事一传十，十传百，大家开始相信朝廷言而有信，也对即将开始的立法和执法工作深信不疑。

"论功行赏""奖勤罚懒""多劳多得"是任务结束后最重要的管理行为。管理者先前向团队承诺的激励政策方案，哪怕不太完美或让人"有空子可钻"，但只要不会对组织造成伤筋动骨般的影响，就一定要坚决执行。对于表现优异的人与事，要不吝赞美和表彰，要旗帜鲜明地将其树立为"群众榜样"；对于表现不好的，该批评的批评，该惩罚的惩罚，该开除的开除。企业只有敢于"挥泪斩马谡"，团队才会令行禁止，雷厉风行。

结语

曾经有位管理大师说："天天念叨着基层员工执行力不好的管理者，其实自己的执行力才是真正要解决的问题。"本文从"管理者的自我修炼"的角度论述了强化执行力建设的关键所在。下一篇文章将继续和大家探讨如何通过对细节的检视与管理来提升企业的执行力水平。

可复制的执行力（2）：细节决定成败

```
        开会不迟到
作息时           参会不
间规律   见微    玩手机
         知著
   按时报      按时提
   销差旅      交计划和
   费用        总结
```

上一篇文章从"管理者的自我修炼"角度论述了强化执行力建设的关键所在，本文继续谈执行力的连载话题——"细节决定成败"。

一个高执行力的团队应该长什么样？不同的人会有不同的看法。有人说这个团队一定对企业的忠诚度非常高，主人翁意识非常强；也有人说，这个团队应该在面对业绩目标时冲在最前面，能够打硬仗；还有人说，这个团队应该是招之即来，来之即战，战之即胜。对于这些描述，我表示都认同。但高执行力的团队为何会呈现出这些状态？对此必须深入地思考。

人们常说，要把执行力做好，就得向军队学习，因为军队是执行力最高的组织形态之一。大家脑海中的"铁军"形象，首先是在战场上奋勇杀敌、不怕牺牲、浴血奋战的战士们。而当战斗结束，战士们返回军营，回归到日常的训练与休整中时，却又是另一幅图景：从革命年代的三大纪律八项注意，到和平时代的按时作息与出勤、把被子叠成豆腐块状、用尺子来丈量基础列队动作中的踢腿高度等。按照普通人的常规思维，战士们能打仗不就可以了吗？干吗还要把被子叠得整整齐齐呢？其实，这恰恰就是"执行力建设"的精妙之处。

有一个成语叫"见微知著",意思是看到了事情的苗头,就可以知道它的本质和将来发展的趋势,也用来形容小处见大、以小见大。事实上,高执行力的军队就是通过这些看似不起眼的严明纪律来锻造军纪军风的。而在企业中,也可以通过观察团队成员在日常工作中的种种细节表现,检视员工的执行力是否出了问题。

执行力高的第一个表现是"开会不迟到"。"开会"是一项成本极高的管理活动。如果一个人迟到了,其他到场的人就要等他,这里面耽误的时间成本就是公司资源的最大浪费。不少企业的销售团队会议,不仅销售人员经常迟到,有时候连销售团队管理者也做不到及时到会。

有一次,我在某客户现场执行项目会议,其他人都到了,但作为当天会议核心人物的公司总裁,让大家在会议室足足等了30分钟。最后他给大家的解释居然是他被一些无关紧要的事务干扰了。我经常说:"上梁不正下梁歪。"老板都能把准时参会的规定视为儿戏,这家企业的执行力又能高到哪里去呢?

我清楚地记得我曾服务过的一家企业,高管开会时对迟到者按"迟到1分钟罚款1 000元,以此类推,5 000元封顶"进行处理,当时我觉得不能理解,觉得这条规定过于严苛。现在看来,这种做法也是有道理的。赏罚的尺度标准可以因企业不同而存异,但对准时参会的要求不能搞特殊化,不能有令不行。

执行力高的第二个表现是"参会不玩手机"。这里所指的"参会"不仅是指正式的培训,也包括需要大家专心一致参与的集体研讨或交流活动。如果你发现在一场会议中,领导或讲师在上面讲话,下面的人却在刷手机或用电脑处理各种其他事务,而且不加掩饰,旁若无人,这个团队的执行力肯定不高。

可能有人会以"大家工作忙"来对此进行辩解,而且强调大家不是在聊个人微信而是在处理工作邮件等。那么,既然大家都这么忙,为什么还要组织这次集会?如果你因为不专注而错过了会议上的重要内容,你又如何与整个团队保持思维理念和行为标准上的一致性?如果没有这种一致性,是不是你此刻的"太忙"就永远无法真正改善?

我在为不同的企业提供课程培训时发现,有的企业会严格禁止参训玩手机现象，而且会在课程现场设置"停机坪"，确保大家心无旁骛地参加学习；而有的企业只是将"不玩手机"作为一种倡议，没有实质的管控动作，甚至担心一旦严禁学员看手机，会影响他们的工作与学习情绪。我坚定地认为：如果要管，就要坚决管控到位，既能让员工专心参训又不会影响工作的方法千千万万，但绝对不能允许边学习边工作，这样一心二用，不仅身心疲惫，而且得不偿失。

执行力高的第三个表现是"按时提交计划和总结"。有人把销售人员的工作形容为"神龙见首不见尾"，意思是，一天到晚地在外面跑客户，经常在办公室见不到人。为了更好地规范销售人员的行为模式，提升销售团队的工作效能，不少企业都要求销售人员每天提交工作日报表，每周做本周总结与下周计划，每月做上阶段工作复盘与下阶段重要工作目标设定。既然定下了规矩，就得遵照执行。如果有规矩却不执行，而且管理层放任不管，那还不如不定这些规矩，或者废了这些规矩。

我有一家客户企业在这方面就做得很好。该企业要求销售人员每天通过CRM系统进行外勤打卡及提交工作日报。销售主管每天都会对下属提交的工作日报进行回复与评论。而且最可贵的是，这些销售主管也会主动地向他们的上司——销售总监提交工作日报，以身示范。团队还会请HRBP或行政助理对大家提交日报的行为进行监督，对没有按时提交的人事及时曝光和按规定惩戒。如此，大家快速养成了提交工作日报的好习惯，也带动和提高了在其他工作上的执行力。

当然，我并不提倡繁重冗杂的计划与总结工作。日报、周报、月报、季报、年报，能否做一些精简与合并，适度减少此类工作量？能否少一些形式化，多从务实和有效的角度出发，让计划和总结工作真正落地和发挥作用？这是企业管理者应该重视与持续优化的事情。

执行力高的第四个表现是"按时报销差旅费用"。这一点对以出差为主的B2B大客户销售型组织来说尤为重要。有些销售人员一个月有近20天在外出差，必然会发生各种费用：酒店费用、公关费用、交通费用、电话费用、误餐补贴费用等。企业一般都会要求销售人员按月报销结算，确保财务部门的核算结果更加准确。但让人遗憾的是，有些销售人员会以各种理由来拖延报销进度，而等到财务部门收到销售人员提交的报销凭证时，才发现是好几个月的费用项目累积，根本无法搞清楚这些报销项目的真实性与合理性。而且，因为要审核和处理这些杂乱的单据，财务人员需要投入更多的人力和物力，降低了工作效率和效能。

最不应该的是，不但销售人员有以上行为，销售团队管理者也如此作为。甚至，在销售人员和财务部门围绕费用报销项目发生争执时，部分管理者却选择帮助销售人员与财务争辩，而不是站在企业的立场让问题圆满解决。

其实，费用报销是件小事，但处理不当就变成了大事。如果销售人员在报销这件事上不遵守企业规定，就会对企业其他合规要求也置若罔闻；拖延报销不仅会干扰企业财务部门的工作节奏与秩序，也会滋生弄虚作假、推卸责任、狂妄自大的歪风邪气；动辄与财务部门发生口舌之争，也会让跨部门沟通与协同工作蒙上阴影。无法做到按时报销差旅费用，绝对不是能力问题，而是态度问题。从销售人员到管理者，必须端正态度，认识到"小事不小"，这样才能把工作做好，利己利人。

执行力高的第五个表现是"作息时间规律"。什么是"作息时间规律"？简单来说就是按时工作，按时休息。可能会有人质疑：销售人员的工作时间本就是不规律的、突发性的，不可能像实行坐班制的职能部门人员那样控制得住自己的作息时间。但我要说，这既是一个客观事实，也是判断一个销售组织或一名销售人员是否优秀的重要维度：于无序中追求有序，于不确定性中追求相对的确定性。

我见过不少销售人员，年纪轻轻就一身"油腻"，具体的行为表现就是作息时间严重无序。晚上各种应酬、玩牌和熬夜，白天或睡懒觉不准时出勤，或满身疲惫地进入职场，无精打采地过完一天。而在个人生活上，既没有良好的锻炼身体和自我学习的习惯，也忽视了对家人的陪伴与照顾，如此沉湎于无序中而不可自拔，只会使无序的生活和无序的工作恶性叠加，让自己在"油腻"中越陷越深，更不用奢谈什么高执行力和高效高能的要求了。

让人欣慰的是，越来越多的销售从业者开始在工作和生活之间寻找最佳的平衡状态。他们开始重视时间管理，学会了把时间和精力更多地用在重要且紧急、重要但不紧急的事务上。他们在工作时会全身心地投入，确保不分心、不懈怠。他们也会在生活中用心对待家人、对待自己的身体和头脑。他们的工作效能不降反增，他们的生活品质也节节攀升。最重要的是，他们的优秀品性也越来越得到了企业领导与客户的尊重和认可。

结语

正如本文标题所述，细节决定成败，提升执行力的目的就是实现业绩目标，而看似与业绩目标无关的行为细节却是做好执行力建设的关键。因此，"勿以善小而不为，勿以恶小而为之"。让我们从细节开始，一点一滴地构筑自己的执行力水准吧。

下一篇文章继续讲深、讲透"执行力"，看看如何从"道术结合"的角度做好执行力建设。

可复制的执行力（3）：道术结合

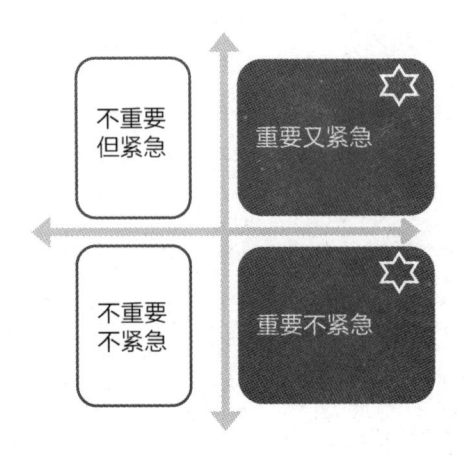

```
         ┌─────────┬─────────┐
         │ 不重要   │ 重要又  │
         │ 但紧急   │ 紧急 ☆  │
         ├─────────┼─────────┤
         │ 不重要   │ 重要不  │
         │ 不紧急   │ 紧急 ☆  │
         └─────────┴─────────┘
```

这是关于营销团队执行力的第三篇文章，由于我喜欢这个话题，希望这次把它聊透。这次先来说说如何通过"道术结合"的方式提升执行力。"道"指的是文化，属于思维与理念层面的东西；而"术"指的是方法，属于技巧与工具层面的东西。不能离开"道"来讲"术"，也不能离开"术"来论"道"。

我见过很多想提升营销团队执行力的企业，有的采用体验式团建活动，有的引进励志类培训课程，有的组队前往标杆企业"朝圣取经"，有的效仿军队与员工签署个人业绩目标承诺，等等。这些方式都是有效的，至少在某个阶段是有效的。但如果想获得可持续的团队执行力，还需要从道术结合的角度做出如下努力。

第一点是"责权利要对等"。任正非说过："企业持续发展的动力不是人才问题，而是利益分配的问题。"我也常说："要想马儿跑，也要马儿吃好草。"这些话有点"赤裸裸"，但都是大实话，尤其是从激发成人内驱力的角度来说。

例如，在营销团队管理中，每个岗位的工作职责是什么？市场部人员、客户经理、解决方案经理、交付经理的岗位任务有什么不同？不同岗位之间的协同配合关系如何定义？每个岗位的目标和KPI是什么？是否符合SMART原则？这些就是"责"。销售工作是一项自主性和创新性极强的工作，而"责"是一切行为的核心。把责定清楚了，至于如何做，哪种方式更合适，销售人员可以有自主权。

至于"权"，就是大家在开展工作的过程中，权限范围和能动范围有多大？例如，在华为公司，"铁三角"项目组可以直接向大后方呼唤"炮火"，这是华为公司赋予市场一线人员的资源调度权。除此之外，还有客户跟进权、折扣自主权、关键事项拍板权等，都要予以明确的规定。当然，权力不是下放得越多越好，企业还需要根据自身的营销模式特点及销售人员的综合素质来做确定。

担多大的责，授多大的权，享多大的利，充分激发大家工作的主动积极性，把每名销售人员都变成"生意人"，让员工成为推动任务进展的主角，而不是机械呆板的配角。

第二点是"统一的语言与标准"。"无规矩不成方圆"，团队越大，就越要有统一的语言与标准，否则，虽然大家可以"八仙过海各显神通"，但极易变成"各自为战、一团散沙"，且会增加企业的经营风险与运营成本。

首先要统一的是一些必要的规章管理制度，如销售人员的出勤制度、会议制度、客户拜访制度、财务报销制度、工作计划和总结提交制度等。这些制度体系确保了最基本的组织运行秩序，让大家明白什么该做，什么不该做。

在上述基础上，还需要统一大客户销售的流程与工具方法。在IBM，有SSM和SSL流程（IBM的特色销售方法论）；在微软，有全球唯一执行的MSSP销售流程模型；在华为，有LTC（从线索到回款）销售流程。Easy Selling销售赋能中心也帮助很多企业定制了专属的销售流程和销售工具体系。事实上，不管是大企业，还是小公司，都需要这样的统一的销售语言与行为标准约定。

谁来负责设定和推行这些流程与方法？当然是销售组织的负责人、销售团队的管理者，他们是行为规则的制定者，是作战模式的设计师。因此，销售团队的管理者不能只满足于帮销售人员打打单、解解难，而要能在团队内导入和督行一套统一的作战语言与行为标准。

第三点是"过程检查与反馈"。对结果的考核固然重要，但这只是后知后觉的管理动作。我常说，管理的核心在于过程，而不是结果。因为没有好的过程就没有好的结果。如果管理者能够把过程抓好，结果自然就会水到渠成。

首先要做的就是把结果性指标过程化。管理者的关注点应从回款/签约/利润向前延伸到更多的关键过程性指标层面，如有效拜访量、新机会创建、客户满意度等。

其次是围绕KPI体系对团队成员开展定期的绩效复盘与教练辅导。员工在执行任务的过程中，难免会犯错，难免会顾此失彼，也难免会"深陷迷局而不自知"，而来自主管的过程检查与辅导恰恰能让他们走出困境，并且获得进步。"人不会因为被考核而成长，只会因为被辅导而进步"，这是我在销售管理课堂上反复强调的观点。

过程检查与辅导是执行力建设的重要内容。管理者的作用不是在结果出现后对员工喊打喊杀，而是在过程中陪伴员工成长。销售人员也会因此感受到自己被重视，感受到任务目标的意义与价值，从而更加勤奋和努力。

第四点是"持续地赋能"。"人对了，事就对了"，如果人"不对"，不管是缺失发展意愿度，还是在所需技能上存在短板，都可以通过赋能的方式予以解决。

销售团队的管理者要成为一名赋能高手，以培养下属为己任，通过各种方式对员工赋能，包括但不限于成功经验的分享、专题培训、训练和考核、随访观察与教练、绩效面谈、商机检查辅导等方式。多花一些时间提升下属的能力，虽然要投入更多的耐心与用心，但下属的成长带来的是整个团队作战能力的提升。

由量变到质变，持续的赋能比一蹴而就的学习要有效得多。很多企业，尤其是上市企业，业绩压力大，每天催着销售团队出业绩，哪里还有心思关注销售人员的学习和成长？想想这也是一种可悲。"磨刀不误砍柴工"，没有组织能力的成长，哪里有组织绩效的可持续发展呢？

第五点是"有令则行，赏罚分明"。要制定什么样的"令"，要不要坚决地"执行"，归根结底还是在于团队管理者的意识与决心。如果有令不行，则所有的政令只会形同虚设，沦为笑话。

为什么有令不行？我在大量的访谈调研中发现：有些管理者担心强硬的管理动作会遭到销售人员的抵触，会破坏团队和谐、影响业绩产出，所以宁愿睁一只眼闭一只眼；有些管理者还搞"一票肯定权"，只要销售人员业绩指标完成了，就算违反了企业的规章制度，也可以一笔勾销，不做惩戒。这样的处理方式，都是助纣为虐、饮鸩止渴的短视管理行为，必须坚决予以纠正。

我有一家客户企业，在营销团队中设立了"执法官"的角色。他们不用对业绩指标负责，只对企业的规章制度和管理政策有无被充分执行负责。因此，在执法时他们可以做到"六亲不认、不讲情面"。这也算对某些销售团队管理者"执法不严"的有效补充吧。

第六点是"时间效能管理"。如果销售团队的时间管理不好，工作效能不高，最终就会表现为在指定时间内达不成目标，这也是销售团队执行力不高的重要原因之一。

我经常听到一些企业高层抱怨说："企业里最不靠谱的就是销售部了。他们对上面指派的任务不仅推三阻四，还拖拖拉拉。"其实并非销售部真的"不靠谱"，而是相对于"做业绩"而言，企业交办给销售部的任务会被更多地视为"重要但不紧急"的任务。既然"不紧急"，那就可以延后处理，从而导致一延再延，甚至被彻底忘记。

如何解决？最好的办法就是在工作计划中重点安排更多的"重要但不紧急"事项，这些事项都关乎团队的发展与业绩的可持续增长，必须在计划中注明，并给予最大限度的执行与检视。而对于突发的"重要且紧急"及"不重要却紧急"事项，根本就不用做计划，因为事情发生了，自然会第一时间处理。

结语

执行力的建设是一个系统工程，也是一个需要持续固化和强化的管理工程，绝对不是喊喊口号和打打鸡血就可以解决的。《可复制的执行力》（1）~（3）中所提及的观点与做法，不仅适用于销售团队，也适用于企业中的其他职能管理团队。

如果你有关于建设执行力的更多好想法，欢迎一起交流讨论。

人才选育篇

从人性角度看成人学习效能的提升

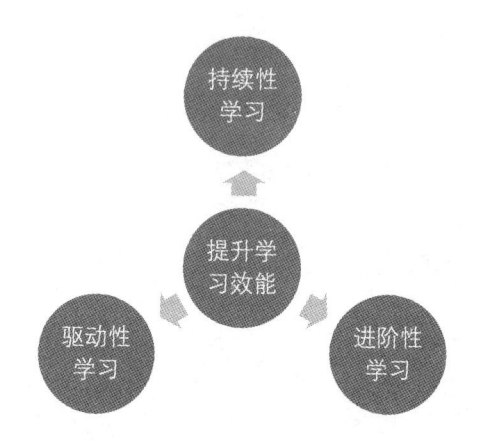

我肯定,最有兴趣看这篇文章的人,绝大部分都是职场中的成年人。大家离开学校已经多年,每天为生计操劳奔波,为发展拼尽全力,那种在"象牙塔"中专注学习的感觉渐行渐远,偶尔追忆一把也只剩下唏嘘。庆幸的是,很多企业都会继续为员工提供各种各样的培训机会,让员工能够继续提升自我。但最大的问题是,员工发现自己的学习意愿和学习能力都下降了,甚至会把这样的培训机会视为一种负担,即使身在课堂,心也无法安驻下来,无法享受学习与成长的快乐。

无论你是企业培训工作的负责人,还是必须参加企业培训的学员,都必须直面以上问题,并且力图找到其中的破解之法。毕竟,身为职场人,你无法逃离培训,也确实非常需要培训。但你必须明白的是,成人学习与学校教育有着非常大的差别。要让职场学习开心和有效地发生,你必须清楚成人学习的特点与规律,并以此为基础来设计培训项目,实现对组织发展和个体成长的强大助力。

这些年,我和企业培训管理者交流最多的话题就是如何"通晓人性"。做管理需要通晓人性,做培训管理与运营工作更需要通晓人性,必须按照成人的学习心理与习惯进行教学设计和项目执行,只有这样才能真正激发成人学习的驱动力,让学习自动自发地进行。问题是,现在很多企业的培训管理工作是偏离人性的,这就直接导致学员学习积极性低,学习效果不好,学习投资回报惨不忍睹。

在成人学习项目中,必须有基于人性角度的三大设计要素:持续性学习、进阶性学习、驱动性学习。具体解析如下。

持续性学习

唯物辩证法中有一个基本规律叫作"质量互变",意思是,如同水在不断加温的过程中,会从液态变为气态,事物的量变发展到一定程度时,也会由于其内部主要矛盾的运动形式发生改变而引发质变。从量变到质变,再到新的量变过程,是连续性和阶段性的统一。

成人的学习也是如此。大部分人走进培训课堂时,都处于典型的"小白"状态,在学习的意愿度与对新知识的掌握度方面几乎一片空白。有的人甚至抱着"打酱油"的心态或抗拒与抵触的心态,因此无法产生真正有效的学习与改变。随着学习时间的延续、学习内容的递进,以及学习氛围的不断提升,学员们开始逐步打开自己的认知大门,融入到团队学习之中,其心态与状态都在不断地发生积极的改变。培训前是"不知道自己不知道",培训中终于"知道自己不知道",培训结束时能够做到"知道自己知道",在训后的反复强化中达到"不知道自己知道"的境界,这就是成人学习的正常规律和进化路径。其中,学习时间的长短和学习活动的持续性极为关键。

根据Easy Selling销售赋能中心的调研,企业大量存在如下有违"持续性学习"的不当行为。

- 培训资源分配不均,高管和中层占据了绝大部分学习资源,一线主管和基层员工却"饥寒交迫",得不到充分的受训机会。
- 参训机会断断续续,没有规划,而且两次受训的间隔期很长;下次开训时,学员们对上次受训的内容早就忘得一干二净了。
- 难得被安排了一次培训机会,但培训结束后就被公司和上级主管逼着呈现这样或那样的培训效果,刚对学习产生的一丁点兴趣很快就被扼杀在摇篮之中。

以上种种，企业在培训中投入了真金白银，但毫无疑问只能得到低效、低能的成果产出。对于同一个受训群体，如果不能为其设计一个持续的学习计划，不能在时间维度和内容维度上让学员逐步由"自我封闭"转变为"自我开放"，想要让成人学员发生从观念到行为的改变，简直是天方夜谭。

"人均学时数"是对企业培训部门进行绩效衡量的常见指标，是指每名员工在年度内得到的参训学时的平均数值。很多人对这个指标有异议，认为不能以此来判断培训部门工作是否达标或优秀，但也可以从一个全新的角度来肯定它的合理性，那就是"人均学时数越高，每名员工获得的参训机会就越有持续性；只有持续性地学习，才能让员工的胜任能力从量变到质变。"如果连人均学时数都保证不了，一切都是徒劳。

进阶性学习

什么是进阶？进阶就像爬楼梯，一级一级地往上爬。每爬高一级，就离登顶近了一步。刚开爬时会有畏难情绪，但爬到一半时，心里想的更多的是如何更好地登顶，而不是折返放弃。但这跟成人学习又有什么关系？

不妨回想一下你从小学到大学毕业的近20年的漫长求学历程。虽然学习的过程有些痛苦，也有些乏味，但大多数人还是以顽强的毅力坚持完成了学业，甚至有些人在大学毕业后继续考研、读博。能把一件乏味的事情坚持做15年、20年，这其中蕴含着怎样的学习设计原理？又会对企业中的成人培训工作带来什么启示与指导呢？

这里推荐一个"必修+选修+辅修"三位一体学习的方法，就是说，对于企业中的某个关键岗位，应该基于其胜任力模型要求来规划相应的知识技能体系。例如，哪些是员工必须学习和掌握的，哪些是学员必须了解的选修项，哪些是可有可无的辅修项？而在必修的内容体系规划方面，需要融入进阶式学习的设计原理，让学习自动、自发地产生。

例如，一个销售新人在入职后的半年内，应完成一个销售新人培训计划并通过考核。在入职半年或一年后，应完成一个销售精英的培训计划，继续进阶式的学习与成长。后续还应该完成一线销售主管的能力提升项目、高阶销售主管的能力发展项目等。这像极了人们的小学、初中、高中、大学、硕博的进阶学习路径，不仅让学员有清晰的学习目标，还会引发出其自动、自发学习的自驱能量。如果学员不能坚持完成余下的进阶学习，就意味着前面付出的努力付诸东流了。有了好的学习体系，学员后续完全不需要别人督促，也会越战越勇，不断向着学习的最高峰挺进。

相反，如果没有这样的进阶式学习体系，而只是一些零散的、分裂的碎片式课程，学员就会质疑课程的必要性与有效性，也会因为失去学习动力与方向指引而对学习产生厌倦和反感心理。

驱动性学习

学习动机有两种："我要学"和"要我学"。"我要学"的自驱力最强，如"我要去健身""我要学弹吉他""我要去读MBA"等。在这种情况下，没有人逼着你，也没有人为你预先安排，你自己想学习，就会自己去创造机会、把握机会。"要我学"的自驱力最弱，如被安排上一门销售技巧课、被安排参加一场领导力培训等。在这种情况下，你会觉得是公司逼着你去学习的，公司是为了让你产出更高的绩效而给你安排了学习机会，你就会不情不愿，尤其是需要你牺牲自己的休息时间或自掏腰包去学习的时候。

学习群体也有两个：成人学习与孩童学习。在孩童时期，人们会为学习投入全部时间和精力，可以做到身无旁骛、一心向学；而成人学习却大多发生在职场，除了参加培训学习，还需要面对来自工作绩效和家庭关系方面的多重压力，这直接造成了成人学习的惰性和非紧迫性。大家想想，周末有多少人会自觉自发地花上半天或一天的时间在自我学习和提升上？答案肯定是"很少"。你在周末可以编织千百个理由或借口去做比学习"更重要、更紧迫"的事情，如陪家人逛街、睡个懒觉、搞搞卫生、看场电影等。除非，你被安排在周末离开最熟悉的家庭或工作单位，和一群人完成一个特定的学习任务。

我希望把成人的学习变成"我要学"，希望让成人每次参训都能做到像孩童一样专注专一，这其实并不难。企业可以在学习项目中加入更多驱动性学习要素，主要从以下两个方面强化。

- 环境驱动。通过塑造学习环境让学员乐于参训，如班级制管理、线下集中学习、学习社群运营、学分制管理、与晋升考核机制挂钩、训后的考试与转授要求、上级主管的重视与督导等。要让学员认识到："不是我想学，是环境要求我学习，旁边的人都在积极地学习，所以我不能拖后腿，我也要迎头赶上，积极参训。"
- 动机驱动。通过塑造自我学习的动机让学员乐于参训，如企业文化与价值观的引导、培训项目的学习理念宣导、学习氛围的营造、优秀学习标兵的示范带头作用，再加上之前重点阐述的进阶式学习路径的导入，都会慢慢改变和影响一个人对学习的态度与投入度。要培养学员这样的心态：我觉得这样的学习对我有好处，有帮助；我不能错过这样的学习机会，我要积极把握，不断精进。

结语

对成人学习项目的设计既是一门科学，也是一门艺术，需要设计者通晓人性、回归人性。学习其实很简单，虽然在初始阶段免不了有一些强制性操作，但只要符合持续性学习、进阶性学习、驱动性学习三大要素，学习就会自动、自发地产生，学习效能就能得到真正的提升。

用以致学谋胜任、学以致用图发展

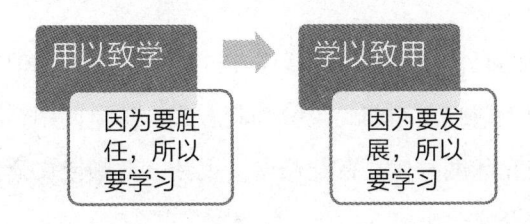

```
用以致学  →  学以致用
  因为要胜      因为要发
  任，所以      展，所以
  要学习        要学习
```

关于"用以致学"和"学以致用"的话题，在企业培训圈子中被讨论甚多。其实这两个词并非绕口令，也不是一对没有区别的相近词组，它们代表的是企业在课程体系规划方面的科学标准，也是企业在提升培训成熟度过程中创造价值的工作重心。因此，企业人才培养工作的负责人对此应深刻领会，避免顾此失彼或张冠李戴。

用以致学

"用以致学"的意思是所学既所用。也可以理解为因为要运用（知识），所以要学习（知识）。

每个职场人士都有明确的岗位职责和工作任务。胜任工作任务，达到工作的基本要求，能够把事情按照流程和标准做完，是企业对员工胜任力的最基本要求，是"硬"技能。

举个例子，餐厅的服务员，工作任务是接待客人、介绍食物、传递食物、收单收款等；企业的财务人员，工作任务是记账、收付款、编制财务会计报表等；企业的人力资源工作者，工作任务是进行考勤统计、编制工资报表、组织招聘面试工作等。这些都是岗位要求的"硬"技能。

企业为了帮助员工胜任这些关键任务，会在成功经验的萃取与沉淀方面下功夫，因此会针对企业文化、重要流程、工作标准、技术规范等内容开发企业内部的合规类课程体系，由企业内部讲师或内部教练进行传授交付。

执行"用以致学"课题训练任务的内部讲师通常由3部分人群构成：企业的高层管理者，他们承担的通常是企业文化、使命愿景和战略解码等类别的课题；中基层管理人员，承担制度流程、执行力建设等类别的课题；企业内部的技术高手或骨干，也包括企业的高级工程师或研发项目的带头人，承担专业技术和工艺标准等类别的课题。

企业内部课程的具体交付形式可以是正式的课堂面授，但面授时间通常为半天／次；也会使用一些师徒制或岗位教练制方式，甚至使用整理好的书面文件让学员自行学习。在互联网时代，在线微课、视频、音频或文章等都是很重要的学习内容及知识承载形式。

"用以致学"的培训对企业人才培养的好处有很多。

首先，它是一种非常及时和快速的学习方式，因为学员所学的都是岗位上要用的，担任老师的也是学员身边的管理层或技术骨干，可以让学员做到不懂就问，随时学习。

其次，内部培训的开支相对较少，无须支付昂贵的外请讲师费用。

再次，培训的内容可以进行100%的转化，在行为改变和绩效提升上可以达到立竿见影的效果，如加工零件的速度加快了、账务处理的出错率降低了、工作效能提升了。

最后，"用以致学"还能够帮助企业把好的方法和经验进行传承，并成为考核和甄选后备管理人才的重要标准。我常说，好的管理干部首先是好的内部讲师。

当然，"用以致学"也有一定的局限性。

中国有句俗话："外来的和尚好念经。"内部讲师容易遭遇权威性不够的问题。如果课程缺少权威性，就意味着学员难以用正确的心态和价值观投入到学习中去，甚至会产生抵触和反感情绪。

另外，培训内容更多的是覆盖当前工作的胜任要求，缺少对未来工作的前瞻性和发展性要求的规划。

最后，内部培训讲师难以持续性和系统性地授课。能够担任内部讲师的都是职场的精英分子，他们本身有着繁重的工作任务，所以既难以对自己的经验做深度、系统性的梳理，也很难拥有教程设计的能力，让课程讲解深入浅出，因此对学员学习的刺激度偏低，学员在参训时的状态难以被调动和激发，也会影响学习效果。

学以致用

"学以致用"的意思是因为学了，所以要努力去用。也可以理解为因为要发展（做得更好），所以要学习（标杆的知识）。在"用以致学"的定义中，"用"和"学"是完全对等的关系；而在"学以致用"的定义中，"用"和"学"则不一定是完全对等的关系，因为学到的东西不一定可以马上运用到实践工作中。例如，与企业经营理念相冲突的不能用，暂时还不具备实施条件的不能用。只有将所学的新知与企业的实践进行结合和转化，才能产生应用效果。"学以致用"主要用于企业关键岗位或管理人才的管理技能、领导力提升方面的需求，是一种"软"技能。

"学以致用"通常包含两类学习主题。

一类是"向标杆学习"，就是向各种业内的或跨界的标杆企业学习，希望参考这些标杆企业的成功历史和轨迹，学习它们先进的管理思想和理念、新的商业模式或技术方向等，让自己在实践中少走弯路，先模仿，再追赶，最后成功超越标杆企业。中国有太多的案例证明了向标杆学习方法论可以获得成功，如日化企业向宝洁学习、快餐行业向麦当劳学习、IT行业向IBM学习、汽车行业向特斯拉学习等。

另一类是"向经典学习"。一些理论或方法论之所以成为经典，就是因为它们是经过了几十年甚至更长时间的科学研究与实践检验产生的成果，如德鲁克的管理思想理论、科特勒的营销理论、Easy Selling的协同式销售方法论、柯氏四级评估方法论等。经典的方法论体系适用于各行各业，不同行业、不同领域的企业都可以从经典中学到它们想学的东西。这些方法论的可靠性、前瞻性和发展性都做得很好。

企业在选择方法论进行学习和植入时需要特别慎重，因为学习是为了应用，如果学的都是山寨的、零散拼装的、不成系统的"假"方法论，就极有可能让企业"走火入魔，误入歧途"。因为绝大多数学员都是缺少分辨是非和批判性吸收能力的。

在学以致用的过程中，企业更多地依托外部专家资源进行成果交付。但企业需要做好内化工作，一方面是把新的思想观念和方法论在企业中内化，另一方面是把新的课程在企业中逐步内化，慢慢地沉淀出企业自己的"软"技能课程体系，然后逐步转由企业的内部讲师交付。随着培训成熟度的提高，企业的课程设计开发能力越来越强，便可一步步地内化出初级管理类课程、中级管理类课程，内部讲师可以驾驭的课题高度也日益提高。

"学以致用"的好处就是对标学习，让企业的发展更有方向，更有动力，少走弯路；而且外部专家在主题内容的权威性、教程设计的科学性及演讲呈现的专业性方面远胜于企业内部讲师，既可以为学员提供一个纵深的、进阶性的、可持续的学习路径，又能让学习过程妙趣横生，学员爱学乐学，学习效果自然也会很好。

"学以致用"的不足之处就是企业需要支付额外的讲师课酬和差旅费用，而且要规避学习内容与企业现状不兼容与不适用的现象。

企业在选择"学以致用"方法论时需要做好内化规划。不能把对标学习的影响力停留在基层的执行层面，更要得到主要的高层管理者的重视与关注。因为决策层是有思想有高度的，对企业未来的发展也是有预期的，高层管理者对于企业想要什么、想规避什么都非常清楚。当高层管理者参与"学以致用"的学习资源选择时，可以确保选择的正确性，也可以确保内化所需的资源支持。如果高层管理者参与不积极，学员学到的东西在企业中无法得到共识，执行层是学明白了，但握有决策权的高管没有参与学习，那么应用新技能的环境就得不到很好的支持，也会导致学习内化的失败。

结语

"用以致学"更加关注企业文化、流程、标准、规划等合规类课程体系的学习。这是企业生存的根本。

"学以致用"更加关注向标杆学习、向经典学习，带着前瞻性和发展性的诉求进行学习，而且学习后需要将知识在企业内部内化。

企业的人才培养工作负责人的重心首先要放在"用以致学"上，把企业真正需要沉淀下来的合规类知识在企业内进行复制；而在"学以致用"方面，培训采购者需要修炼"火眼金睛"，通过考察课程口碑、试听，多接触专家观点、文章、图书，多了解专家背景，前期多与专家就企业的实际情况进行交流，做好学习资源引入的风险规避。特别是在引入生产、销售、研发等专业领域的学习资源时，更要将相关职能部门的负责人拉进来一起评审。

人才培养工作负责人只要清楚了"用以致学"和"学以致用"的区别，就不用再纠结哪些课程该由内部讲师交付，哪些课程需要交给外部专家完成，哪些外部课程在未来可以有计划地内化到企业之中，沉淀出企业可以自我交付的"软"技能课程体系。这些都应该做好合理的规划，千万不能为了盲目地省钱而堵住企业与经典和标杆交流的大门，也不能因为盲目迷信与依赖外部专家而放弃企业的内化沉淀能力。

"用以致学"与"学以致用"必须相互结合，相互促进，合理分工，最终形成完整的企业内部人才培养体系。

从"开胃甜点"到"满汉全席"的进化

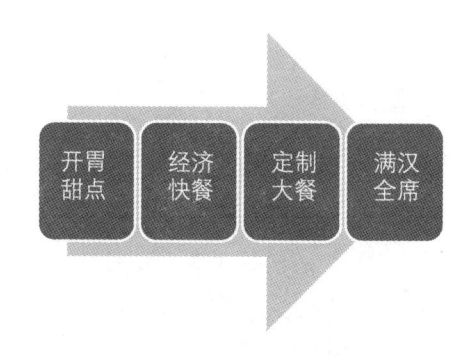

开胃甜点 → 经济快餐 → 定制大餐 → 满汉全席

这看上去像一个让人垂涎欲滴的"吃货"话题,开胃甜点可以时时有,满汉全席也能在某些影视大片中见识到。但我今天要借此隐喻,聊一个关于企业销售人才培养及销售型组织成长的话题。

有些客户企业想请我去给它们做培训,但只有一天或半天的课程安排。可能很多职业培训师都不愿意接这样的订单,觉得为了半天的课程而舟车劳顿太麻烦,而且没有让自己这块"好钢"用在"刀刃"上。但只要不是行程撞档原因,我通常不会拒绝接这样的需求,哪怕这半天的培训只是面向客户企业的销售新人。我把这样的短周期培训需求叫作"开胃甜点"。

开胃甜点

企业的成长会经历生存期、发展期和成熟期,企业培训体系的成熟度也同样会经历从无序到成熟的进化过程。在培训成熟度较低的时候,企业更多的是靠直觉经验做业务,更多的是由内部的业务骨干和管理者给团队做绩优分享与经验交流。随着企业的快速发展,开始逐渐强调销售人才的培养,甚至还想尝试对既有的销售运营管理体系进行变革与升级。

此时,企业虽有改变的动机,但动机未必强烈;企业可以拿出培训经费,但预算未必充分;企业认可培训的必要性,但又担心培训不能产生效果。因此,企业在初级阶段最通常的做法是：找一个外部专家来做培训，给团队带来一些新的思想和新的最佳实践分享。企业还会认为，饭要一口一口地吃，知识也要循序渐进地学。先试着做半天或一天的课程，看看效果与反馈，再决定是否可以深度导入外部专家的力量。

既然企业想试一试，就像一个闭关锁国了许久的国家，终于要改革开放了，这是一件多么值得欢欣雀跃的事情呀。虽然目前开放的程度还很有限，改革的步子也没有迈得那么大，但迈出的这一小步，是企业成长的一大步。

作为外部专家，如果有机会在此阶段与客户携手合作，你应该倍感荣幸和珍惜机会，因为你的专业付出，可能会帮助客户拓宽视野，建立信心，开始进入销售组织发展的快车道。纵然只是一道"开胃甜点"，你也要精心准备、用心交付，要让企业感到"物超所值"，让企业对未来更有信心。

经济快餐

有了首次"开胃甜点"的正向鼓励，客户通常就会把对外部专家力量的引进升级为"经济快餐"，希望给销售团队提供更加系统化和结构化的培训，提供更实战和实效的销售行为技能训练。培训执行的时长也会由原来的半天或一天扩展为两天或三天，甚至更长。

企业需求的升级，既是对外部专家和专业销售方法论的认可升级，也是必然发生的现实需要。一般来说，如果只是半天的、零散和不连贯的培训安排，充其量只是一些观念层面或信息层面的单向讲授。如果是2~3天的连续培训，专家通常就可以在销售实战技能的深度学习与演练方面下功夫。

当然，培训时间增加了，不能只是让学员们在获取的知识内容数量上得到简单的倍增，而应该在教学时间相对充分的条件下，把一个标准化的培训课程变成一次"咨询式培训"，把讲师在台上的演讲式发挥，变成和学员们有更多的交流互动与智慧共创。既然是咨询式培训，就要让学员们带着问题和目标来参训，一边学习新的知识技能，一边找到实际工作问题的解决办法。我想，结合客户真实业务场景进行培训内容规划，围绕学员实战工作问题进行现场研讨与练习，最后留下更多的学习共创成果，用于训后的行为转化指导，才是高水平、高质量的培训项目。也只有这样，企业对外部专家的信任度才会与日俱增，更多的学习与成长需求才会被不断激发出来。

事实上，一个2~3天的课堂培训，现场的教学氛围可以做得很热烈，学员们的评价也可以很积极正面，但也可能存在"课堂中激动、感动、冲动，工作中还是一动不动"的尴尬局面。因为如果缺少训后的销售技能训练强化，缺少来自销售团队管理者和企业高层的大力支持与督导，缺少被内化和统一的销售语言与行为标准，学员们在培训课堂中学到的知识技能，很快就被"遗忘曲线"化为乌有。因此，企业的进一步学习需求必然会由"经济快餐"晋级为"定制大餐"。

定制大餐

企业想"定制大餐"，表明此时的需求开始由培训转向咨询，由注重新知识、新技能的获取，转向新模式、新机制的落地转化。这个阶段可以做的事情有很多，如销售流程定制与销售工具开发、销售漏斗管理与商机辅导体系设计、销售目标绩效管理与激励机制优化、销售新人育成体系与学习地图设计、企业销售人才甄选与绩效考评体系等。

企业何时需要"定制大餐"？既受培训成熟度的影响，也取决于企业高层对营销变革升级的洞察力与迫切性。往往到了这时候，企业已经意识到必须拥有一个可以支持企业未来5年甚至10年发展的统一的销售流程与销售管理体系。这些科学定义的体系当然可以通过企业慢慢摸索来逐步建立和完善。但正如一家企业的董事长跟我说的，他希望请外部专家来协助做这件事情，就是用"金钱"来换"时间"。企业依靠自有力量耗费三五年都不一定能做好的事情，在外部专家的帮助下，可能只需要半年到一年的时间就能做好，而且做出来的品质更高，还可以少走弯路，减少试错成本。从投资回报的角度来看，与外部专家合作是一个非常划算的投资选择。

企业需要怎样的"定制大餐"？如上所述，企业需要改变和提升的地方有很多，但应该先从哪个模块入手，先解决哪个棘手问题呢？对此，我的观点是：一哄而上的结果就是一哄而散。企业如果希望对所有待改善的问题一齐动手，遍地开花，那后果一定是相当严重的。这就好比为一列正在高速行驶的列车更换轮胎，列车不能停，轮胎就只能一个一个地换。同理，企业需要确定在现有的销售运营现状中，不同问题的重要程度和紧急程度如何。先做重要且紧急的事项改进，再做重要但不紧急的事项。每改进一项，就有一个阶段性的改善成果。如此才能保证企业运行稳健并提高成功率。

满汉全席

当然，事情进展到这一步，并没有完全"大功告成"。为了将学习与定制成果真正沉淀为销售团队的"基因"，最终转化为销售团队的统一语言与行为标准，促进销售绩效的全面提升，有必要将"定制大餐"升级为"满汉全席"，意思是邀请外部专家成为企业销售绩效改进的战略顾问，为企业提供中长期的陪伴式成长咨询服务。这是一个极为必要的过程，因为我在实践中看到一个很严峻的现实：企业在从"开胃甜点"到"经济快餐"的变化过程中进展顺利，但在从"定制大餐"到"满汉全席"的发展阶段容易后继乏力。原因主要有以下3个。

一是对于新的营销模式与行为标准执行要求，现有销售团队成员，包括管理者，可能会表现出敷衍对待或消极抵制的情况。因为大多数人都不愿意接受新挑战，更希望活在一个"满足于现有业绩目标，知足常乐"的舒适圈里。此时，外部专家犹如企业转型升级过程中的催化剂与定海神针，可以督导企业一路向前，矢志不渝。从知道到做到，从做到到养成习惯，从养成习惯到最终的绩效回报，这是一个漫长和艰难的过程。没有外部专家的相守相伴，企业自身很难坚持到最后。

二是很多企业为了节省成本，会断开外部专家的支持而选择单干，希望通过自身的力量来进行落地转化，但在转化过程中会遇到众多棘手的、突发的问题。缺少了外部专家的支持，这些问题未必能找到最佳答案。而这些问题如果堆积起来，就会越演越烈，逐步变成对新模式、新机制的否定与质疑。这样，企业前期所有的努力就会付诸东流。

因此，企业要认识到外部专家在"通往成功的最后一公里"重要性，"满汉全席"就是为这最后一公里准备的，外部专家可以成为对客户成功负责的项目经理，确保项目取得最终的成功，皆大欢喜。

结语

没有"开胃甜点",就没有"经济快餐";没有"经济快餐",更难有"定制大餐";没有"定制大餐",绝对不会有"满汉全席"。企业的培训需求或层层递进,或跳跃式发展。但无论怎样,企业最重要的是认清每种服务选择背后的价值与意义,确立正确的项目期望与目标,教学同心、教学相长,只有这样才能让每次学习的投资获得最大的回报,让学习成为帮助企业实现可持续发展的最大驱动力。

销售培训不是灵丹妙药，企业需要对症下药

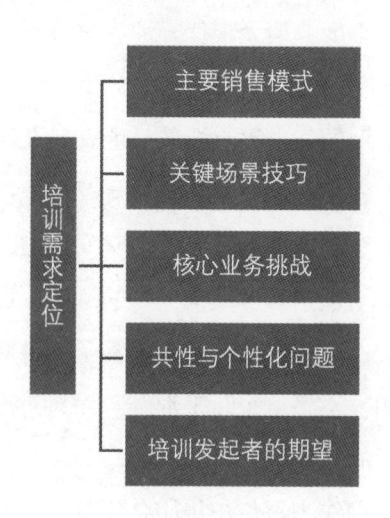

```
                    ┌─── 主要销售模式
                    │
                    ├─── 关键场景技巧
        培训需求     │
        定位        ├─── 核心业务挑战
                    │
                    ├─── 共性与个性化问题
                    │
                    └─── 培训发起者的期望
```

销售培训和大家常见的领导力、执行力培训有很大区别。销售培训更关注实战实用，更希望学员在培训结束后能够快速实现行为的转化和业绩的提升。对于销售培训，应思考以下几个问题。

- 为什么要做销售培训？
- 为什么现在要做销售培训，而不是等到有空的时候再做？
- 企业究竟应该在业绩好的时候做销售培训，还是应该在业绩表现差的时候做销售培训？

对于以上问题，企业应该如何理解、如何应对呢？以下就针对以上问题结合以下三类常见的认知误区"敲黑板，画重点"。

误区1：销售培训是一种员工福利，只有业绩表现好的人才有资格获得参加培训的机会

画重点：培训不是员工福利，而是帮助员工胜任岗位职责、提升工作业绩的重要手段。端午节发粽子是公司福利，对优秀员工给予额外的旅游休假也是公司

福利。既然是福利，给不给是公司的事情，要不要也应该由员工自行选择。问题是，如果对于公司安排的培训，员工没有权利选择是否参加，那培训是员工福利之说自然是站不住脚的。

有些公司请我做培训时，特别强调参训的都是从大团队中精挑细选出来的销售精英，或者都是在上个季度业绩表现优异的先进分子。然后，那些业绩表现不好的人怎么办？公司什么时候会给这些"落后分子"也做做培训呢？

我经常强调，销售培训的一个更重要的功能就是在团队中形成统一的销售语言与行为标准。因此，不管是业务精英还是销售菜鸟，不管是销售管理者还是销售执行者，都需要在同一个课堂中，在同一个时间段内，接受同一种专业销售方法论的培训。如果把销售培训当作对绩优人物的激励，那就好比在一个团队中，有的讲中文，有的讲英文，有的讲日文，大家都听不懂对方在说什么，这样的沟通效能和协同效能可以用"不忍直视"来形容。而只对部分精英开展培训的做法更是加剧了这种沟通不畅的局面。

正确的做法是，把培训作为每位销售团队成员的必修课。培训应该由公司来主张和发起，也应该由公司来投资与组织，但公司可以对参训人员提出清晰的学习目标与考核要求。因为只有通过培训考核，才能证明学员达到了胜任工作的基本条件。

误区2：业绩好的时候根本不需要培训，只有业绩差的时候，培训才显得格外重要

画重点：业绩好的时候为什么不需要做销售培训呢？是因为签单签到手软，实在腾不出来时间搞培训，还是因为觉得此时做培训实为画蛇添足呢？如果是因为忙着签单而延后培训，还情有可原。销售人员可以趁着这番好势头，把业绩做得更好，不然，过了这村就不一定还有这店了。另外，企业还要思考：眼前的飘红业绩，究竟是实力使然还是站在了风口上？到底是因为市场内外部环境的变化还是因为销售团队作战能力的提升？这样的喜人业绩，是昙花一现还是可以持续出现？如果可以持续，还能持续多久？

企业必须明白，短期的业绩结果表现其实取决于多方面的因素，如运气好、

撞上风口、有大促销、竞争对手关张、推出了新品/爆品、密集的广告投放等，我称之为"外因"。而"内因"指的是销售团队的作战能力，包括但不限于成员的专业度、管理体系与机制、区域市场作战模式、销售工具的使用能力等。外因引起的业绩增长大多难以持续，而且会出现成本费用高、回报率加速下滑、竞争对手容易复制与超越、时机稍纵即逝的问题。只有内因才是企业在常态化竞争、同质化竞争中最可倚重的核心竞争力。销售培训聚焦的恰恰是内因，是为了提高销售能力，是为了做到不管外因如何变化，销售业绩始终能够持续增长。因此，如果在业绩好的时候能够腾出时间，还是应该做好销售培训，毕竟，磨刀不误砍柴工。

业绩差的时候做培训为什么格外重要呢？还是同样的道理，企业需要分析造成业绩差的原因究竟是什么，如是外因还是内因。

如果是外因，那就要看这个外因的影响力大不大。如果影响力太大，纵然销售能力再强，也无力回天。就像在疫情防控期间，类似超市、餐饮店、电影院等服务平台，都无一例外地成了"重灾区"，商家即使投再多引流广告也无济于事，做再多销售培训会也效果平平。如果是内因造成的业绩差，那销售培训就有"用武之地"了。而且内因对业绩的影响力越大，销售培训的必要性和紧迫性就越高。

误区3：能快速提升业绩的销售培训才是好的销售培训

画重点：这又是一个天大的认知误区。如果一场培训之后，业绩就能够快速提升，那培训专家的身价和地位就要比现在高得多了。现实却是，企业一方面和培训专家讨价还价，压低培训专家的授课费用，一方面又异想天开地期盼着培训能带来立竿见影的业绩提升效果。

培训能不能快速提升业绩？我的回答很坚定："不能！"

为什么不能？

首先，如误区2中阐述的观点，业绩结果的发生，取决于外因和内因的双重作用。假若一场培训结束后一个月，企业的业绩翻了一番，谁又能说清楚到底是受到外因（经营环境）的影响，还是受到内因（销售能力）的影响呢？也没有人能计算明白,外因和内因各自的贡献有多大?

事实上,以获取新知、提升技能为目的的销售培训,固然会对业绩提升产生不可或缺的正面助力和影响,但其转化为业绩表现的速度与程度是一个很复杂的过程。培训可以帮助一个人"从不知道到知道,从知道到做到",但是后续的"从做到到养成习惯,从养成习惯到最终的绩效回报",却不是培训可以解决的问题,需要业务部门领导甚至公司高层给予关注、要求、督导和激励。越是出于基层员工层面自动自发的培训成果转化,员工越心力不足和难以持续;越是来自公司高层和组织层面的支持与督导,员工越能同心协力与胜利在望。

培训虽然不能快速提升业绩,但它是一项"重要而不紧急"的工作,越早做越好,越多做越好,越全面做越好,越理论联系实践地做越好。员工的理念与能力都提升了,整个销售团队的作战能力就提升了,内因对业绩的正面影响就大了。

以上对三大认知误区的澄清,至少可以证明一个观点:销售培训确实是提升销售团队作战能力的"一味好药",但绝对不是包治百病的"灵丹妙药"。因此,企业不能对销售培训持有不切实际的期待和"立竿见影"的要求。

要让销售培训产生更好的效果,企业需要"对症下药"。

根据Easy Selling销售赋能中心的调研,销售培训的效果不理想,更多的是因为培训讲师/专家及培训项目的评估者与组织者,对参训学员的真实工作场景不了解,对于销售团队必须掌握哪些关键销售技能没有精准地定位,从而导致讲师/专家在交付课程时,所教授的内容与学员的真实工作场景偏离太多。虽然讲师/专家"循循善诱"地讲了一大堆知识,但学员在实际工作中不会用,或者根本就用不上。

例如,某场培训的目的是提升团队的客户拜访沟通能力,但是销售人员在进行客户拜访时会遇到很多场景,包括面对面登门拜访、以电话/微信/邮件形式进行在线拜访、邀约客户参与市场活动时的现场拜访交流等。在不同的拜访模式下,双方沟通的时间有长有短,沟通的话题有浅有深,沟通交流的对象也各式各样，关键是企业们是否明确本次培训的目的是重点提升销售团队在哪些场景下的拜访沟通能力。

又如，一些比较复杂的销售场景，尤其是B2B销售场景，销售周期短则3个月，长则半年甚至一年。销售人员在商机推进过程中容易出现失控、被客户关在门外无计可施的被动局面。因此，销售人员需要掌握很多关键销售场景技巧，包括但不限于如何做客户的需求现状调研、如何做客户需求标准引导、如何进行解决方案的呈现与共识、如何向客户证明项目执行与价值创造能力、如何开展双赢的销售谈判、如何为项目的实施质量保驾护航等。不同的公司对销售人员的能力要求也不同，有的要求销售人员做好其中几个步骤即可，有的则要求销售人员能够以全能型姿态"踢满全场"。此外，不同的工作任务定义对销售培训内容和重点也有不同的要求。

再如，有一种持续型销售模式，如工业品销售，或者一些战略型大客户销售模式，销售人员的工作不仅是创建与客户的"第一次美丽邂逅"，更需要保持长期的客情关系维护，从而有机会在客户的合格供应商名单中排在优先位置，也可以在客户内部发现更多、更大的新的合作机会。有的公司会强调销售人员"攻城拔寨"式的新客户开拓能力，有的公司则希望销售人员具备对老客户"精耕细作"的关系维护能力。

前段时间，我在为一家项目型销售企业提供咨询服务时发现，该企业的销售人员更多的是在全国各地捕捉客户合作机会，然后开展前期的需求探询和客户关系建立。等到商机正式立项后，企业就会组成由高层领衔的项目小组，以团队协作的方式继续推进商机结案。在这种协同工作模式下，销售人员其实并不会参与解决方案的设计与定价，更不会主导与客户的项目结案谈判，所以企业只需要对这批销售人员重点开展新客户和新需求开发方面的培训，至于方案设计和谈判技巧，销售人员根本就用不上，也无须做培训。

以下提供了一些经典的培训需求探询提问，可以帮助企业更好地定位销售团队最需要的培训内容。

- 企业目前的主要销售模式是怎样的？可以请业务负责人列举一个完整的

商机推进过程,然后分析销售人员在其中的工作表现与关键任务。
- 哪些销售场景技巧对销售目标的达成至关重要?销售人员需要具备的能力有很多,其中一些对销售业绩的达成特别重要,甚至特别紧急,企业需要加以识别与定位,按照重要和紧急程度进行有针对性的培训与训练。
- 目前销售人员的主要业务挑战是什么?销售人员遇到的业务挑战究竟是什么?是销售机会不多、商机质量不高、与客户的沟通经常"见光死"、销售过程容易失控,还是签单利润不高?只有搞清楚销售人员到底遇到了哪些问题,才能识别出需要对其进行哪些赋能。因为每个问题的背后都意味着需要一种或几种特定的能力予以支持。
- 某项销售能力的缺失是共性问题还是个性化问题?在销售人员的学习成长路径中,哪些能力是经过验证考核确实达标的?哪些是还没有学过或考核不达标的?哪些能力的缺失只是在个别销售人员或特定商机中出现?哪些能力短板是销售团队成员普遍出现的问题?企业需要对这些问题做出准确的辨识,才能做出最佳的培训内容规划。
- 销售培训项目发起人的期望是什么?从严格意义上说,销售培训项目的发起人应该是企业的高层或销售团队的主要负责人,他们对销售团队目前存在的问题及企业未来的发展趋势最有发言权,所以他们对销售培训项目的期望必须得到充分的表达,并在销售培训项目的设计中得到充分的体现和实现。

结语

越是优秀的企业，越重视员工的培训工作；越有智慧的销售型企业，越能明白"销售培训不是灵丹妙药，企业需要症下药"的道理。只有端正态度，摆正位置，才会有正确的行为和理想的结果。否则，即使是再出名的销售技能课程和再厉害的销售培训大师，也难以起到真正的实战、实用和实效的作用。

销售人员不缺培训，缺的是训练

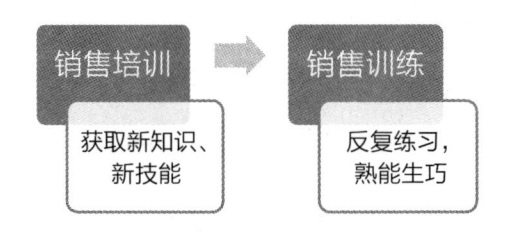

销售培训 → **销售训练**

获取新知识、新技能　　　反复练习，熟能生巧

我常听很多销售人员抱怨说，公司给的培训太少，影响了他们的业绩产出与成长速度。而我的观点是：销售人员并不缺少培训，真正缺少的是训练。

以下先举两个生活中的例子来说明培训和训练的不同。

第一个例子是学习开车。学员首先要通过科目一考试，包括道路交通安全法律法规、交通信号、通行规则等基本知识。学员可以选择参加正式的培训班，也可以选择通过网络教学和在线测试等方式完成学习。但通过了科目一的考核，不代表学员就会开车了，后续还有通过科目二、科目三和科目四的考核，其中在科目二和科目三考核中，学员必须上车实操，每个动作都要练习数遍才能确保达标。科目一是培训，科目二和科目三是训练。

第二个例子是学习打网球。教练会向学员简要介绍网球运动的规则与特点，然后就让学员从基本的体能训练开始，再到发球动作、接球动作、跑位方法等的学习，在无数次练习中不断精进，最终成为熟手和高手。掌握了大量的网球知识，不代表学员就学会了打网球，更不意味着学员能高水平地打好比赛。应该说，学习打网球过程中的重复和枯燥的训练，比掌握网球专业知识更加重要。

同理，在企业人才培养与学习模式的设计中，培训和训练也是两个完全不同的概念。

培训指的是对新信息、新知识、新技能的获取方式。狭义的培训指的是课堂之内的正式参训形式，即在确定的时间、确定的地点，和一群确定的同学，在一位确定的讲师的带领下,学习和掌握确定的主题内容。这样的正式培训可以让人们在学习中保持专注和投入,但也具有培训成本高、占用时间长、组织难度大的缺点。例如,大批量的销售新人同时入职,可以采用正式的培训方式;但对于零零散散的新人加入,就很难组织正式的课堂培训活动。

广义的培训不仅包括课堂之内的正式参训形式,也包括课堂之外更加灵活的非正式学习形式。越来越多的企业将自己的培训部门改名为"学习发展部",就是想冲破正式培训形式的局限,拥抱更多元、与实践结合得更紧密的学习成长方式。

从广义的培训定义来看,销售人员从入职开始其实就已经处于各种培训资源的环绕之中了。只要你善加留心,就会发现企业里有很多可以轻松获取的培训资源和学习机会,只是培训形式和内容各有不同而已。

企业内部的非面对面培训资源有很多形式,如各种在线课程学习或微信语音分享、企业的文件资料或培训视频录像,甚至还包括通过各种内部会议进行绩优分享或政策宣导的"以会代培"形式。

企业外部的在线学习资源更加丰富。在互联网和社交媒体盛行的今天,销售人员可以自行上网查询和下载到对工作有帮助的文字材料、音视频材料、工具模板材料等。"有问题问度娘,妈妈再也不用担心我的学习了!"这种反映也反映了人们如今获取信息的极大便利性。

我经常提到学习"7-2-1"法则,即有效的学习,10%来自正式培训,20%来自向他人学习,还有70%来自在实践中学习。很多企业为销售新人安排了师父或导师,他们带着新人一起拜访客户,对新人言传身教,或者在新人遇到问题时为其答疑解惑,指点迷津,这些都是很好的学习机会。

综上所述,培训可以分为正式培训和非正式培训两种。员工不一定有那么多的正式参训机会,但非正式的、训战结合的学习机会一点都不少。

一个人成长速度的快慢,不应该取决于其获得的正式培训机会有多少,而应该取决于其自我学习的驱动力。如果销售人员自己不爱学习,给他再好、再多的学习机会也无济于事。这就像一个人身体状况出了问题,消化功能与代谢功能不好,你就是给他摆上一桌满汉全席,也只是暴殄天物、浪费资源而已。

对销售团队来说，比培训更重要的是训练，尤其是实战模拟训练。要将某种关键行为技巧进行反复练习和改进，以达到熟能生巧、运用自如的目的。

相比于培训，在训练时应注意以下几点。

首先，训练一定是受控的、正式的。所谓受控，就是让销售人员有组织地集中在一个特定的时间和空间，进行某项销售实战技能的训练。成人学习很难做到心无旁骛，唯有"受控"，才能确保成人最大限度地身心合一，安驻当下，全身心投入。

当然，非正式的、非受控的练习也是可以有的。例如，几名销售人员自发地组合在一起进行训练，但这种练习更多地适合学习意愿比较强烈的先进分子。对大部分销售人员来说，每天都有那么多的事情需要处理，想主要依赖非受控的训练模式来提升技能，恐怕只是"美梦一场"。

其次，一定要模拟真实的工作场景来进行训练。试想一下，一个新兵，只学了一些枪支构造知识与端枪姿势，都没有好好地在训练场练习过打靶，就直接上战场杀敌，那估计他被敌人反杀的可能性接近100%。企业很多时候就是如此，对销售人员只进行最终的回款业绩考核，至于销售人员在与客户打交道的过程中，到底表现得好不好，是否具备应有的技能，企业主管却无从知晓。

例如，拜访前如何向客户发出拜访邀约，如何在拜访中快速建立人际好感，如何进行精彩的亮相与开启会谈，如何通过提问探询客户的现状与需求，如何进行产品的讲解和方案价值的塑造，如何拟写拜访沟通共识备忘函，等等，这些技能在实际工作中每天都会高频率发生，其重要性不言而喻。企业主管应该列出清单，对销售人员的掌握能力进行逐项培训、训练和考核，否则的话企业就是自欺欺人，不脚踏实地。

再次，一定要进行反复的行为训练，只有这样才能让员工形成稳固的"肌肉记忆"。这就像人们小时候学骑单车，只要学会了，无论5年还是10年没骑，只要蹬上自行车，依然可以熟练驾驭，轻松上路。你甚至都不用刻意去想应该先蹬哪只脚，或者应该如何保持身体平衡，因为这种当初经过反复练习和强化的技能已经牢牢地植入了你的记忆之中。

也许有人会质疑:"我们的很多训练都是遵从事先设定好的规范流程与动作话术的。但面对真实的、变幻莫测的客户现场,我们会不会还是不知该如何灵活应对呢?"对此,我认为,没有规矩不成方圆,任何自由发挥都源于最初的反复练习。如果在训练时牢牢掌握这些实战技巧,就能在客户现场真正做到信手拈来,灵光闪耀。

再次,要搞明白训练与实战的关系。实战就是和客户进行真实的接洽与沟通。销售人员每天大部分时间都是在和客户交流,有面对面的拜访活动,也有非面对面的各种在线交流。事实上,销售人员从来就不缺少实战机会。但是,低水平的实战只会带来低水平的成功率。销售人员更需要的是实战之外的刻意训练。磨刀不误砍柴工,老祖宗的话到今天依然很有道理。

最后,检查与考核不可或缺。作为一名销售团队的管理者,你要谨记一个原则:销售人员不会做你希望他们做的事情,只会做你即将检查的事情。你一天到晚苦口婆心地告诉销售人员要好好学习,要天天向上,要加强练习,要超越自我。殊不知,你的这番真切的"期望"在大多数销售人员眼里,都是"左耳朵进,右耳朵出"的唠叨而已。但如果你不仅表达期望,而且认真组织团队成员开展受控式训练,并加强指导与通关考核工作,就能确保"期望成真",从而产生你所期望的销售人员行为转变与业绩改进的可衡量效果。

结语

根据Easy Selling销售赋能中心对众多销售型企业的跟踪观察，绝大部分企业都没有很好地组织销售人员进行受控训练，这既是销售培训工作的失误，也是销售管理工作的失误，因为企业培训部门可能更多地聚焦于正式的培训活动，而对于需要反复开展的行为训练有点鞭长莫及。因此销售团队的管理者应该勇于担当这样的角色，在实战之外，在职场之中，将训练进行到底。

现在，如果还有销售人员向我抱怨培训机会很少，我会直接告诉他："张口要钱的是乞丐，坐等培训机会的是废材。"

企业应该在培训之外，对员工进行更多扎扎实实的训练，才能让员工获得真正的成长与进步。

"逢培必考"真的好吗

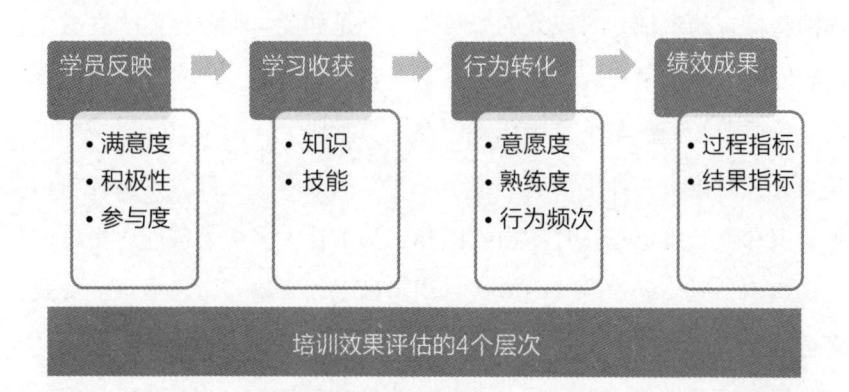

学员反映 →	学习收获 →	行为转化 →	绩效成果
• 满意度 • 积极性 • 参与度	• 知识 • 技能	• 意愿度 • 熟练度 • 行为频次	• 过程指标 • 结果指标

培训效果评估的4个层次

"考试"这个词,对中国人来说绝不陌生。从小学到大学,大家经历了无数次的考场历练,也成就了今天的成功人生。但我今天要讲的"考试"发生在职场,是指员工在接受完公司组织的工作技能培训后,需要历经的特殊"考试"。

有好多次,我帮助企业完成了一天或多天的大客户销售实战技能培训课程后,客户企业的培训经理就会找到我,让我出一套考试题目,以方便企业用笔试的方法测验学员们在课堂上的学习收获。有些培训经理还特别告诉我,这是他们的总经理特别强调的,叫作"逢培必考"规矩。

我起初对此类要求都会嗤之以鼻,不以为然。我觉得课堂中所学的销售技能就应该在实战中去应用、实践,而通过笔试的方法是无法真正检验学员们到底有没有真正学会、学好的。这只不过是一种形式主义的做法而已。

但慢慢地,我发现这种"形式主义"还是有其合理之处的。别的不说,如果学员们事先知道课后要考试,在课堂上就会更加认真和投入,至少不会随便逃课或心不在焉。因为谁也不想在随后的考试中排名垫底,沦为别人的笑话。

我后来还调研过几位特别重视"逢培必考"的企业老板,对他们的初衷有了更深的理解:因为企业没有更好的培训效果检验方法,所以采用笔试的方法是不得已而为之的选择。但这并没有什么坏处或负面影响。企业花了那么多的人力、物力资源投入在员工培训上，学员们也付出了自己的时间和精力参与课程学习，课后考试就是一种很好的"珍视企业和个人付出"的必然之选。

我经常在课堂上提到一句话："销售人员不会做你希望他们做的事情，只会做你即将检查的事情。"成人的职场学习更是如此。大家虽然坐在教室里，但心有没有安驻下来全情投入？大家虽然都在听老师讲课，但有没有可能是左耳进右耳出？重要的知识点与工具表单都印在学员手册上，但学员在学习中的感悟与启发是否有及时记录？如果没有"逢培必考"的要求，大部分学员会不会在参训后，手册上和大脑里仍是一片空白？因此，为了让大多数人都能以更好的状态投入到培训之中，采用受控的学习方式，用考试手段来检验学习成果的方式，还是有很多可取之处的。

有件事情让我始终难以忘怀。那是在疫情防控期间，有家B2B大客户销售型企业找到我，希望借助我的"销售战鹰在线集训营"产品，为其全国近百位销售人员进行赋能培训。我的这个产品其实是一个精心录制的视频课程，伴随有学习社群运营服务、学习心得打卡服务、课后知识点测试服务、专家答疑辅导服务。所有的服务内容全部通过在线方式进行，而且没有任何纸质或电子版本的学员手册，全靠销售人员边看视频课程边做笔记。

对于课后知识点测试，我预先拟好了知识题库并随机出题，最有意思的是，同一个学员对于同一个课程模块，可以进行多次测试，当然也可以通过不断修正答案而拿到满分100分，但我只取最低分作为该学员的最终成绩。最低分最有可能出现在学员完成模块学习后的第一次测试中。只有在测试前把相应模块的视频多看几遍，把笔记做得更加详细，才能更有把握在首次测试中获得理想的测试成绩。

集训营结束后，让所有人震惊的是：一共500多分钟的在线课程学习，学员们的学习笔记平均都在40页以上，而且记得密密麻麻，详尽备至。其中有位最好学的区域经理，学习笔记有80多页，堪称一绝。

我后来不断回想：尽管没有采用传统的线下面对面授课形式，尽管没有印刷精美的学员手册,尽管每个人在视频学习过程中都无法与同事和老师进行互动交流,但学员们的学习主动性和投入度比寻常的线下培训高很多。其中的关键就在于贯穿始终的测试与考核。在线知识点测试是一种测试,每次的学习心得打卡与排名也是一种测试。测试传递出了清晰的检验标准,为了达到甚至超越标准,学员们都全力以赴。

当然,根据柯氏四级评估模型,知识点测试归属于第二级"学习收获"层面,最关键的还是第三级"行为转化"层面,以及第四级"绩效产出"层面。高的学习收获不一定能带来高的行为转化,但高的行为转化一定会带来高的业绩产出。因此,知识点测试不是唯一的培训效果检验方式,企业还应该使用更多更好的培训效果评估手段,全方位、多角度地验证学员的学习成果与价值。

比知识点测试更进一步的是内部分享和转训,就是让学员们在课后结合所学内容,自己动手开发与设计一个30~60分钟的转训课件,然后在团队内部进行正式的转训分享。我发现,对于老师在课堂中所教的内容,学员如果只靠大脑去记,时间一长就会忘得七七八八。但学员如果能记录下来,还能通过制作课件表达出来,再通过自己的嘴巴复述出来、转训出来,就可以大大锻炼和提升学员的概括总结能力与书面/口头表达能力。而且,经过自我消化与审慎思考后输出的分享内容,可以理解得更深刻,记忆得更牢固。

内部转训的效果不仅作用于学员本人,通过分享知识和智慧,还可以形成团队的共同认知,培育学习型组织文化,让培训的价值放得更大、更长远。

有一种处于柯氏四级评估模型中的第三级的评估方式叫作"行为训练与通关考核"。这里强调的是在实战之外的刻意训练,就是由企业集中组织,销售团队在职场中安排出专门的时间,围绕学员在培训课堂中学到的新知识、新技能进行实战模拟练习,如电话沟通话术、需求探询方法、产品卖点介绍技巧、谈判与异议处理方法等。有些人扮演客户,有些人扮演销售人员,有些人扮演观察者。演练一遍,就反馈一次,然后再演练一遍。如此这般地反复练习,直到学员熟能生巧,信手拈来,并通过企业设置的通关考核。这样的行为训练不能走过场、搞形式主义,而要明确训练和通关的标准与要求,只有这样才能让这种培训转化方式看到成果。

你可以做一个自我检视：在最近一个月内，你所负责或你所归属的销售团队：

- 是否集中组织过专门的销售技巧行为训练活动？活动特征：每次30分钟以上，销售主管全程参与，有相应的测试与通关考核。
- 总计组织了几次？是定期举行的还是不定期举行的？如果你发现部门内部几乎没有安排过这样的训练，或者即使有，也更多的是突发性的、不定期的，那你的部门今后就要大力加强这些行为训练和通关考核的工作，而不是只培不考，光说不练。

还有一种考核方式是"随访观察与及时反馈"。随访观察与协同拜访有所不同。协同拜访是销售主管通过发挥自己顶级销售人员的能力特质，帮助销售人员做好与客户的沟通和商机的结案推进。而在随访观察中，销售主管虽然还是与销售人员一同去见客户，但其所扮演的角色不再是主谈者，而是一名观察者，观察销售人员在客户沟通实战中是否能运用学到的新技能，动作是否做到位，是否能根据现场情势进行行为调整等。在近距离观察之后，销售主管还要对销售人员的专业度与熟练度进行评估，并给予积极和及时的反馈。

随访观察强调销售主管要"居其侧，忌干预"。如果销售主管在观察过程中"忍不住冒头"，越俎代庖，让自己成了现场沟通的主角，让销售人员没了发挥的空间，那这种随访观察就只能徒劳无功了。

和职场中的行为训练与通关考核，随访观察也应该被列入销售主管的重要工作日程中。例如，规定每月完成几次随访观察，每月对每名销售人员执行几次随访观察，这些工作必须坚持做。销售人员也会因为销售主管的这种考核方式而感受到自己被重视和被关注，从而更加积极努力地提高自己的业务水平。

结语

在企业里组织一场销售培训实属不易。让培训效果最大化,是企业、培训组织者、老师和学员的共同心愿。不管是"逢培必考"还是"行为转化",只要抱着积极正面的心态去面对,都是有百利而无一害的好事情。

做好销售工作，如同写好散文

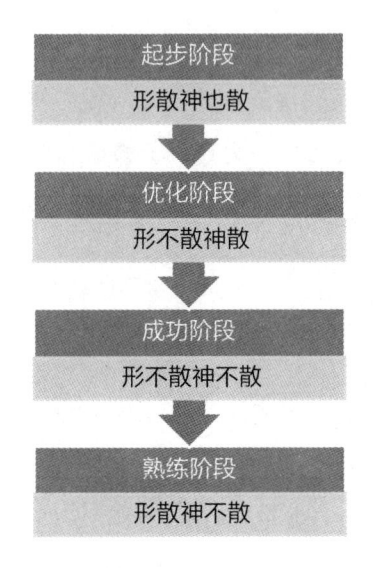

```
起步阶段
形散神也散
   ↓
优化阶段
形不散神散
   ↓
成功阶段
形不散神不散
   ↓
熟练阶段
形散神不散
```

什么？写散文？这和"销售"这个话题有什么关系？本文到底想说什么？

不要着急，5分钟后你就会知道答案。

销售培训是大多数企业用于提升销售团队技能的主要方式。但培训结束之后往往难以看到立竿见影的效果：销售人员的行为模式并未得到快速的改善，课堂上学到的新工具、新技能并未在实战中得到应用。这到底是为什么呢？

有的人把销售培训和行为转化失败的原因归结为老师传授的知识技能不接地气，或者与企业真实的业务实践没有很好地对接；有的人会抱怨说企业缺乏执行力，既没有来自企业高层的支持，也没有对培训效果转化的目标予以明确与考核；更有人认为现有的销售人员从内心深处不愿意做出改变，不愿意接受新的挑战，担心采用新的行为模式会损害自己在企业里的既有利益等。

以上这些说法都有一定的道理，而且都是客观存在的事实。但Easy Selling销售赋能中心认为，最根本的问题是大多数人不了解行为转化的真正逻辑与正确路径，从而导致对培训效果的错误认知和不当的管理行为。我可以借用"写散文"这个隐喻，向大家剖析这个既通俗又深刻的道理。

说到散文，大家都能列举一些耳熟能详的美文佳作，如朱自清的《荷塘月色》、茅盾的《白杨礼赞》、余秋雨的《文化苦旅》等。大家都知道，写散文的最高境界是"形散神不散"。所谓"形散"，主要指散文的内容取材十分广泛自由，或者指散文的表现手法天马行空、不拘一格；所谓"神不散"，是指在"随心所欲"的文字下，要表达的中心思想必须明确而集中，让人品读之后能清晰地感受到作者的真实意图，从而产生共情与共鸣。

事实上，写好散文，要完整地经历4个递进的阶段，且不可越级，需要一步一个台阶，不懈地努力，方能修成正果。这与新销售行为的转化路径如出一辙，下面来一一解析。

起步阶段

刚学写散文的人自然是达不到"形散神不散"的境界的。即使是接受过正式的散文体写作培训的人，或者看过很多散文佳作的人，刚开始写散文时，也会出现"形散神也散"的问题，不仅文字和表现手法粗陋，而且想表达的中心思想未能很好地表达。这个时候，挫败感也会随之而来，写作者会觉得：我已经学会了写散文的知识与要领，为什么还写不出一篇像样的散文呢？

究其原因，就是写作者学艺不精，练习和实践得不够，就好像一名刚入伍的士兵，刚学了点枪支的构造知识与握枪的姿势，就匆促地上了战场。打败仗的结局自然是预料之中的事情。同理，销售人员刚刚参加完一场销售培训，对新学习的销售工具与技能还没有充分理解、训练和通关考核，就直接在客户身上做实验，岂有不碰壁的道理？

但是，写作者如果就此对写散文（应用新技能）万念俱灰，心生退意，那就注定一事无成，难有建树。既然不能放弃，那就应该继续下功夫，多做练习和技能优化，如此便能像"闯关打怪"一般，很快到达第二个阶段——"形不散神散"。

优化阶段

"形不散神散"意味着写作者写作散文时的表现手法中规中矩，看起来没有明显的问题，但还是无法准确和充分地表达文章的中心思想。这个时候，写作者的挫败感也许会比之前更加强烈：我努力了，也改进了，为什么还是达不到想要的目标呢？

原因是写作者还处于生搬硬套、只得其形未得其神的状态。我经常说，销售工具是死的，人是活的。就像你得了一把屠龙宝刀，但如果你不能参透宝刀背后的武林秘籍，那么这把宝刀事实上也没有太大的用处，甚至用来切菜都显得笨拙。因此，销售人员不仅要知道销售工具"长什么样子"，更重要的是知道工具背后隐含的销售心理学；不但要知道销售工具的使用方法，更要知道在不同的情境下如何灵活地运用它们。

在此阶段，销售人员要坚定对专业销售方法论的信心，甚至要上升到信仰的高度。要坚信科学的销售方法论一定可以帮助自己取得更大的成功，坚信只要对销售方法论进行不断的探索和优化实践，一定能抵达成功的彼岸。只有在这样的信仰下，销售人员才会不畏惧困难，不轻言放弃，也才会有不达目的不罢休的执着与韧性。

成功阶段

只要不抛弃，不放弃，继续改善，就可以到达第三层境界——"形不散神不散"，即文学表现手法完全符合要求，中心思想也能够很好地表达出来。经历了一次又一次的挫败，此时的"拨开云雾见天日"尤为可贵。

对销售从业者来说，此刻终于可以看到应用专业销售工具所带来的让人振奋的业绩回报了，哪怕只是过程性指标的显著改善。例如，通过应用CRM工具，客户档案信息资料终于沉淀为企业可管理与可传承的资产；通过运用客户分类定级工具，销售人员终于能够辨识正在跟进的客户的质量优劣与合作潜力；通过自媒体营销计划的落地，销售人员终于能够运用社交媒体对客户展开更多维的价值传递，收获更多的需求信息反馈；通过运用客户拜访中的"精彩亮相"方法，销售人员终于可以在客户面前创造自己的高光时刻，从而更好地激发客户兴趣和信任度，等等。

每种销售工具都能解决一个或多个业务实战问题，其功效也应该可评估、可衡量。一旦到了"形不散神不散"阶段，销售人员就会对学到的新销售方法越来越有信心。此时销售人员不再需要别人来监督、要求，而是让践行新的销售方法变成一种自动、自发的行为。

熟练阶段

"形散神不散"才是写作散文的最高境界：写作者不再受制于条条框框的约束，甚至已经"忘记"了各种规矩和格式；信手拈来、妙笔生花，看似放浪形骸，实则轻重有序。大家读了都说好，但又很难说出具体好在哪里。

在销售工作中，我将此状态称为"无招胜有招"。一般水平的销售人员见客户，签单的目的性太明显，销售工具的使用痕迹太重，客户的抵触情绪很强烈；高水平的销售人员见客户，不显山不露水，从拉家常到转入正题，从需求探询到需求引导，一切都轻松自然，不知不觉中就能实现既定的交流目标，并和客户成为好朋友。如果说销售人员在"成功阶段"还是"知道自己知道"，在"熟练阶段"就是"不知道自己知道"，已经把运用销售工具的精髓融入到骨子里，成为习惯，成为自然。

改进一小步，成长一大步

从起步阶段到熟练阶段，还有一个至关重要的行动纲领需要遵循，那就是"改进一小步，成长一大步"。

我常常在课堂上说：企业参加完我们的大客户销售课程后，需要用至少一年的时间来对课程中的知识点进行消化、吸收、实践和转化。为什么呢？因为在短时间内学习那么多新方法与新工具，绝大部分人都处于一知半解的状态，也没有机会在实践中接受检验。因此，尽管大家内心无比激动，也有付诸行动的冲动，但对每个工具的运用都处于"形散神散"到"形聚神散"阶段，备受折磨和打击。如果只是应用一个工具，大家尚且可以在困难面前见招拆招、从容应对。但如果在短时间内将所有的销售工具同步铺开应用，就好比一个刚刚建成的阵地，就要遭到敌人最密集的炮火攻击。同理，一哄而上所带来的挫败感，足以让学员对新方法应用转化的热情烟消云散。

我的行动建议是：对新方法、新工具的应用要有计划、有步骤地实行，不能操之过急，一哄而上。例如，大家以前是怎么做销售工作的，培训后还可以继续按原有的行为模式工作。只是在其后的每个时间段应用课堂上学习的一两个工具，解决销售工作中的一两个问题。这就好比给一列高速行驶的列车更换轮胎。列车不能停下来，你就不能一口气把所有的轮胎换掉，而要一个一个地来。在销售工作中，这样做既不会给组织带来大的冲击，又能应用和巩固好每次的改进优化成果。改善的行动足够聚焦，改进的速度与效果也会更有保障。这就是"改进一小步，成长一大步"的道理。

结语

好了，现在你应该知道本文为什么取一个和散文相关的标题了吧？学习实践销售方法论，就如同学习写散文，要对专业方法论充满信仰，要戒心浮气躁，要有计划、有步骤地进行。在学习新的销售方法工具之前，销售工作也能正常开展；现在学了新的技能，更不要着急上火地对过去的东西全盘否定，要一步一步地改，慢慢来。

对华为的"三化"理论做个必要补充

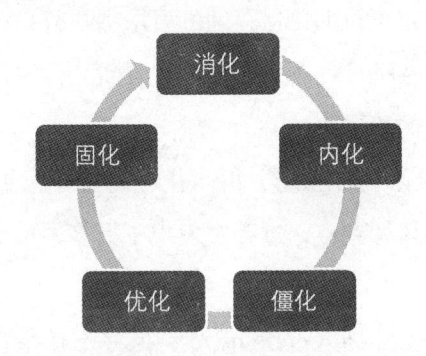

先向大家普及一下华为公司的"三化"理论。

从1998年起，华为公司就开始陆续邀请IBM、Hay等多家世界知名的管理顾问咨询公司，为其开展了IPD、ISC、IFC、CRM等多个管理变革项目，其中尤以IBM主导的IPD（集成产品开发）流程变革最为世人所知。

刚开始导入IPD时，就有很多研发部门的老员工们提出了反对意见，觉得西方这些死板的、制式化的东西不适合华为公司。但这些质疑的声音被公司打了回去，大家只能继续配合IBM的顾问进行流程设计与应用测试。没过多久，大家发现IPD流程非但没有让新品研发效能提高，甚至还出现了出错率高、沟通效能低等诸多问题。于是，大家纷纷再次"上书"，痛诉IPD流程的"罪过"。这个时候，作为华为公司的创始人、管理变革项目最坚定的发起者和推动者，任正非提出了"三化"理论，即"先僵化，后优化，再固化"。

"先僵化"就是按照IBM顾问的要求去"傻傻地做"、不折不扣地做。事情总要先运行起来，如果总是踌躇不前，事情就不可能向着好的方向发展。

"后优化"就是在做的过程中，鼓励大家不断地思考还有哪些可以继续改进的地方。实践出真知。再完美的方法模型在与实践结合的过程中，也能找到这样或那样的优化改善空间。不过，优化的建议可以提，但必须经过公司的认真分析和正式认可后才能付诸实施，而不是无组织、无纪律地随意篡改。

"再优化"就是在前两步的基础上，围绕优化后的流程方法，最终固化成公司统一的工作语言与行为标准，变成人人都必须遵守和传承的作战模式与制度流程。

在"三化"理论的支持下，大家逐渐发现，之所以在实践中出现了问题，根本原因在于大家并没有严格按照IBM顾问的要求去执行，一些人口服心不服，甚至暗中"偷工减料"，各种使绊子、玩抵制，导致一件好的事情因为"执行力"不到位而无法实现应有的效果。

现在，有了"先僵化、后优化、再固化"的指导思想，大家从"先僵化"开始做起，不打折扣地执行到位，过程中发现了更多的可优化空间，最终达成了"再固化"的目标。

IBM在中国为很多企业导入过IPD流程，但并不是每家企业都取得了变革后的胜利成果，只有华为公司真正地成为IPD应用的标杆典范。因此，也可以认为："成功的关键不仅在于老师有多厉害，更在于学生有多优秀。"华为公司是一个优秀的好学生，在重大管理变革项目的导入中，目光长远、意志坚定、目标导向、思路清晰、执行到位，最终取得了被众人称颂的巨大成就。

好了，现在的问题是，作为一名在专业销售方法论领域深耕多年的专家和教练，我为什么还要对华为公司的"三化"理论做个补充？是不是想蹭热点、行哗众取宠之举？我的回应是：必须做出补充，因为如果企业盲目照搬"三化"理论，极有可能弄巧成拙，导致新的管理变革项目快速失败。

让我来和大家举一个应用"三化"理论遭遇失败的客户案例吧。有一家大公司组织销售团队成员开展了一次"大客户销售方法"的内训项目。培训时长为两天，邀请了国内知名的、拥有丰富的世界500强公司销售实战背景的专家授课。课程结束后，学员们纷纷反馈课程内容不错，里面的实战工具和方法让人茅塞顿开，有很高的实战价值。

公司老板听到这些反馈，喜上心头，便要求销售团队将所学知识用于实践，以更好地提升业绩表现。过了一段时间，老板突然想起要去过问一下大家学以致用的效果。让人啼笑皆非的是：大家现在工作中的行为模式与培训之前的表现相比并没有什么变化，当初在培训中的那种"感动、激动、冲动"平息成了现在的"一动不动"。

老板十分不解，责问大家为什么不学以致用，得到的答复基本上都是"那些课堂上学到的方法，当时觉得很好，但后来在使用中才发现并不适合企业的实际情况"，或者是"理论是一回事，实践是另一回事。只要能做出业绩，用老方法还是新方法都不重要"，等等。老板很生气，但也无可奈何。他本来想着继续强制大家用新方法，但又担心会影响大家的工作积极性与业绩产出。毕竟业绩还得靠大家去完成。大家既然认为新方法不好用，那也不好继续强求，只能就此作罢。

看完这个案例，你是不是觉得很熟悉？是否发自己的公司也发生过很多类似的故事？为什么一个看似好的、更先进的工作模式，要复制和推广到实践中就那么难？到底是新方法存在问题，还是大家在学以致用的过程中出现了问题？

Easy Selling销售赋能中心在大量的走访调研中发现，其根本问题并不在于新方法本身，而是出在应用和转化层面。如果用"先僵化、再优化、后固化"的理论来分析，很多企业在"先僵化"这个层面就已经举步维艰、错漏百出了。具体分析如下。

首先，课堂中学到的知识与实践中用到的方法之间，还有一道很深的"鸿沟"要跨越，不是简单的"先僵化"就能万事大吉。这道"鸿沟"指的就是把所学知识与企业实践充分结合的"内化"过程。在华为公司的案例中，IBM的顾问与华为公司的工作人员并肩做了很多内化工作，将在IBM被证明有效的IPD方法与华为公司的研发管理状况做了充分的结合与内化，让内化后的"新的"IPD流程更加贴合华为公司的现状与发展愿景。在此基础上再强制"先僵化"，就有了很好的成功保证。

但很多企业在"学以致用"的过程中，直接略去了"内化"这个步骤。老师在课堂上怎么教的，学员就在实践中怎么用。但需特别警醒的是，老师在课堂上的有限时间里，只是传授给了大家一个通用的、值得借鉴的方法论，并没有花充分的时间对企业进行调研，更没有帮助企业做"先僵化"前的"内化"。参训学员对课堂知识盲目照搬，势必出现新方法在落地应用过程中水土不服、脱离实际的局面。

其次，做好"内化"有一个更重要的前提——"先消化"。如果缺少很好的"消化"，又怎么可能出现高质量的"内化"呢？要消化课堂所学，要深刻理解所学的新流程、新工具背后的设计原理（我经常将其称为"武林秘籍"），才能辨识哪些可以在企业中推广与使用，哪些现在就可以使用，哪些需要等到时机成熟时才能使用。

在传统的课堂教学模式下，填鸭式的内容灌输屡见不鲜。学员们在两天的集中学习中，脑袋里被塞了太多的新理念与新方法，这些都需要他们在课程结束后花上10倍甚至更多的时间来温习和认真揣摩。但可笑的是，本应对"课后转化"担起责任的公司高层和团队管理者，往往都游离于课堂之外。他们没有全程参与或没有全心投入到和员工一道学习的过程中，所以根本无法带领大家做好"消化"工作，更加无法主导"内化"工作。缺少了"消化"与"内化"，势必在"僵化"阶段屡屡碰壁，让当初的学习转化热情逐渐熄灭。

最后，在后续的"僵化"与"优化"过程中，还必须有一个强有力的项目小组来领导新流程、新方法的应用转化过程。在这个小组中，要有能够决策和拍板的企业高层人士，也要有对新流程、新方法深度理解与应用评估的骨干中层，还要有通过实践不断反馈应用效果和优化建议的基层精英。"应用转化"绝对不能只停留在一线人员自动自发的行为层面，必须上升到组织层面、战略层面、上下同欲层面。有了来自组织的保障，即使在"僵化"阶段遇到了问题，也能及时发现和解决。就像华为公司在面对所有的管理变革项目时做的那样，整合与调动一切可用的资源，确保项目在启动前、启动中都能顺利推进。

在我接触过的企业中，大多数都没有设定这样的项目小组来管理新流程、新方法的应用转化过程，更多的情况是：老板因不满意大家现有的能力水平与业绩表现，所以倡议和斥资对团队开展能力提升培训，期待大家能够学有所成。但在培训结束后，老板并没有提出下一步的行动改善要求，而大部分的职业经理人也出于"趋利避害、求稳求同"的心理，不会主动变革和面对新的挑战。因此，对于如何实现成功的变革，唯有任正非这样的明智人士才能洞察其中的奥秘。

结语

通过以上阐述,大家知道我对"三化"理论做出了哪些补充吗?

"先消化,再内化,再僵化,再优化,后固化",这是新的"五化"理论模型,尤其适用于企业引进外部方法论培训后期待在内部成功地应用转化的情况。消化不好,就难以内化;内化不好,就无法僵化;僵化不力,就无从优化;缺少优化,就不可能固化。这是"三化"理论的升华,是一切企业变革管理的根本逻辑。

大客户销售人员学习路径规划

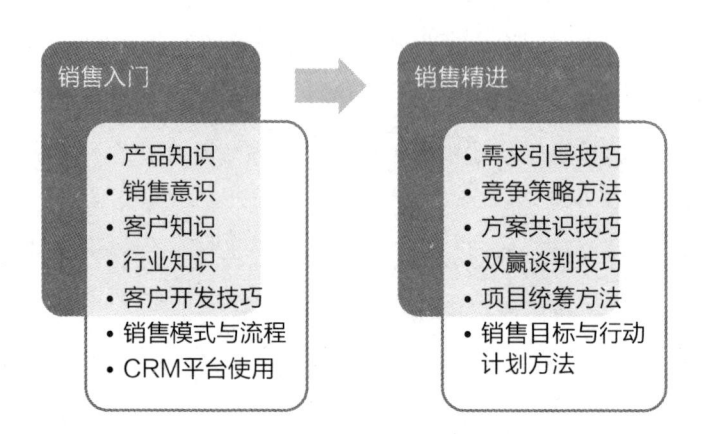

销售入门
- 产品知识
- 销售意识
- 客户知识
- 行业知识
- 客户开发技巧
- 销售模式与流程
- CRM平台使用

→

销售精进
- 需求引导技巧
- 竞争策略方法
- 方案共识技巧
- 双赢谈判技巧
- 项目统筹方法
- 销售目标与行动计划方法

爱上销售工作，有很多理由。既有来自与生俱来的性格特质的影响，也有来自敢于挑战和拥抱精彩人生的渴望。但无论怎样，在销售工作上取得杰出成就的人，更容易实现财富自由，更容易积累人脉资源，更容易获得晋升机会，也更容易获得社会的认同。

但销售工作也有其残酷的一面：以目标为导向，以销售业绩论英雄，高压力高强度，24小时工作制，还必须接受强者生存、弱者淘汰的命运。

什么样的人适合做销售工作？如何才能做好销售工作？在回答这些问题之前，以下先列举几个常见的对销售工作的误解，以帮助大家更好地明辨是非，去伪存真。

- 误解1：只要有鼻子、有眼睛、会说话，就可以做销售工作。很多人认为销售工作是没有任何门槛的，甚至只要在面试官面前喊喊口号，拍拍胸脯，就可以轻松获得一份销售工作。
- 误解2：销售工作就是"用自己的热脸皮去贴客户的冷屁股"。很多人都喜欢鼓吹"大数法则"，认为只要对客户死缠烂打，多见人，多碰壁，就会有业绩。有些销售人员甚至不惜触犯道德与法律底线，靠桌下交易拉拢客户，认为客户在这样的"糖衣炮弹"面前都会不攻自破。
- 误解3：销售方法是一门只可意会不可言传的"艺术"。不难发现，很少有大学会开设"销售方法"或"销售管理"课程，这本是大学教授大多没有销售实战经验的沉淀所致，却直接形成了一种公众认知：大学里能教的才是专业，不能教的都不算专业。

事情真的是这样的吗？

销售工作究竟是一门只可意会不可言传的神秘艺术，还是一门有规律可循、可通过后天学习来掌握，并能够在组织内实现成功复制的科学？

接下来，从"销售入门"和"销售精进"两个维度，和大家一起探讨销售工作的专业性究竟如何。

销售入门者的应知应会

必须指出的是，作为一名刚刚入行的"销售菜鸟"，首先要学习的不是销售技巧，而是必备的产品知识。我常说："在成为一名优秀的销售顾问之前，先让自己成为一名合格的产品解说员。"如果连自己要卖的产品都讲不清楚，再多的销售技巧都只是无源之水，无济于事。

完成了产品知识的储备，接下来就要学习以下"必修内容"。

- 销售意识。好的理念会带来好的心态，好的心态会带来好的行为模式与工作状态。初涉销售工作，积极的正能量心态、客户导向的服务意识、合规守法的行为标准、进阶式的职业发展规划、对销售工作价值的共识，以及把销售工作作为长期事业的坚定信念，都是极为重要的学习内容。
- 客户知识。要想知道如何正确地开展销售工作，首先要了解客户是如何执行购买行为的。具体包括目标客户画像构建、客户资源梳理、客户采购流程梳理、客户决策行为分析、客户需求痛点分析、解决方案应用场景识别、客户信息收集、客户评估与分类、产品价值与客户价值实现路径分析等。销售人员需要了解客户，甚至要做到"比客户更懂客户"。
- 行业知识。知己知彼，百战不殆。这里的"彼"，不仅指客户，也指竞争对手及市场环境。行业的发展远景与趋势、主要的竞争业态与竞品知识、我方的竞争优势与差异化定位，都是帮助销售人员了解自身优势定位、树立正确的竞争与发展理念的必备常识。

- 客户开发技巧。先有前期充分的新客户开发，才有后续的客户关系巩固与需求深挖。无论是企业分派的客户资料，还是销售人员独立开发的客户资源，销售人员迈向市场的第一步都是快速完成新客户开发任务，锁定接下来要深度经营的目标客户群体，建立自己的私域客户资源池。从新客户接洽话术到客户拜访计划的制订、从客户兴趣的激发到客户信任度的培育、从线下面对面交流到基于社交媒体的影响力打造、从向客户推介产品到与客户做朋友，这些技巧和方法必须掌握扎实，正所谓磨刀不误砍柴工嘛。

- 销售模式与流程。每家企业的文化与资源不同，销售的流程与模式也会有所差异。新入行的销售人员需要先从大框架和整体上了解企业的销售流程与主要步骤，了解自己在全流程中要扮演的角色、要执行的关键任务、可以获得的协同资源支持、需要实现的阶段性客户共识成果等。这也是针对销售人员打造的"入模子工程"，是建立销售组织统一的销售语言与行为标准的开始。

- CRM平台使用。很多B2B大客户销售型企业都有自己的CRM平台，但如果大家都不用或敷衍对待，该平台就形同虚设。从销售新人开始就要严格做好CRM系统的使用管理，从信息输入的及时性、准确性和全面性要求，到围绕CRM系统的销售动作抽查与检视，每一步都不能放松。只有从一开始就养成好的习惯，后面才能习惯成自然。除了CRM系统，还有销售人员常用的OA系统、邮件系统、订单管理系统等，都是销售入门者的"必修课"。

销售精进者的应知应会

在完成了销售入门知识的学习与掌握后，销售工作就可以正式和全面展开了。可能大家会问：为什么没有提到需求引导技巧或价格谈判技巧等？我的观点是：这些进阶式销售任务并非一定要在入门阶段涉及，销售新人也并非一定要掌握了这些高阶技巧后才能开启作业，毕竟每个人都具备与生俱来的销售潜能。而且，销售新人在遇到不能独立解决的问题时，还有销售主管或资深销售人员在一旁帮扶或引领。因此，企业大可把这些高阶技巧放在"销售精进"阶段，也就是销售人员工作6个月或一年后再来学习。有了前期的市场历练，销售人员对这些高阶技巧的理解与掌握就会更加通透，也能做到举一反三。

- 需求引导技巧。"先规划，再销售"是大客户销售工作的核心策略。这里说的"规划"是指以行业顾问或解决问题专家的角色，帮助客户诊断和分析他们的业务挑战，建立基于问题解决和风险规避的需求标准，同时也让这个标准倾向于己方解决方案的差异化能力与优势。产品推销方法更多的是以产品为中心来引导客户，而顾问式销售方法更强调站在客户的角度，以对客户成功负责和双赢的思维来引导客户。需求引导技巧是销售精进阶段的必备技能。

- 竞争策略和方法。有商机就会有竞争，越是势均力敌的竞争，就越需要学会商机评估和竞争策略的制定方法。企业通常需要在商机推进全生命周期中设定3种评估：商机开发立项评估、业务优先级评估、商机结案强度评估。企业也会据此制定全面进攻、侧面进攻、局部进攻、防守反击等多种竞争策略，确保赢单率最高，风险可控。销售周期越长，解决方案越复杂，竞争策略和方法就越重要。

- 方案共识技巧。在大客户销售场景中，特别重视买卖双方的方案共识过程，而不只是卖方单向的方案设计与报价。在解决方案设计阶段，客户参与的程度越深，最终的方案获得客户认同的可能性就越大。销售精英此时要学会规划一个客户认可的联合推进计划，围绕双方前期达成共识的需求标准，执行解决方案共识与交付能力证明的有效举措，最终成为客户心目中的Mr. A。

- 双赢谈判技巧。人们常说，只要是钱能解决的问题就不是问题。但如果是以牺牲利润为前提的合作，最终将导致买卖双方双输的局面。企业不仅要拿下订单，还要保证合理的利润，同时也要让客户在价格谈判中获得"赢"的感觉，销售精英为此要掌握一套双赢谈判技巧，包括谈判前的权势评估与目标设定、谈判中的出牌策略与引导方法、谈判尾的成交技巧与客户期望管理等。会谈判，就能帮助公司挣钱，所以谈判技巧极为重要。

- 项目统筹方法。销售精英不仅要做好个人销售，还要学会成为优秀的项目经理：协调和统筹内外部资源以推进商机结案，在合同的执行阶段，与企业的交付团队及售后服务团队紧密合作，确保客户成功，确保兑现自己向客户许下的服务承诺。这里涉及的能力要求包括内部会议的召集与组织、会议共识的执行管理、合同的交接与重点解析、合同变更的协调与管理、客户满意度的调研执行等。这是在销售精进阶段对销售精英的能力提出的更高要求。

- 目标分解与行动计划方法。虽然说销售业绩结果的实现受到许多不确定因素的影响，但是销售精英必须学会以确定的计划来应对不确定的干扰。团队的目标需要分解与分配，个人的目标也同样需要分解与分配。销售精英要学习如何盘点存量需求和预测新增需求，学习如何从产品维度和客户维度分解目标，学习如何根据结果性指标规划过程性指标，学会如何基于目标差距来制订行动改善计划，学习如何提高个人时间管理技巧与工作效能等。科学的目标分解与行动计划方法会让销售工作变得事半功倍，高效高能。

结语

本文总结和提炼了一套销售实战工作者的胜任能力图谱，可以帮助你从销售菜鸟成长为销售精英。受篇幅所限，本文内容难免有所疏漏，但从中也可以充分证明一个观点：销售工作既是艺术，更是科学。销售工作有其独特和精深的专业知识范畴，销售人员需要不断实践和优化才能最终习得销售技能，绝对不是坊间所传的那种"有鼻子、有眼睛、会说话就能做好销售工作"。

下一篇文章将继续讨论"专业销售"这个话题，将从"销售团队管理"和"销售业务管理"两个维度，揭示一名合格的销售团队管理者应该具备哪些专业修为。

销售团队管理者专业胜任力图谱

团队管理 ⇄ 业务管理

上一篇文章《大客户销售人员学习路径规划》从专业销售方法的角度，诠释了从"销售入门者"到"销售精进者"的专业能力图谱。现在，是时候和大家详尽探讨一下销售团队管理者应该具备怎样的专业修为，才能成为一名优秀的"销售指挥官"，带领团队实现销售业绩的可持续提升。

销售团队管理者大多都是从个人业绩优秀的销售精英中选拔出来的，其个人业务拓展能力很强，但对如何开展团队管理与业务管理、如何激发团队的战斗力，以及如何进行销售人才的选育用留知之甚少。仅靠个人直觉、缺少流程章法的管理方式势必让团队效能起伏不定，事倍功半。

销售团队与企业中的其他行政性或职能型团队有很大的不同，其作业方式的灵活性，拓客场地的多变性，以及面临业绩目标实现的短期压力，都使销售团队的管理模式更具挑战性和不确定性。如何"以确定的规则应对结果的不确定性"，应成为销售管理者努力的方向与奋斗的目标。

Easy Selling销售赋能中心对企业销售管理模式做了大量的样本采集与深度研究，将销售负责人的专业胜任力归结为两大范畴：业务管理者和团队管理者。前者聚焦对"事"的管理、后者聚焦对"人"的管理。人对了，事就对了；事对了，人就会表现得更高效。

在上一篇文章中提到，销售人员在学习销售技巧之前，先要学好产品知识与相关的技术知识。现在，同样要强调：销售管理者在学习销售管理方法之前，先要和手下的销售人员一起，学好一种科学的销售方法与销售技巧。道理很简单：如果团队内部缺少统一的销售语言与行为标准，再高明的管理方法也会沦为无源之水、无本之木。

因此，如果你的团队有机会参加一次系统的销售实战方法课程，你千万不要因为自己的管理者身份而将自己置身事外，反而要更积极、更主动地参与，要比你的下属学得更好、更透彻，这样才能率先垂范，督导下属更好地学以致用。

接下来就为大家一一揭示销售团队管理者的胜任能力图谱。

成为专业的业务管理者

绝大部分销售团队的管理者，除了个人业务经验较为丰富，对如何开展科学和系统化的业务管理活动所知甚少，仍然停留在用个人直觉与勇气来指导业务工作的初级状态。当团队很小时，管理者尚可以一己之力达成业务目标。但当团队越来越大时，管理者就会越来越力不从心，举步维艰。建议大家从以下几个方面快速"补课"，成为专业的业务管理者。

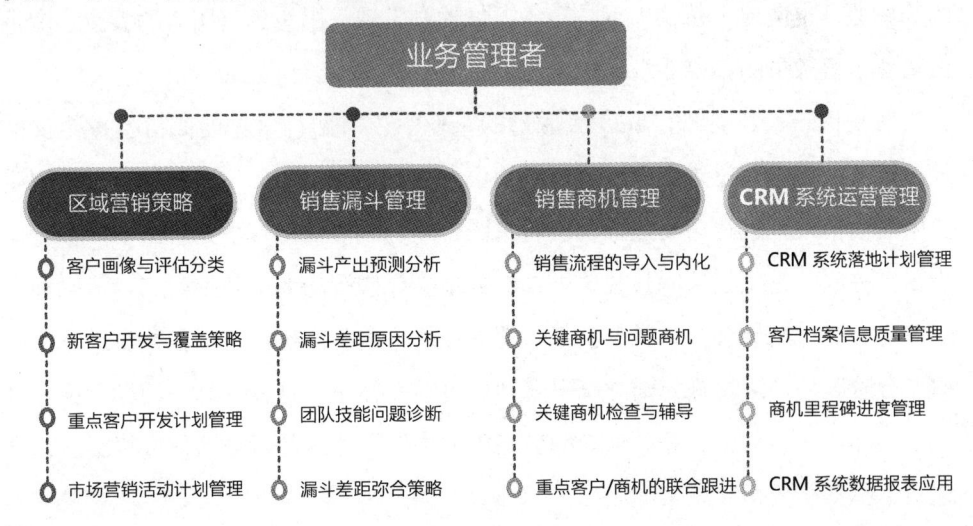

```
                        业务管理者
        ┌──────────┬──────────┬──────────┐
   区域营销策略   销售漏斗管理   销售商机管理   CRM 系统运营管理
   ● 客户画像与评估分类   ● 漏斗产出预测分析   ● 销售流程的导入与内化   ● CRM 系统落地计划管理
   ● 新客户开发与覆盖策略   ● 漏斗差距原因分析   ● 关键商机与问题商机   ● 客户档案信息质量管理
   ● 重点客户开发计划管理   ● 团队技能问题诊断   ● 关键商机检查与辅导   ● 商机里程碑进度管理
   ● 市场营销活动计划管理   ● 漏斗差距弥合策略   ● 重点客户/商机的联合跟进   ● CRM 系统数据报表应用
```

一是区域营销策略。俗话说："凡事预则立,不预则废。"有好的计划,才有好的执行与好的结果。那种"先出拳再想拳法"的行为,固然勇气可嘉,但极有可能造成资源浪费与徒劳无益。优秀的销售团队管理者,应该是制定区域营销与客户覆盖计划的高手,其中包括但不限于进行目标客户画像与客户群体定位、客户合作潜力评估与客户分类定级、新客户的开发策略、老客户的维护策略、市场活动的规划与执行等。如同现代战争多采用海陆空协同作战模式,销售人员的业务拓展手段也不能过于单一,必须建立"市场+销售"资源联动的展业模式。

二是销售漏斗管理。销售漏斗的形状像一个上下翻转的梯形。销售机会从漏斗顶部进入,按照销售流程的执行步骤自上而下地推进,直至成功穿透漏斗底部,形成签约与结案。其中一部分商机会由于各种原因导致丢单,中途流出漏斗。

销售漏斗与销售流程的关系密不可分。销售流程是从微观的角度定义商机推进过程中的关键步骤与关键销售活动,关注的是商机的赢单率与成交周期;销售漏斗则是从宏观的角度,集所有推进中的活跃商机于一体,以销售流程为基础,关注的是销售目标的达成率与保障计划。销售漏斗管理包括但不限于销售漏斗的产出预测分析、漏斗健康度的分析与管理、漏斗与目标差距的弥合策略、销售漏斗分析会议的策划与执行等。事实上,销售漏斗管理方法不仅是销售团队管理者的必修课,也应成为每位大客户销售人员的必学项,因为销售团队的大漏斗就是由每位销售人员的小漏斗汇聚而成的。

二是销售商机管理。在我接触过的企业中,有两种常见的商机检查会议形式。第一种俗称"过堂会",就是把销售人员召集在一起,每个人把自己销售漏斗中的商机逐一进行简要介绍,然后由销售经理进行当场点评并给出下一步行动指示。每次"过堂会"时长视销售人员数量与要检视的商机数量而定。第二种为"一对一商机辅导会",就是销售经理聚焦每个关键商机,与销售人员进行深度的、分阶段的持续检视与辅导,一直到商机结案为止。这种一对一辅导不像"过堂会"那样浅尝辄止,每次辅导都会基于上次辅导达成的行动共识进行跟进,更连贯,更具实战指导意义。

如何通过"过堂会"定位关键商机?如何通过"一对一商机辅导会"解决具

体商机在推进中的问题？要想解决这两个问题，管理者应具备的能力包括但不限于对客户/商机概况的检视、对商机开发立项与业务优先级的评估、对销售流程执行与客户共识成果的检查，以及对下一步行动计划的研讨与共识。目前，绝大部分的销售团队还停留在"过堂会"阶段，主导"一对一商机辅导会"才是销售团队管理者的真功夫。

四是CRM系统运营管理。CRM系统对于B2B大客户销售型组织的重要程度，就好比土壤与树苗的关系，彼此相依，不可或缺。无法想象，如果一个销售团队的客户资料、商机资料还在用传统的Excel表格或人脑记忆，该是一件多么低效和荒唐的事情。销售团队的管理者应学会基于CRM系统进行销售产出的预测管理、销售商机的进展管理，以及将销售人员手头的客户资料信息变成企业的重要资产。同时，CRM系统还能让销售团队的沟通效能大大提升，并且使跨部门协同合作成为可能。我坚持认为：CRM系统运营的水平高低，可以成为衡量一个销售团队科学管理水平的最关键的依据之一。

成为专业的团队管理者

众人拾柴火焰高。除了聚焦对客户与商机的业务管理，销售团队的管理者还必须学会打造团队、凝聚团队、发展团队。团队越有战斗力，团队销售目标的达成就越有保障；团队成长得越健康，就越能获得可持续的销售绩效提升。为此，销售团队的管理者需要集合人才、目标、文化这三大要素，用正确的人，通过正确的价值观与行为模式，达成企业所期望的绩效目标。建议大家从以下几个方面快速"补课"，成为专业的团队管理者。

一是销售人员管理。育人不如选人，选对了人，后续的人才培育成本与育成率就可以大大提升。反之，人选错了，即使在其身上下再大的功夫，也只能是事倍功半或得不偿失。销售团队的管理者不能仅凭自己的直觉和经验来选人，而要练就一双"火眼金睛"，借助科学的人才甄选工具和方法，从任职资格、行业经验、性格特质3个维度综合评估与选拔人才。销售团队的管理者还应该做好工作任务的设计与分工，基于下属的能力特质，实现人岗匹配，人尽其才。

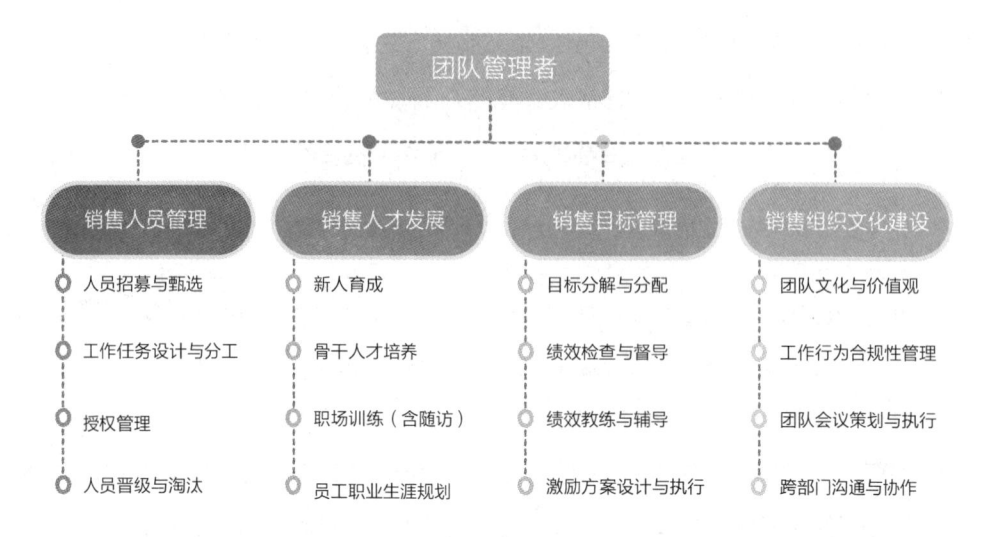

```
                        团队管理者
         ┌─────────────┬─────────────┬─────────────┐
    销售人员管理     销售人才发展    销售目标管理   销售组织文化建设
    ○ 人员招募与甄选  ○ 新人育成     ○ 目标分解与分配  ○ 团队文化与价值观
    ○ 工作任务设计与分工 ○ 骨干人才培养  ○ 绩效检查与督导  ○ 工作行为合规性管理
    ○ 授权管理      ○ 职场训练（含随访） ○ 绩效教练与辅导 ○ 团队会议策划与执行
    ○ 人员晋级与淘汰  ○ 员工职业生涯规划 ○ 激励方案设计与执行 ○ 跨部门沟通与协作
```

另外，"授权"也是管理者必须面对的话题：如何"让猴子不要都爬到自己身上"，如何让下属都能积极地为管理者分忧解难，站在管理者的角度思考和处理问题？如何通过授权让有能力和有意愿的员工担当更大的责任，使员工有更大的成就感，使企业的高潜人才梯队建设得更加充分？

最后，人员的晋级与淘汰管理也极为重要。让能者上，庸者下。让团队既拥有"家"的文化，又具备"球队"的规则。过于稳定的团队容易滋生不思进取的思想。只在相对稳定中实现人才的优胜劣汰，才有助于充分激发团队活力，让团队不断登攀新的业绩高峰。

二是销售人才发展。销售人员管理与销售人才发展是两个不同的管理范畴。随着企业培训成熟度的提升，人才发展的重要性与日俱增，培训部门甚至会升级成人才发展中心或企业大学，与人力资源部并驾齐驱。但不管怎样，对销售人才的培育与发展始终是销售部门负责人的核心任务，管理者甚至要成为团队人才培育的第一责任人。

我始终强调：销售人员不缺少培训，缺少的是训练；销售人员不缺少实战，缺少的是刻意的练习。培训部门固然可以为销售团队提供一些正式的、以获取新知识/新技能为目的的课程培训，但如何组织销售人员进行关键行为技能的反复练习，如何督导销售人员进行培训效果的落地与转化，是销售团队的管理者的工作任务。具体工作包括但不限于对销售新人执行90天育成计划、对高潜骨干人才执行培养计划、组织在职场中的持续"受控训练"与"通关考核",以及为员工的职业发展规划配套相应的学习成长计划等。

三是销售目标管理。销售目标的科学定义是"为实现企业的战略性愿景与使命,在企业文化与价值观的指引下,通过销售团队的高效协作与努力,在市场拓展表现及团队的可持续发展方面必须达成的一系列可衡量的工作成果要求"。由此,我认为,销售目标绝不只是回款额或利润额这么简单,而要因应企业的战略发展要求,分解和制定一套科学的KPI体系,既关注结果性指标,也关注过程性指标;既强调业绩对企业的绝对贡献,也要强调营收结构与企业战略规划的一致性。没有过程性指标,结果性指标就难以持续达成;没有合理的营收结构,企业的"抢跑道、换赛道"就会沦为一句空话。

除了销售目标管理,销售团队的管理者还需要做好绩效管理,包括在目标实现过程中的及时检视与反馈。"萝卜加大棒"的管理方法可能在传统的手工作业时代有成效,但在大客户销售管理领域收效甚微,原因就在于大客户销售管理领域需要更多的创新性和主动性,需要激发团队的自我驱动力,而不能只使用冷冰冰的考核手段。因此,销售团队的管理者应该学会对员工做好绩效辅导工作,成为优秀的绩效教练。围绕员工的绩效表现,管理者要知道和谁谈、谈什么、何时谈、多久谈一次、如何谈才更有效、要做哪些事先的准备工作、面谈后要做哪些跟进动作等。绩效辅导面谈工作是一项高效能的管理工作,必须持续做,形成合理的管理节奏。

四是组织文化建设。大多数销售团队的管理者错误地认为:"企业文化是一个虚无缥缈的存在,是企业高层和人力资源工作者应该干的事情,我的本职工作就是带着团队做业绩而已。"但是,在所有的标杆企业中,都将组织文化的建设与推行排在和企业业绩目标的达成同等重要的位置。阿里巴巴有业界闻名的"六脉神剑",顺丰速运有随处可见的"双价原则",这些都是衡量人才优秀与否的核心标准。可以这样认为:组织文化不是无影无形的,而是要落实到具体的工作目标与行为模式中;组织文化也不是高高在上的,而是要自上而下,深入到每个销售团队、每位员工的综合绩效评估之中。

销售团队是企业大组织中的一个"小单元"。企业有"大文化"，团队也可以有"小文化"，但任何小文化都不能脱离大文化独立存在，而应该是对大文化的传承和发扬。销售团队的管理者应该意识到自己身为"企业文化大使"的角色定位，不仅要向外部客户积极展示企业的风采风貌，对于下属，更要率先垂范，身先士卒地践行企业文化与价值观；不仅要在团队会议上旗帜鲜明地强调企业文化，也要在与下属的私下相处中做到表里如一；不仅要通过经济型薪酬机制来驱动下属的正确行为，也要通过非经济型薪酬机制来激励下属践行企业文化；不仅要抓业绩，促发展，还要与人力资源部门和行政部门通力合作，做好下属的工作行为与合规性管理。

结语

综上所述，销售团队的管理者不仅要成为一名专业的业务管理者，也要成为一名专业的团队管理者。但是，罗马不是一天建成的。改变旧的行为习惯绝对不是一朝一夕的事，而要用正确和专业的方法，持续地推动和实现团队战斗力的提升。

世界500强企业的CEO，有80%左右都是从销售团队管理者中选拔和培育而成的，原因就是销售团队管理者更靠近市场、贴近一线，能听得见"炮声"，能指挥"炮火"。因此，既然已经从业务高手成功晋级为管理者了，销售团队管理者更应该志存高远，向着更高的成长目标前进。

希望借助此文，让所有的销售团队管理者都认知到自己的能力提升空间，用更高的胜任力标准来要求自己，发展自己。

反侵权盗版声明

电子工业出版社依法对本作品享有专有出版权。任何未经权利人书面许可，复制、销售或通过信息网络传播本作品的行为；歪曲、篡改、剽窃本作品的行为，均违反《中华人民共和国著作权法》，其行为人应承担相应的民事责任和行政责任，构成犯罪的，将被依法追究刑事责任。

为了维护市场秩序，保护权利人的合法权益，我社将依法查处和打击侵权盗版的单位和个人。欢迎社会各界人士积极举报侵权盗版行为，本社将奖励举报有功人员，并保证举报人的信息不被泄露。

举报电话：（010）88254396；（010）88258888

传　　真：（010）88254397

E-mail：　dbqq@phei.com.cn

通信地址：北京市万寿路173信箱
　　　　　电子工业出版社总编办公室

邮　　编：100036